权威·前沿·原创

皮书系列为

“十二五”“十三五”“十四五”国家重点图书出版规划项目

BLUE BOOK

智库成果出版与传播平台

湖南蓝皮书

BLUE BOOK OF HUNAN

2022年湖南社会发展报告

REPORT ON SOCIAL DEVELOPMENT OF HUNAN (2022)

湖南省人民政府发展研究中心

主　编 / 谈文胜　钟　君

副主编 / 侯喜保　蔡建河

社会科学文献出版社

SOCIAL SCIENCES ACADEMIC PRESS (CHINA)

图书在版编目（CIP）数据

2022年湖南社会发展报告 / 谈文胜，钟君主编；侯喜保，蔡建河副主编. --北京：社会科学文献出版社，2022.6
（湖南蓝皮书）
ISBN 978-7-5228-0138-4

Ⅰ. ①2… Ⅱ. ①谈… ②钟… ③侯… ④蔡… Ⅲ. ①社会发展-研究报告-湖南-2022 Ⅳ. ①D676.4

中国版本图书馆CIP数据核字（2022）第086214号

湖南蓝皮书
2022年湖南社会发展报告

主　　编 / 谈文胜　钟　君
副 主 编 / 侯喜保　蔡建河

出 版 人 / 王利民
组稿编辑 / 邓泳红
责任编辑 / 桂　芳
责任印制 / 王京美

出　　版 / 社会科学文献出版社 · 皮书出版分社（010）59367127
地址：北京市北三环中路甲29号院华龙大厦　邮编：100029
网址：www.ssap.com.cn
发　　行 / 社会科学文献出版社（010）59367028
印　　装 / 天津千鹤文化传播有限公司

规　　格 / 开 本：787mm × 1092mm　1/16
印 张：23　字 数：342千字
版　　次 / 2022年6月第1版　2022年6月第1次印刷
书　　号 / ISBN 978-7-5228-0138-4
定　　价 / 158.00元

读者服务电话：4008918866

《湖南蓝皮书·2022年湖南社会发展报告》

主要编撰者简介

谈文胜　湖南省人民政府发展研究中心原党组书记、主任，研究生学历，管理学博士。历任长沙市中级人民法院研究室主任，长沙市房地产局党组成员、副局长，长沙市政府研究室党组书记、主任，长沙市芙蓉区委副书记，湘潭市人民政府副市长，湘潭市委常委、秘书长，湘潭市委常委、常务副市长，湘潭市委副书记、市长。主要研究领域为法学、区域经济、产业经济等，先后主持或参与“实施创新引领开放崛起战略，推进湖南高质量发展研究”“对接粤港澳大湾区综合研究”“湘赣边革命老区振兴与合作发展研究”“创新中国（湖南）自由贸易试验区研究”等多项省部级重大课题，研究成果获2021年中国发展研究奖一等奖。

钟　君　湖南省社会科学院（湖南省人民政府发展研究中心）党组书记、院长（主任），中国社会科学院大学教授、博士生导师，文化名家暨“四个一批”人才，享受国务院特殊津贴。2016年5月，作为科学社会主义研究的专家代表在习近平总书记主持召开的哲学社会科学工作座谈会做发言。曾担任中国社会科学院办公厅副主任、中国社会科学杂志社副总编、中国历史研究院副院长，永州市委常委、宣传部长，曾挂任内蒙古自治区党委宣传部副部长。主要研究领域为马克思主义大众化、中国特色社会主义、社会主义意识形态理论等。2006年工作以来，出版学术专著多部，在各类报刊发表论文、研究报告60余篇，先后主持省部级课题多项，多次获省部级优秀科研成果奖励。代表作有《马克思靠谱》《读懂中国优势》《中国特色社会主义政治价值研究》《社会之霾——当代中国社会风险的逻辑与现实》

《公共服务蓝皮书》等，策划制作讲述马克思生平的动画片《领风者》，参与编写《习近平新时代中国特色社会主义思想学习纲要》、中组部干部学习教材。

侯喜保 湖南省社会科学院（湖南省人民政府发展研究中心）党组成员、副院长（副主任），在职研究生。历任岳阳市委政研室副主任、市政府研究室副主任、市委政研室主任，湖南省委政研室机关党委专职副书记、党群处处长，宁夏党建研究会专职秘书长（副厅级，挂职），湖南省第十一次党代会代表。主要研究领域为宏观政策、区域发展、产业经济等，先后主持“三大世界级产业集群建设研究”“促进市场主体高质量发展”“数字湖南建设”等重大课题研究，多篇文稿在《求是》《人民日报》《中国党政干部论坛》《红旗文稿》《中国组织人事报》《新湘评论》《湖南日报》等央省级刊物发表。

蔡建河 湖南省社会科学院（湖南省人民政府发展研究中心）二级巡视员。长期从事政策咨询研究工作，主要研究领域为宏观经济、产业经济与区域发展战略等。

摘　要

本书是由湖南省人民政府发展研究中心组织编撰的年度性发展报告。本书系统分析了2021年湖南社会发展的主要成就及面临的挑战，并对2022年湖南的社会发展进行了展望，提出若干政策建议。本书包括主题报告、总报告、部门篇、专题篇四个部分。主题报告是湖南省领导关于社会建设和社会治理重大问题的战略思考和重要论述。总报告较为全面地分析了2021年湖南社会发展的总体情况，指出了当前面临的挑战及存在的主要问题，系统提出进一步推动湖南社会发展的政策建议。部门篇分别从社会治理、教育、民政、司法、人力资源、城乡建设、文化建设、卫生健康、应急管理、市场监管、居民收支、信访、乡村振兴、医疗保障、残疾人事业、妇女事业等相关领域进行专项研究，全方面展现湖南社会发展的特点和亮点，展望2022年湖南社会建设的发展前景。专题篇聚焦社会治理创新、保障和改善民生两个专题，选取了基层社会治理、法治乡村建设、知识产权、提高人民生活品质、基层住房保障、STEM教育、养老护理人才、应届毕业生就业、残疾人康复等湖南社会民生领域的若干重大理论与实践问题，展开前瞻性和应用性研究，提出最新的思考、观点、结论和针对性建议。

2021年，湖南全面落实“三高四新”战略定位和使命任务，统筹疫情防控和经济社会发展，各项社会事业取得新成就，社会大局和谐稳定。主要社会发展目标超预期完成，全体居民人均可支配收入增长8.9%，新增城镇就业75.3万人，全年城镇调查失业率平均值为5.258%，居民消费价格涨幅0.5%，20件重点民生实事全面完成。2022年，湖南社会发展的外部环境更趋复杂和不确定，同时，“三高四新”战略定位和使命任务的全面落实将带来新的重大机遇。

2022 年，湖南社会发展的主要预期目标为：城镇新增就业 70 万人，城镇调查失业率控制在 5.5%以内，居民收入增长与经济增长基本同步。

2022 年，湖南社会发展应坚持稳中求进工作总基调，更好统筹发展和安全；加强民生建设，持续改善人民生活；强化就业优先导向，保持就业稳定局势；促进教育公平与质量提升，办好人民满意的教育；做好常态化疫情防控，增强医疗卫生服务能力；坚守不发生规模性返贫底线，扎实推进乡村建设；加强和创新社会治理，确保社会和谐稳定，推进各项社会事业全面进步。

关键词： 社会事业　民生保障　社会治理　社会形势

Abstract

This book is an annual development report complied by the Development Research Center of the Hunan Provincial People's Government. It systematically analyzes the main achievements and challenges of Hunan's social development in 2021, looks forward to Hunan's social development in 2022, and proposes several policy suggestions. The book is divided into 4 parts, including Keynote Reports, General Report, Department Reports and Special Reports. Keynote Reports are the strategic thought and important exposition of the leaders of Hunan province on the major issues of social development and governance. The general report reviews the overall situation of Hunan's development in 2021, points out the current challenges and major problems, and systematically puts forward policy recommendations to further promote Hunan's social development. Department Reports are studies on social governance, education, civil affairs, judicial work, employment, housing supply and support, public culture, health care, emergency management, market supervision, residents' income and expenditure, work of letters and calls, rural vitalization, medical security, undertakings for disabled people and female entrepreneurship, which reveals the characteristics and highlights of Hunan's social development in all aspects, puts forward the developing trend of Hunan's social development in 2022. Special Reports are written by scholars who focus on social governance innovation and construction of the people's livelihood, selected several influential areas to do prospective and applied research, such as primary-level governance, the rule of law construction in rural areas, intellectual property rights protection, primary-level housing security, STEM education, senior care talents, employment of college graduates and rehabilitation of the disabled. These reports offered the latest opinions, proposed targeted suggestions and provided decision-making reference to promote social development in Hunan.

Various social undertakings of Hunan have made new achievements in 2021. The whole province fully implemented the strategic positioning and mission of "Three Highlands and Four New Missions", coordinated COVID-19 response and economic and social development, promoted social harmony and stability. The expected goals of social development were achieved in good, 20 key livelihood projects were completed in an all-round way. The per capita disposable income of all residents increased by 8.9%, 753,000 new urban jobs were created, the average urban surveyed unemployment rate for the year was 5.258%, and the consumer price rose by 0.5%. In 2022, the external environment for social development in Hunan will become more complex and uncertain. At the same time, the vigorous implementation of strategies such as "Three Highlands and Four New Missions" will bring new major opportunities.

The main goals of Human's social development in 2022 are adding 700000 new urban jobs at least, keeping the urban survey unemployment rate within 5.5% and promoting residents' income growth to keep pace with economic growth.

In 2022, Hunan's social development should adhere to the general tone of seeking progress while maintaining stability, and better coordinate development and safety; strengthen people's livelihood construction and continue to improve people's lives; strengthen the priority orientation of employment and maintain a stable employment situation; promote education equity and quality improvement, develop education that people are satisfied with; continue with routine COVID-19 control measures, enhance the capacity of medical and health services; adhere to the bottom line of not returning to poverty on a large scale, solidly promote rural construction; strengthen and innovate social governance, ensure social harmony and stability, and promote various social undertakings in an all-round way progress.

Keywords: Social Undertakings; People's Livelihood Security; Social Governance; Social Situation

目录

Ⅰ 主题报告

Ⅱ 总报告

Ⅲ 部门篇

Ⅳ 专题篇

社会治理创新

保障和改善民生

CONTENTS

I Keynote Reports

II General Report

Ⅲ Department Reports

Ⅳ Special Reports

主题报告

Keynote Reports

B.1

突出风险防控　建设平安湖南 努力以高水平安全保障高质量发展

——2021 年湖南公安工作进展及 2022 年展望

许显辉 *

2021 年，全省公安机关坚持以习近平新时代中国特色社会主义思想为指导，深入贯彻十九届六中全会和省第十二次党代会精神，坚定捍卫“两个确立”、坚决做到“两个维护”，全面落实“三高四新”战略定位和使命任务，围绕庆祝建党百年安保维稳这场“能力大考”和政法队伍教育整顿这场“政治大考”，扎实开展党史学习教育，弘扬伟大建党精神，推动各项工作取得新成效，有力地保障了全省社会大局持续平安稳定。政治建警、政治督察、扫黑除恶、县域警务等多项工作成效突出，位居全国前列；人民群众对社会治安和公安队伍的评价再创历史新高，分别达到 94.33 分、

* 许显辉，时任湖南省人民政府副省长、省公安厅厅长。

90.83分。

一是建党百年安保圆满成功。围绕庆祝建党100周年，开展“平安一号”专项行动，实行全天候警务，实现“五个严密防范”“五个确保”目标。抓实社会面清查，构建“环长沙安保圈”，圆满完成党的十九届六中全会、省党代会等系列安保任务。

二是捍卫政治安全坚强有力。建立健全政治重点人、重点领域管控工作体系，严密防范、严厉打击境内外敌对势力捣乱破坏活动，妥善处置敏感案（事）件370余起，深入开展“净网”“护网”专项行动，贯彻《湖南省实施〈中华人民共和国反恐怖主义法〉办法》，夯实反恐防恐基础，实现暴恐案（事）件“零发生”。巩固“大警卫”格局，圆满完成515批次警保卫任务。

三是维护社会稳定扎实有效。健全完善维稳联席会议机制，开展“枫桥式公安派出所”创建活动，结合“百万警进千万家”，深入推进公安信访突出问题攻坚化解，化解矛盾纠纷23万起，核查各类涉稳线索1.6万条，监测列管涉众经济风险主体1886个；开展打击涉养老领域非法集资犯罪专项行动，追赃挽损2.28亿元；有效推动化解涉农商行重大金融风险。

四是打击突出犯罪成效显著。毫不动摇地坚持依法严打方针，全年共破刑事案件7.55万起，破案率全国排位上升9个名次；现行命案100%全破，“八类重大刑事案件”破案率90.77%。集中打击“盗抢骗”“黄赌毒”“食药环”等违法犯罪，常态化开展扫黑除恶斗争，战果保持全国领先。启动新一轮禁毒人民战争，打好禁毒“五大攻坚战”。部署“利剑护蕾”行动，坚决呵护未成年人健康成长。出台《湖南省打击治理电信网络诈骗犯罪和跨境突出犯罪工作责任制规定》，推进“犁庭”行动，打击处理数排名全国第三。

五是公共安全管理平安有序。推进事故预防减量控大“六大攻坚行动”，持续开展交通顽瘴痼疾整治，累计整治交通顽瘴痼疾321万余起；实施摩托车“戴帽工程”，推进农村及高速公路交通事故预防“百日攻坚”等专项整治，交通事故起数、死亡人数同比分别下降10.15%、10.23%，连续两年实现重特大道路交通事故“零发生”。推进“全省烟花爆竹安全专项整治三年行动”，侦办涉爆刑事案件627起。深入推进“护校安园”，城镇中小学、幼儿园护学岗设置率达100%。全力做好疫情联防联控和流调溯源等工作，调派200名特警支援张家界，为全省疫情防控提供强力支撑。

六是法治公安建设稳步推进。出台执法监督规定、执法责任体系规定，构建“统一领导、法制牵头、警种主责、协同联动”的执法大监督格局，执法顽瘴痼疾整改率达99.94%。打造执法办案、监督管理、服务保障“合成化”的执法办案新机制，全省建成执法办案管理中心85个、派出所执法办案区269个。全省公安机关刑事案件公诉率69.65%、行政案件办结率57.23%，绝对不捕不诉案件人数降至历史最低值。

七是基层基础工作逐步加强。推动省委、省政府将县域警务纳入重点工作任务，巩固完善风险防控型县域警务新模式，开展新一轮县域风险大起底，编制2021年县域风险报告，推进社区、园区、学区“三区警务”落地落实，设置园区警务室729个，配备项目警官3713名。滚动实施新一轮“派出所三年行动计划”，大力推广派出所警务工作平台应用，出台“一室两队”智慧派出所建设标准，基层所队警车配备工作进展顺利；深入实施“1518”大数据战略，全面完成“雪亮工程”重点民生实事项目，新建乡村视频监控11.7万个，全省建设并联网重点公共部位视频监控点位32.5万个。

八是队伍教育整顿走深走实。稳步推进两批次队伍教育整顿，结合公安特色深入开展“八个一”党史学习教育，深入推进“重温重要指示、筑牢政治忠诚”“三学”“三找”“三强”实践活动，开展政治轮训500余期、12.7万人次，召开警示教育大会379场次。充分发挥自查自纠的内力、组织查处的威力、顽疾整治的效力，执法顽瘴痼疾整改率达99.94%，组织填写《民警自查事项报告表》6.8万份，坚决肃清流毒影响、清除害群之马。出台教育整顿相关制度115件，开展“我为群众办实事”“我为基层解难题”实践活动，出台便民利民措施2677项、服务基层举措889项，得到中央督导组高度评价。大力弘扬公安英模精神，选树一批先进典型，全省公安机关364个集体、8102名个人被记功嘉奖。

当前，全省社会大局持续稳定，推进平安湖南、法治湖南建设具有良好的政治基础、经济基础、社会基础、群众基础。但疫情仍在持续，百年变局加速演进，受国际国内多种复杂因素影响，各类风险叠加、联动、传导、共振效应增强，维护安全稳定的工作压力明显增大。

2022 年，全省公安机关将坚持以习近平新时代中国特色社会主义思想为指导，深入贯彻习近平法治思想，全面贯彻党的十九大和十九届历次全会精神，深入贯彻习近平总书记关于新时代公安工作的重要论述，深入贯彻中央政法工作会议、全国公安工作会议、省第十二次党代会、省委政法工作会议精神，弘扬伟大建党精神，牢牢把握对党忠诚、服务人民、执法公正、纪律严明总要求，坚持党对公安工作的绝对领导，坚持总体国家安全观，坚持统筹发展和安全、坚持稳中求进工作总基调，坚持“五稳五进”工作总原则，紧紧围绕党的二十大安保维稳，以开展“喜迎二十大、忠诚保平安”主题实践活动为载体，以公安工作高质量发展为主题，聚焦打赢风险防控攻坚战、推进公安工作现代化“两条主线”，构建完善“三项警务”工作新格局，深入推进“四个大抓”警务战略，牢牢守住“五个不发生”的工作底线，永葆“闯”的精神、“创”的劲头、“干”的作风，以全省社会大局持续平安稳定的实绩实效迎接党的二十大胜利召开。

一　坚定捍卫“两个确立”，坚决做到“两个维护”，忠实履行新时代公安工作职责使命

坚持以习近平新时代中国特色社会主义思想武装头脑、指导实践、推进工作，不断提高政治判断力、政治领悟力、政治执行力，忠实履行党和人民赋予的新时代使命任务，努力建设更高水平的平安湖南、法治湖南。

（一）坚持“五稳五进”工作总原则

“稳字当头、稳中求进”是党和国家工作的总体要求和政策取向，“稳”是基础和前提，“进”是方向和目标。坚决扛牢新时代公安机关职责使命，以最高标准、最严要求、最实举措抓好防风险、保安全、护稳定、促发展各项

工作。坚持管好本行、服务大局，坚决稳控政治安全、社会稳定、社会治安、公共安全、网络安全五个方面形势，以高水平安全保障高质量发展。坚持稳中求进、以进促稳，全力推进政治建警、公安改革、大数据建设、执法规范化、基层基础建设五个方面的新进展，瞄准现代化方向，推动公安工作高质量发展。

（二）坚持“三项警务”工作总格局

近年来，全省公安机关立足公安工作的“点、线、面”，构建“以县域警务为基础、以专项警务为支撑、以节点警务为牵引”的工作总格局，在重大活动安保、重点任务攻坚中发挥了重要作用。2022 年，我们对标上级部署，按照“突出重点、精简项目、全年统筹”的原则，梳理出 20 个重要节点、30 个重点专项作为工作坐标和主攻方向，结合县域警务的 40 个一类风险县市区，形成跨周期、多维度、立体式的安排部署，推动各项工作落到实处、取得实效。县域警务中重点抓好社区、园区、学区“三区警务”，巩固完善风险防控型县域警务新模式，推动各类风险点源细化落地、精准防控，最大限度将其吸附在基层、解决在当地。

（三）坚持重点人管控工作总抓手

以贯彻落实 2022 年湘办第一号文件为契机，按照“属地管理、分级负责”原则和“党政同责、一岗双责、失职追责”要求，拧紧责任链条，扎实抓好重点人管控的龙头工程，充分发挥党委政法委协调管总和相关牵头单位主导作用，纵向建立“省市县乡村”五级联动机制，横向建立“1+16+X”统筹协调机制，实现情报互通、信息共享、工作协同，切实加强日常管控和源头化解工作，筑牢防范化解重大风险的安全屏障。

二　坚持稳字当头，突出风险防控，全力服务党的二十大工作大局

做好党的二十大安保维稳工作，是 2022 年全部公安工作的“纲”，是

党和人民交托的重大政治任务，必须强化底线思维，下好先手棋、打好主动仗，努力实现“五个严防、三个确保”的全年工作目标。

（一）坚决稳控政治安全形势

坚持把维护国家政治安全摆在首要位置，持续深化反分裂反渗透反颠覆反邪教斗争。密切关注意识形态领域特别是针对党的二十大的杂音噪音，精准实施防范打击处置。开展宗教领域安全风险评估，依法打击邪教和非法宗教活动，持续开展严打暴恐活动，推进涉恐隐患排查整治，严防发生暴恐极端犯罪，坚决捍卫国家政治安全，捍卫党的核心政治安全和政治尊严。

（二）坚决稳控社会稳定形势

坚持和发展新时代“枫桥经验”，深入开展矛盾纠纷大排查大调解，不断健全完善风险防控型县域警务新模式，依托维稳工作协调机制，压实属地责任、部门责任，强化源头治理、综合治理，构建党委领导、政府负责、部门协同、公众参与的社会治理体系，坚决打好重大涉稳风险防范化解主动仗。深入推进公安信访突出问题攻坚化解，常态化落实领导干部接访阅信包案制度，着力解决合理合法诉求，维护群众合法权益。

（三）坚决稳控社会治安形势

毫不动摇地坚持依法严打方针，深入推进各项专项打击整治行动。持续加大对涉黑涉恶违法犯罪的打击治理力度，推动扫黑除恶工作机制化常态化；全面贯彻《湖南省打击治理电信网络诈骗犯罪和跨境突出犯罪工作责任制规定》，打好打击治理电信网络诈骗“五大攻坚战”，坚决遏制电信网络诈骗犯罪高发势头；深入开展“利剑护蕾”专项行动，全面升级打防措施，呵护未成年人健康成长；推进禁毒人民战争，开展娱乐场所集中整治，集中打击“黄赌毒”“食药环”“盗抢骗”等多发性犯罪，快侦快破命案等严重暴力、个人极端犯罪案件，及时消除影响、安定人心。突出显性用警，抓好社会面防控，强化公安武警联勤武装巡逻和“1、3、5”分钟快速反应机制，最大限度减少可防可控案件发生。

（四）坚决稳控公共安全形势

聚焦“人、车、路、企”，持续开展交通顽瘴痼疾整治，推进摩托车“戴帽工程”，深化道路交通事故预防“减量控大”。深入推进危爆物品管控整治，落实安全防范主体责任；加强大型活动审批监管和安全管理，开展寄递物流安全专项整治，加大对新技术新业态的监管力度，最大限度消除安全隐患。抓实森林防火，协同应急、消防等部门，依法做好城乡社区消防工作。按照全链条精准防控要求，配合落实密接追踪、风险筛查、流调溯源等防疫措施，为全省疫情防控提供强力支撑。

（五）坚决稳控网络安全形势

严格落实 7×24 小时网上巡查管控措施，及时封堵删除网络谣言和有害信息，营造清朗网络环境。加强网上斗争，深入开展“净网”“护网”行动，严打整治黑客攻击、侵犯公民个人信息、为犯罪提供支持等突出违法犯罪行为，加强关键信息基础设施保护和网络安全等级保护，提高网络安全防控水平。高度警惕负面舆情的传导效应，严格按照“三同步”机制要求，扎实做好重大案（事）件舆情研判、危机应对、正面引导等工作。

三　坚持稳中求进，持续固本强基，全力推进公安工作现代化

聚焦公安工作现代化目标，坚持以政治建警为统领，突出改革和法治双轮驱动，推进大数据战略，下大力气固根基、补短板、强弱项，推动新时代公安工作高质量发展。

（一）全力推动政治建警取得新进展

坚持从政治上建设和掌握公安机关，持之以恒抓好政治建警系列工程。

巩固深化教育整顿成果，深入开展“八个一”活动，把肃清流毒影响作为当前政治建警的重中之重，持续从思想上、政治上、组织上、作风上加大清理力度，坚决清除政治隐患，着力净化政治生态，切实维护公安队伍肌体健康。开展“喜迎二十大忠诚保平安”主题教育实践活动，深化忠诚教育，强化警示教育，巩固拓展党史学习教育成果，激励全警以更加强烈的历史主动精神奋进新征程、建功新时代。

推进全警政治轮训，加强实战练兵，落实惠警措施，提振奋进新征程、建功新时代的精气神。突出政治标准选人用人，坚持“五重用五不用”，选优配强领导班子和领导干部，加强优秀年轻干部的政治历练和培养选拔，为公安事业发展进行干部储备。

（二）全力推动公安改革取得新进展

深入实施改革强警战略，按照优化协同高效原则，把机关做精、把警种做优、把基层做强、把基础做实，提升公安工作整体效能。以节点警务为牵引，构建“情指勤舆督”一体化实战化体系，强化省市县三级视频巡查机制，以“看得见”的方式推进安保维稳。突出警务流程再造和警务模式调整，推行派出所“两队一室”“一村一警”等警务模式。开展公安机关政务服务“标准化、规范化、便利化”攻坚行动，推进湖南公安服务平台提质升级，全面拓展电子证照应用范围。加强“园区警务”，推行“项目警官”，抓好服务企业“六个一”和“百千万”联企护企行动，营造法治化营商环境，让企业安身、安心、安业。

（三）全力推动大数据建设取得新进展

全面构建“1518”大数据战略工作体系，更好地赋能一线实战。加快推进公安大数据智能化建设，完成全省公安大数据一期项目采购、建设，面向全警提供基础共性应用，构建智慧公安大门户和移动警务应用生态。主动回应实战需求，扩大基层查询授权范围，全力支撑情报研判、指挥调度、重点管控、为民服务等工作。围绕学区、社区、园区等重点区域开展前端点位布局，建设联网中小学幼儿园周边等重点部位安防设备 10 万个，深度应用人像识别、车辆识别等技术手段，提升智能化管控水平。

（四）全力推动执法规范化建设取得新进展

出台关于深入贯彻落实习近平法治思想、大力加强新时代法治公安建设的意见，深入推进执法监督管理机制和执法责任体系改革，开展执法办案管理中心建设攻坚。深化执法突出问题专项治理，持续加大执法顽瘴痼疾整改力度，组织开展电诈、侵害未成年人犯罪案件专项评查，对问题案件实行逐案整改、跟踪督办、倒查问责。围绕安保维稳的实战需求，出台执法操作指引和法律政策参考，推进执法办案系统智能化升级改造，开展“执法示范单位”创建，不断提升公安工作法治化水平和执法公信力。

（五）全力推动基层基础建设取得新进展

坚持大抓基层、大抓基础，出台省、市两级“十四五”公安发展规划实施意见。加快刑事技术、网络技术等重点项目建设，推进基础信息采集应用，建立健全全省毒情监测体系，加强警航队伍专业化建设和常态化训练，发挥好实战效能。推进“派出所三年行动计划”，实行清单化管理，逐项落实派出所建设任务措施。深入开展“枫桥式公安派出所”创建活动，推动城区派出所和治安复杂农村派出所驻所调解员专职化。完善部门、警种支援派出所工作机制，推动派出所警务基础平台深度应用，提升派出所警务运行质效。

四 加强组织领导，严肃纪律作风，着力为推动公安工作高质量发展提供坚实保障

维护社会大局稳定是一项系统工程，必须坚持系统观念，主动适应推进国家治理体系和治理能力现代化要求，切实强化组织保障、工作推动、纪律作风，着力构建现代化警务体系。

（一）强化组织保障

紧紧依靠各级党委和政府，健全完善党委领导、政府负责、部门协同、公众参与的社会治理体系，着力解决体制性、机制性、保障性难题。按照“党政牵头、部门联动、共建共治”的原则，持续推动防控县域风险“八大工作机制”整合落地，依托各级政法、综治、维稳、反恐、禁毒、道安委等平台，推动相关职能部门在情报收集、隐患排查、行业监管、源头稳控等方面协同发力，形成问题联治、风险联控、平安联创的良好局面。坚持和发展新时代“枫桥经验”，推进传统方法和科技手段相结合，不断拓展群众参与平安建设的组织形式和制度化渠道，打造共建共治共享社会治安治理格局，构建维护安全稳定的“铜墙铁壁”。

（二）强化工作推动

坚持用好用足调度、通报、督导、约谈、考核、奖惩等手段，推动各项工作任务高标准高质量完成。紧扣重要节点的工作坐标，跨周期安排部署，强化指挥调度、勤务管理，注重科学用警、精准布警。以构建完善“环长安保防护圈”为引领，强化区域联动，发挥联动查控、圈层过滤功能，实现“情报同享、风险同控、处置同步、警力同调、保障同担”。充分发挥湖南政治业务“双督察”经验优势，推动政治督察与肃清流毒、教育整顿、安保维稳贯通起来，拧紧责任链条，形成“督察、反馈、整改”的工作闭环。按照“跳起来摘桃”的标准，进一步完善市州公安机关绩效评估体系，科学设置评价指标，激发创先争优意识，充分发挥“指挥棒”和“助推器”作用，推动省市县三级公安机关同频共振、一体发力，提升整体工作质效。建立健全奖惩激励工作机制，对重要节点、重大活动安保维稳工作中，敢于担当、表现突出的单位和个人，落实火线表彰、火线记功、火线入党、火线提拔。对触碰“五个不发生”底线情形的，要逐案复盘倒查，依规依纪严肃追责。

（三）强化纪律作风

牢牢抓住队伍建设这个根本，扛牢管党治警责任，始终保持“严”的主基调，着力锻造“四个铁一般”的公安铁军。认真贯彻《中共湖南省委关于推进清廉湖南建设的意见》，精准运用监督执纪“四种形态”，一体推进不敢腐、不能腐、不想腐，紧扣重点领域和易发多发问题，构建常治长效制度机制，开展经常性法纪教育、廉政提醒和谈心谈话，注重以案释德、以案释纪、以案释法，切实做到知敬畏、存戒惧、守底线，最大限度地预防和减少违纪违法问题发生。持续纠治“四风”，推进中央八项规定、省委九项规定落实落地，对各类考核评比进行全面梳理、专项整治，推动会议、文件、简报、报表、考评等持续下降，严防形式主义、官僚主义在公安机关潜滋暗长。严格执行《全省公安机关严禁违规宴请饮酒规定》，开展吃喝问题专项整治，从一餐饭、一杯酒做起，持续正风肃纪，全面构建清朗警营。

使命在肩，唯有勇毅前行。全省公安机关将踔厉奋发、笃行不怠，忠诚履行党和人民赋予的职责任务，以“闯”的精神挑重担、以“创”的劲头开新局、以“干”的作风求实效，努力建设更高水平的平安湖南、法治湖南，在新征程上续写“社会长期稳定”新篇章！

B.2 2021年湖南法院改革发展情况及2022年展望

田立文*

一 湖南法院2021年改革发展基本情况

2021 年，全省法院坚持以习近平新时代中国特色社会主义思想为指导，深入学习贯彻党的十九大和十九届历次全会精神，全面贯彻习近平法治思想，认真落实省第十二次党代会部署，在省委坚强领导和最高人民法院悉心指导下，忠诚履职，奋楫笃行，书写了湖南法院工作新画卷。一是政治忠诚更加牢固。政治教育常抓不懈，党史学习入脑入心，全省法院开展政治学习 2550 场，组织红色教育活动 722 场，坚定捍卫“两个确立”、坚决做到“两个维护”。二是审判绩效再创新高。广大法官无私奉献、忘我工作，全力维护社会公平正义。全省法院新收案件 120. 2 万件、结案 116. 5 万件，结收比居全国法院第 4 位，法官年人均结案 221 件，生效案件服判息诉率 98. 1%，其中省高级人民法院收结案均达 1. 7 万件。三是多项工作跻身前列。就诉源治理、刑事、行政、环资审判等 10 项工作在全国法院会议上作经验发言，21 个集体、23 名个人获省部级以上表彰，省高级人民法院先后被评为全国脱贫攻坚先进集体、全国扫黑除恶专项斗争先进单位、全国节约型机关，最高人民法院和省委主要领导调研省高级人民法院并给予肯定。四是队伍面貌焕然一新。教育整顿动真碰硬，顽瘴痼疾有效整治，全省法院共查处违纪违法干警 396 人，移送司法机关 40 人。全国教整办 7 次、最高人民法院 23 次推介湖南省高级人民法院经验做法。

---

* 田立文，湖南省高级人民法院党组书记、院长。

二　筑牢政治忠诚，锻造法院铁军

高站位加强党的政治建设。强化科学理论武装，开展贯彻落实习近平总书记“七一”重要讲话精神大调研大落实活动。举办全省法院学习贯彻习近平法治思想、党的十九届六中全会精神、省第十二次党代会精神专题培训班。省法院党组理论学习中心组学习12次，各党支部每周二、周四开展政治“夜学”，谈体会、写心得，触及灵魂。深刻领会“两个确立”的决定性意义，树牢“四个意识”、坚定“四个自信”、做到“两个维护”。主动向省委、省委政法委请示报告重大事项174次，始终坚持党对法院工作的绝对领导。充分发挥政治建设统领作用，营造了全省法院风清气正的政治生态。

高质量推进党史学习教育。全省法院认真开展建党100周年系列活动，通过参观红色教育基地、开展“老法院人讲传统”“红色法院三湘行”主题宣传活动等方式，坚持学思用贯通、知信行统一，做到学史明理、学史增信、学史崇德、学史力行。扎实推进“三表率一模范”机关建设，创建4个省级文明标兵单位、412个党员先锋岗，全省法院党组织的战斗力、凝聚力不断增强。

高标准开展政法队伍教育整顿。围绕“四项任务”，推动两批次队伍教育整顿有机衔接、走深走实。大力弘扬英模精神，周春梅法官严守“三个规定”、拒绝人情干扰，用生命守护了公平正义，被评为“2021年度法治人物”“全国模范法官”，成为全国政法干警学习的楷模。坚持开门整顿，向社会公布投诉举报渠道，全省法院邀请“两代表一委员”等召开座谈会362场次，征集意见建议3594条。聚焦影响公正司法的堵点难点，开展违反“三个规定”、违法“减假暂”、执行领域突出问题、庭审和诉讼服务窗口作风纪律等专项整治。狠抓建章立制，省法院制定防范惩治诉讼掮客、打击虚假诉讼等急用先行的10项制度，实现常治长效。

高要求推进清廉法院建设。出台党组全面从严治党主体责任负面清单、加强“一把手”和领导班子监督、推进“清廉法院”建设等实施意见，将管党治院政治责任始终扛在肩上、落在实处。党风廉政建设和反腐败斗争常抓不懈，对衡阳、邵阳等6个中院开展司法巡查“回头看”，督促整改问题330个；对益阳、常德等4个中院及所辖基层法院开展财务审计检查，督促整改问题86项。在全国率先实施法官惩戒与党纪、政务处分程序衔接工作机制。制定保障法官依法履职、公正司法的意见，发布法官履职保障六大典型案例，坚决为法官依法履职撑腰鼓劲。

三　统筹发展和安全，服务平安湖南

坚决维护安全稳定。全省法院依法审结刑事案件5.9万件8.3万人。严惩危害国家安全犯罪，有力地维护国家政治安全、制度安全。落实依法防控要求，审结涉疫情犯罪案件131件，惩处涉疫情犯罪分子196人，维护疫情防控期间社会稳定。依法审结故意杀人、抢劫、强奸等严重暴力犯罪案件2125件2661人。审理“毒油条”“病猪肉”“毒胶囊”等食品药品安全犯罪164件，从严惩处犯罪分子219人。常德法院依法判处非法生产有毒有害食品的被告人陈光耀有期徒刑14年，坚决守好“米袋子”“菜篮子”的底线。依法严惩以养老等为名的非法集资犯罪298件699人，挽回经济损失23.1亿元。认真实施刑法修正案（十一），依法审结5起高空抛物罪、9起妨害安全驾驶罪案件。郴州市北湖区法院依法判处从25楼抛掷物品的被告人卢重求拘役4个月；岳阳县法院判处行车途中砸打公交司机的被告人章广有期徒刑6个月，坚决守护人民群众头顶上、车轮上的安全。

持续开展扫黑除恶。保持高压态势，全省法院依法审结涉黑恶案件274件，惩治涉黑恶犯罪分子1013人。株洲中院依法审结许爱民、吴增明等25人涉黑案，衡阳中院对实施武装贩毒、故意杀人等犯罪的特大涉黑案主犯石峰等4人依法判处死刑，人民群众拍手称快。坚持“打伞破网”，对“有黑无伞”“黑大伞小”案件开展线索倒查，依法审结“保护伞”案件11件15人。强力推进“打财断血”“黑财清底”行动，执结涉黑恶财产刑案件

1025 件，执结金额达 79.9 亿元，坚决摧毁黑恶势力蔓延发展的经济基础。着力推进信息网络、自然资源、交通运输、工程建设四大行业领域整治，全力铲除黑恶势力的滋生土壤。

严厉打击突出犯罪。聚焦群众热切关注的痛点，开展打击毒品犯罪、电信网络诈骗、性侵未成年人犯罪“三项专项审判活动”，全省法院开展集中宣判 195 次，举办新闻发布会 43 场，通报典型案例 317 个，形成强大震慑。依法审结毒品犯罪案件 7670 件，惩治犯罪分子 1.1 万人，其中 2103 人被判处五年以上有期徒刑。怀化法院审理的陈国龙等人贩毒案、邵阳法院审理的林永伟引诱他人吸毒案入选全国法院十大毒品犯罪典型案例。严惩电信网络诈骗犯罪 7072 件 1.2 万人，挽回经济损失 4 亿元。被告人李顺等 16 人利用电信网络诈骗患者及其亲属 9000 余人，衡阳中院依法判处主犯李顺无期徒刑，坚决守护人民群众的“救命钱”。严惩性侵未成年人犯罪 976 件 1256 人，湘西中院依法判处强奸多名未成年学生、严重践踏道德底线的杨某死刑，对性侵未成年人犯罪分子毫不姑息!

依法惩治职务犯罪。全省法院依法审结贪污贿赂等职务犯罪案件 505 件，惩处贪污贿赂犯罪分子 604 人，其中原处级以上干部 87 人。依法审结李荐国案、龚武生案、张建国案等在全国、全省有较大影响力的贪污贿赂犯罪案件。坚持对受贿行贿一起查，依法惩处行贿犯罪 62 件 72 人。坚持追赃挽损不手软，开展职务犯罪财产刑专项执行行动，挽回经济损失 6.2 亿元，在清廉湖南建设中彰显法治力量。

四　发挥司法效能，保障发展大局

优化法治营商环境。出台专门意见，为中部地区高质量发展、信用领域法治建设等提供司法服务和保障，依法审结民商事案件 62.1 万件，让“法治是最好的营商环境”落到实处。加强产权司法保护，全省法院依法审结金融纠纷、房地产开发、股权投资、民间借贷等案件 25 万件。依法审结金融证券虚假陈述案件 951 件，让违背诚实信用原则、破坏市场秩序者付出代价，切实保护中小投资者合法权益。依法平等保护各类市场主体合法权益，建立涉企案件生产经营影响评估、企业信用修复等机制，三级法院上门走访企业 2448 家，以实际行动“助企纾困”。争取省政府支持，推动破产处置府院联动机制在全省 14 个市州普遍建立。开展破产案件清理专项审判活动，审结破产案件 1015 件，引导 340 家企业有序退出市场，积极开展破产重整，帮助 36 家有市场前景的企业重获新生，妥善安置企业职工 2.2 万人。株洲中院充分发挥府院联动机制作用，依法审理华晨房地产公司等 13 家关联企业合并重整案，涉及标的金额 200 多亿元。统筹疫情防控和审判执行，妥善审理疫情引发的劳动纠纷、合同纠纷等案件，张家界永定区法院运用“在途速裁”平台调解涉旅纠纷，加强疫情防控常态化中的司法应对。

服务打造“三个高地”。精准护航国家重要先进制造业高地建设，开展涉工程机械专项审判执行活动，审理相关案件 4077 件，涉案金额 95.6 亿元，省法院成功调解三一集团与康明斯公司等买卖合同纠纷案，推动制造业龙头企业和谐双赢、共谋发展。服务打造内陆地区改革开放高地，加大对长沙、岳阳、郴州自贸区建设的司法保障力度，运用“网络庭审”“云调解”等智慧法院成果在线化解跨境纠纷，助力“湘品出境”“湘企出海”。助力打造具有核心竞争力的科技创新高地，审结知识产权案件 1.1 万件。长沙知识产权法庭依法判决山东某公司停止使用与中联重科颜色组合相似的涉案商标，让侵权者付出代价，让创新者信心更足。

司法护航美丽湖南。认真践行“绿水青山就是金山银山”理念，依法审结环境资源案件 6623 件。坚决打击“可视化锚鱼”、非法电鱼等捕捞水产品违法犯罪行为，保障长江十年禁渔，守护一江碧水。益阳中院依法审结夏顺安等 15 人非法采矿民事公益诉讼案，让破坏生态环境者既承担法律责任，又履行生态环境修复义务，该案入选最高人民法院指导性案例和全国环境资源审判十大典型案例。

助力法治政府建设。全省法院依法审结行政诉讼案件 2.2 万件，其中撤销行政行为、确认行政行为违法、变更行政行为 1454 件，监督行政机关依法行政。审结国家赔偿案件 911 件，发放司法救助金 3648.1 万元，让困难群众切身感受司法温度。深化一审行政案件集中管辖改革，设立行政争议协调化解中心。出台全国首个加强自然资源资产行政执法和行政审判工作意见，助力提升自然资源资产行政执法水平。连续四年发布行政审判白皮书，提出司法建议 327 条。省法院关于提升行政机关负责人出庭应诉率的司法建议得到省政府采纳，益阳等地行政机关负责人出庭应诉率超过 70%。服务重大项目建设，办理非诉行政案件 4271 件。怀化、湘西、张家界等法院依法审结涉张吉怀高铁建设征地拆迁案件，为“最美高铁”标注司法音符。

五 围绕人民满意，践行司法为民

加强民生司法保障。全省法院依法审结教育、医疗、住房、教育等涉民生案件 17 万件。服务乡村振兴，维护农民权益，依法审结农地流转、农产品买卖、乡村旅游等涉农案件 1660 件。深化家事审判改革，依法保护妇女合法权益，审结婚姻家事案件 8.1 万件，发出人身安全保护令 292 份。长沙市天心区法院督促父母“依法带娃”，发出全国首份《家庭教育令》，常德、永州等地法院邀请妇联参与家事案件调解工作效果明显。持续开展为农民工讨薪专项行动，审结涉农民工工资案件 2.3 万件，追回欠款 4.2 亿元。切实实施《中华人民共和国未成年人保护法》，挂牌设立 95 个少年法庭，与省妇联联合成立妇女儿童权益保护心理工作站，娄底中院等 3 家法院少年法庭获评全国青少年维权岗；长沙市开福区法院发出全国首份“王者荣耀”租号禁令，为防止未成年人沉迷网络游戏贡献司法对策。

全力优化诉讼服务。围绕群众需求扎实开展“我为群众办实事”实践活动，推出“申请执行案件立案无须提交生效证明”等 10 项便民利民惠民措施，全面完成诉讼服务窗口开放式、无障碍、适老化改造。严格落实立案登记制，开展年底不立案、限制立案、拖延立案等专项整治，坚决遏制“立案难”反弹。坚持和发展新时代“枫桥经验”，贯彻落实省人大常委会出台的诉源治理决议，精准对位治理需求，在全省设立 1518 个诉源治理工作站，33.8 万起案件经调解被化解在诉前，湖南省万人成讼率全国最低。

加快推进智慧法院建设，健全执行案款管理、诉讼费退费等平台，实现全省法院远程视频提讯系统全覆盖，让公平正义“触手可及”，网上立案 17.2 万件，在线调解 13.6 万件，在线庭审 1.4 万次，在线办理保全率达到 85.8%。

兑现群众胜诉权益。落实全面依法治省委员会切实解决执行难实施意见，健全综合治理执行难大格局。开展“三湘风暴”等专项执行行动，全省法院执结案件 29.7 万件，到位金额 871.5 亿元。限制高消费 21.5 万人、纳入失信被执行人名单 6.8 万人、拘留 2204 人、追究刑事责任 144 人，有力震慑逃避抗拒执行行为。开展终本案件集中评查、超标的查封、执行案款管理专项整治活动，纠正违规案件 3554 件，执行工作继续走在全国法院前列。

强化裁判示范引领。认真实施《中华人民共和国英雄烈士保护法》，韶山市法院依法判处恶意诋毁侮辱袁隆平院士的被告人肖某管制 6 个月，旗帜鲜明地保护英烈名誉荣誉。洞口县法院依法判决“代孕合同”无效，维护社会公序良俗。落实谁执法谁普法责任制，全省法院大力开展“百名院长法治公开课、千名庭长普法公开庭”活动 1200 余场。组织送法进校园、进农村、进企业等“六进”普法活动 2300 余场，编印民法典普法手册并向群众赠阅，永州、娄底、怀化等地法院打造“屋场法庭”“鼓楼法庭”“背篓法庭”，办好一个案，教育一大片，让鲜活案例成为全民共享的法治“公开课”。

服务军队国防建设。坚持司法拥军护军，全省法院依法审结破坏军事设施、破坏军婚等涉军犯罪案件 94 件。湘潭县法院依法判决挖断国防光缆的被告人资某犯过失损坏军事通信罪，切实维护国防设施安全。省法院持续开展“送法进军营”活动，联合长沙军事法院为部队官兵解决涉法、涉诉纠纷 30 余起，坚决维护军人军属合法权益，让人民子弟兵安心保家卫国。

六　坚持守正创新，深化司法改革

推进司法体制综合配套改革。在全国率先开展政法专项编制动态调整，配合省委编办实现编制向“案多人少”的长沙和部分城区法院倾斜，进一步优化司法人力资源配置。深化以审判为中心的刑事诉讼制度改革，推动律师辩护全覆盖试点工作，切实保障律师执业权利，打造法律职业共同体。依法保障人权，坚持罪刑法定、证据裁判等原则，对17名公诉案件被告人和39名自诉案件被告人宣告无罪，确保无罪的人不受刑事追究。推进繁简分流改革，简易程序、小额诉讼程序适用率达90.8%，做到繁简分流、轻重分离、快慢分道。探索推进三级法院审级职能定位改革，充分发挥基层法院定分止争功能，强化审级监督和依法纠错。

强化司法权制约监督。加快司法责任体系建设，全面落实审判委员会和专业法官会议制度，实行类案强制检索，促进裁判尺度统一。开发"四类案件监督管理平台"，全省法院院庭长带头审理"四类案件"3.5万件，层层压实院庭长监督职责。推进长期未结案件"清零"工程，全省法院一年以上未结案件仅存65件，创历史新低。专项评查职务犯罪、食品药品安全犯罪等案件2720件。建立案件质量评查、审判监督和错案责任追究程序衔接机制，对不合格案件、错案追究责任752人次，确保放权不放任、用权有监督，维护司法廉洁、司法公正。

坚持重心下移、夯实基础。开展审判业务线上线下培训47期，印发职务犯罪、房屋拆迁赔偿等裁判指引。举办全省法院首届审判业务技能竞赛，全面提升法官办案能力。规范人民陪审员选任工作，加强履职能力建设，培训9700余人次，民事案件人民陪审员参审率达98%。抓实"我为基层解难题"活动，坚持重心下移，帮助基层法院解决实际问题49项，维修人民法庭85个，招录干警357人。优化调整人民法庭布局，出台加强人民法庭建设的意见，在全国率先建立人民法庭专门考核体系，三级法院院长全部驻庭调研，现场解决实际困难，努力打造服务乡村振兴的"桥头堡"。

成绩的取得鼓舞人心，但存在的短板也值得警醒。一是司法能力还有不足，与新时代人民群众对公平正义的新期盼还有差距；二是诉源治理还需多方努力，收案数依然高位运行；三是司法改革和智慧法院建设有待加强，人财物统管配套机制还需健全；四是有的法院履行全面从严治党管院主体责任不到位，干警违纪违法时有发生，队伍教育整顿成果仍需持续巩固。

七　2022年工作安排

2022 年，全省法院工作思路是：坚持以习近平新时代中国特色社会主义思想为指导，切实落实习近平法治思想，贯彻党中央重大决策和省委部署，弘扬伟大建党精神，围绕“努力让人民群众在每一个司法案件中感受到公平正义”的目标，开展“队伍教育整顿巩固年”活动，推动审判执行工作高质量发展，实现湖南法院各项工作走在全国法院前列，为全面建设社会主义现代化新湖南提供更好的司法服务和法律保障。

其一，捍卫“两个确立”，以更高站位强化政治建设。深入学习贯彻习近平法治思想、党的十九届六中全会和省第十二次党代会精神，不断增强政治自觉，坚定政治方向。认真执行《中国共产党政法工作条例》及省委实施意见，始终坚持党对人民法院工作的绝对领导，确保党中央、最高人民法院和省委各项部署在全省法院得到不折不扣的执行。

其二，服务保障大局，以更强担当保障现代化新湖南建设。树牢总体国家安全观，常态化开展扫黑除恶斗争，严厉打击性侵未成年人、电信网络诈骗、毒品、“套路贷”“校园贷”等违法犯罪活动，积极参与反腐败斗争，努力营造更加安全稳定的社会环境，推进平安湖南、法治湖南、清廉湖南建设。紧扣高质量发展主题，围绕“六稳”“六保”各项任务，充分发挥破产审判、知识产权、涉外商事、环资审判等职能，持续开展“暖企”、破产积案清理、生态环境保护等专项行动。强化行政争议实质性化解，促进依法行政，助力法治政府建设。

其三，牢记为民宗旨，以更实举措推进公正司法。强化法律统一适用，规范法官自由裁量权，不断提升审判质量。发挥司法裁判惩恶扬善功能，加强妇女、儿童等弱势群体司法保护，坚决防治虚假诉讼，完善涉军维权常态化机制，强化民生司法保障。持续开展“三湘风暴”专项执行行动，加大失信惩戒和拒执犯罪打击力度，持续攻坚，切实解决执行难。加大“送法进农村”等普法工作力度，深入田间地头开展巡回审判。加强诉源治理和一站式建设，让诉讼服务更加便捷高效。人民群众对公平正义的向往，就是全省法院的奋斗目标。

其四，坚持强基导向，以更高标准建设过硬法院队伍。深化司法体制综合配套改革，推进三级法院审级职能定位改革，加强对下监督指导，帮助基层法院解决人财物等实际困难。加强智慧法院建设，提升在线办案、信息共享和大数据运用能力，推动审判执行提速增效。加强司法职业保障，开展技能竞赛，强化业务培训，切实提升司法能力。坚持严管厚爱并重，持续巩固队伍教育整顿成果，驰而不息纠正“四风”，进一步强化司法权制约监督，以零容忍态度惩治司法腐败，坚决守住公平正义底线。

新的一年，全省法院将更加紧密团结在以习近平同志为核心的党中央周围，在省委的坚强领导下，永葆“闯”的精神、“创”的劲头、“干”的作风，埋头苦干，勇毅前行，以优异的司法成绩迎接党的二十大胜利召开！

总报告

General Report

B.3
2021年湖南社会发展形势分析与2022年展望

湖南省人民政府发展研究中心课题组*

摘　要： 2021年，湖南立足新发展阶段，贯彻新发展理念，融入新发展格局，深入贯彻习近平总书记对湖南重要讲话重要指示批示精神，各项社会事业取得新成就，重点民生实事全面完成，社会治理效能显著提升，群众生活平安和谐，实现“十四五”良好开局。2022年，湖南社会发展应坚持稳中求进工作总基调，全面落实“三高四新”战略定位和使命任务，着力推进十大重点民生实事，全面提升社会治理能力，加强保障和改善民生，保持社会大局稳定，推动各项社会事业全面进步。

关键词： 社会发展　民生保障　社会治理　社会事业

---

* 课题组组长：谈文胜，湖南省人民政府发展研究中心原党组书记、主任；副组长：侯喜保，湖南省人民政府发展研究中心党组成员、副主任；成员：郑劲、文必正、彭丽、黄晶，湖南省人民政府发展研究中心研究人员。

2021 年是党和国家历史上具有里程碑意义的一年。面对新冠肺炎疫情的局部反复和复杂严峻的国内外形势，湖南坚持以习近平新时代中国特色社会主义思想为指导，坚决贯彻党中央、国务院决策部署，深入贯彻习近平总书记对湖南重要讲话重要指示批示精神，全面落实“三高四新”战略定位和使命任务，坚持稳中求进工作总基调，统筹疫情防控和经济社会发展，扎实做好“六稳”工作，全面落实“六保”任务，凝心聚力抓好抓实民生保障工作，各项社会事业取得新进步，实现了“十四五”的良好开局。2022 年，湖南社会发展要紧紧把握平安稳定大局，更好统筹发展和安全，全面提升社会治理能力，提高社会建设水平，促进民生改善和社会大局和谐稳定，为迎接党的二十大胜利召开营造良好社会氛围。

一　2021年湖南社会发展总体情况

2021 年，湖南坚持以人民为中心，统筹抓好居民收入、就业、医疗、教育、社保、住房等社会民生工作，民生福祉持续改善，各项社会事业取得新成就。全省居民人均可支配收入 31993 元，较上年增长 8.9%；居民消费价格指数（CPI）较上年上涨 0.5%，实现了全年控制在 3.0%左右的预期目标；城镇新增就业 75.3 万人，完成年度任务的 107.6%；全年城镇调查失业率平均值为 5.2%，为中部地区最低；20 件重点民生实事均圆满完成。

1. 居民收入增长稳定，收入水平居中部六省第一

2021 年，全年全省居民人均可支配收入 31993 元，收入水平在全国排名第 12 位，在整个中西部地区仅次于内蒙古和重庆，居中部第一；人均可支配收入比上年增长 8.9%，两年平均名义增长 7.5%，扣除价格因素后实际增长 8.4%，两年平均实际增长 6.0%，与经济增长基本同步。四大类收入全面增长。其中，工资性收入 15927 元，增长 8.6%；经营净收入 6709 元，增长 11.2%；财产净收入 2413 元，增长 8.4%；转移净收入 6943 元，增长 7.6%。按常住地分，城镇居民人均可支配收入 44866 元，增长 7.6%；农村居民人均可支配收入 18295 元，增长 10.3%，比城镇高出 2.7 个百分点。城乡居民收入差距继续缩小，可支配收入比值由上年的 2.51 缩小为 2.45。分区域和市州看，长株潭地区居民人均可支配收入 48924 元，增长 8.1%，其中长沙市 55587 元、株洲市 42402 元、湘潭市 37170 元，均高于全国居民人均可支配收入水平；省会长沙以绝对优势处于全省第一，比全国平均水平高出 2 万元，领跑整个中西部地区。湘南地区居民人均可支配收入 29543 元，增长 8.7%，其中衡阳市以 32577 元超过全省平均可支配收入，是除长株潭外唯一一个超过全省平均水平的市州。大湘西地区居民人均可支配收入 22190 元，增长 9.2%，其中邵阳市人均可支配收入增长 9.7%，农村居民人均可支配收入增长 11.2%，增长率均为全省最高。洞庭湖地区居民人均可支配收入 29165 元，增长 9.3%，其中岳阳市城镇居民人均可支配收入增长 8.3%，为全省城镇最快增速。此外，脱贫县农村居民人均可支配收入 13537 元，增长 12.6%。

2. 就业优先战略深入实施，就业形势总体稳定

湖南省坚持把就业摆在更突出位置，围绕“扩、稳、提、实”四个字全面强化就业优先政策，被国务院评为全国促进就业工作 4 个先进省份之一。2021 年，全省城镇新增就业 75.30 万人，失业人员再就业 42.52 万人，就业困难人员再就业 13.89 万人，分别完成年度目标任务的 107.6%、141.7%和 138.9%；全年城镇调查失业率平均值为 5.258%，为中部地区最低。一是就业岗位在多个渠道实现扩大。建立了加强就业帮扶巩固拓展脱贫攻坚成果等长效机制，持续做大就业“蛋糕”。共争取中央和省级投入就业资金 32.25 亿元用于稳定和扩大就业岗位。二是确保重点群体就业稳定。实施了“高校毕业生品质就业、农民工转移就业、脱贫人口稳岗就业、退捕渔民安置就业、困难人员托底就业”五大行动，确保重点群体就业稳定，零就业家庭动态清零。三是就业创业服务水平明显提升。加大稳岗留工、惠企惠民“五进五送”和高校毕业生就业服务力度，实施“创响三湘”行动计划，新增 2 个国家级、23 个省级创业孵化示范基地，全省新发放创业担保贷款 37.09 亿元，扶持创业 15272 人，带动就业 101946 人。四是基层平台基础进一步夯实。将 1462 个社区（村）纳入充分就业社区（村）重点建设对象，加强对 884 家

重点企业、143 家产业园区的用工保障，就业基础进一步夯实。

3. 财政投入持续加大，社会保障和基础民生进一步改善

民生财政投入持续加大。2021 年，全省一般公共预算支出 8364.8 亿元，增长 3.4%（考虑中央统一部署的市县权责发生制列支改革因素），其中民生支出占比继续保持在 70%以上。分科目来看，教育支出 1389.9 亿元，增长 4.9%，占比 16.6%，比上年提高 0.7 个百分点；社会保障和就业支出 1345.1 亿元，增长 3.4%，占比 16.1%，比上年提高 0.5 个百分点；城乡社区支出 916.3 亿元，增长 16.6%，占比 11.0%，比上年提高 1.8 个百分点；卫生健康支出 775.4 亿元，增长 6.6%，占比 9.3%，比上年提高 0.5 个百分点；住房保障支出 240.4 亿元，增长 1.1%，占比 2.9%，与上年持平。

表 1　2021 年湖南省一般公共预算中部分民生支出情况

项目	2021 年支出（亿元）	比上年增长（%）*	占总支出比例（%）
教育支出	1389.88	4.9	16.6
社会保障和就业支出	1345.11	3.4	16.1
城乡社区支出	916.30	16.6	11.0
卫生健康支出	775.40	6.6	9.3
住房保障支出	240.43	1.1	2.9

注：比上年增长数据基于 2021 年执行数与 2020 年决算数计算得出。

资料来源：湖南省财政厅《关于湖南省 2021 年预算执行情况与 2022 年预算草案的报告》。

多层次社会保障体系进一步健全。参保覆盖面扩大。截至 2021 年底，全省基本养老保险、工伤保险、失业保险参保人数分别达到 5286.4 万人、853.3 万人、687.4 万人，社保体系覆盖范围进一步扩大。社保基金运行平稳。积极争取中央财政支持约 500 亿元，基本养老保险基金、工伤保险基金、失业保险基金可支撑能力比较稳定。职业年金投资收益良好，全省 149 个统筹区均启动了职业年金待遇发放。社保制度改革持续深化。企业职工养老保险省级统筹达到人力资源和社会保障部提出的“七个统一”要求，为实施全国统筹夯实了湖南基础。积极开展被征地农民社会保障试点，探索总

专栏：20件重点民生实事圆满完成

完善城乡基础设施。全省建设农村公路安防设施10075公里，完成年度目标任务的100.8%；农村公路提质改造4510公里，完成年度目标任务的112.8%；为提升农村通信网络，建成4G基站1605个，522个行政村通组光纤工程全部建成，均完成年度目标任务的100%；开工建设1500个城镇老旧小区，累计完成投资55.44亿元，开工率为100%；完成16.01亿元10千伏及以下行政村配电网改造工程，完成年度目标任务的100.1%；改（新）建农村公共厕所1024座，完成年度目标任务的102.4%；改（新）建农村户用厕所76.27万个。

加强公共服务建设。全省已建成101所芙蓉学校，完成年度目标任务的100%；增加公办幼儿园学位13.5万个，完成年度目标任务的135%；实现城镇新增就业75.3万人，完成年度目标任务的107.6%；开展政府补贴性职业技能培训156.2万人次，完成年度目标任务的284%，其中，农村转移劳动力培训完成57.94万人次，完成年度目标任务的386.3%；办理法律援助案件6.12万件，完成年度目标任务的136%；为实施乡村“雪亮工程”，建设乡村公共部位安防设备11.74万个，完成年度目标任务的117.4%。

改善医疗服务能力。全省推进中医药服务基层全覆盖，418个社区卫生服务中心、1533个建制乡镇卫生院实现中医药服务有人员、有场地、有服务、有设施，完成年度目标任务的100%；实施疾控中心标准化建设工程，45家市州、县市区疾控中心达到国家标准，完成年度目标任务的100%；孕产妇免费产前筛查40.63万人，完成年度目标任务的101.6%；为103.09万农村适龄妇女和城镇低保适龄妇女进行“两癌”免费检查，完成年度目标任务的103.1%。

提高城乡低保标准。全省累计发放城市低保资金20.93亿元，城市低保人均标准达591元/月，超过年度目标任务41元/月；城市低保救助水平人均达到409元/月，超过年度目标任务35元/月；累计发放农村低保资金47.38亿元，农村低保人均标准达5256元/年，超过年度目标任务956元/年；农村低保救助水平人均达到264元/月，超过年度目标任务35元/月。所有县市区的城乡低保月人均救助水平达到或超过省定标准。

提升救助保障水平。全省累计发放困难残疾人生活补贴和重度残疾人护理补贴13.8亿元，困难残疾人生活补贴发放标准每月提高到80.8元/人；重度残疾人护理补贴发放标准每月提高到75元/人，均高于年度目标任务，所有县市区均达到省定标准；实施困难残疾人家庭无障碍改造12710户，完成年度目标任务的105.9%；康复救助残疾儿童16046人，完成年度目标任务的145.9%；实施特困人员供养服务机构床位改造，改造养老服务床位5133张，完成年度目标任务的102.7%，其中，新增护理型服务床位4219张，完成年度目标任务的105.5%。

资料来源：湖南省统计局。

结出“前补改为后缴”的措施，取得明显成效。持续完善工伤保险省级统筹政策体系，组织实施“工伤预防万人培训行动”等五大行动计划。基金监管体系不断完善。出台《关于切实加强社会保险基金监管工作的意见》，社保基金监管“1+N”制度体系逐步完善，从体制机制上解决了“为谁管”“谁来管”“怎样管”“如何管好”的问题，打造了基金监管的“湖南特色”。

兜底保障网络织密织牢。大力推进社会救助制度改革，制定低保、特困等认定办法，建立低收入人口与防止返贫致贫人口监测标准“两线合一”机制，探索建立主动发现预警机制，实现35项民生数据信息实时共享，推广“救助通”小程序试点应用，超额完成重点民生实事任务。全省城乡低保平均标准分别达到591元/月和5256元/年，月人均救助409元和264元；困难残疾人生活补贴和重度残疾人护理补贴平均每人每月80.8元和75元；建设特困供养床位5298张，其中护理型床位4238张，民生兜底保障网织得越来越牢。

困难群众实现应保尽保。建立乡镇临时救助备用金制度，落实分散供养特困人员委托照料服务，34个县市区救助改革试点成效明显，全省保障特困人员37万人、临时救助73.16万人次、流浪救助9.58万人次，高龄津贴、基本养老服务补贴覆盖78.11万人。建立未成年人保护工作协调机制，落实孤儿和事实无人抚养儿童保障政策，62万名农村留守儿童关爱保护到位。依托信息化开展残疾人“两项补贴”对象精准认定，精心组织实施“福彩助残”“福康工程”，全省收治困难精神病患者5100多名，为2.1万名居家精神病患者提供社区康复服务，真正给特殊困难群体以特殊关爱。

4. 教育事业稳健发展，公共文化服务体系不断完善

各级各类教育稳步发展。2021年，湖南省共有各级各类学校2.83万所（不含教学点），在校学生1461.4万人，较上年增长28.62万人；教职员工107.2万人，其中专任教师85.23万人，较上年增长4.38%。初中、普通高中、中等职业教育、高等教育等在校人数持续增长，其中，成人高等教育、中等职业教育和研究生教育在校人数增幅较为明显，分别为9.9%、9.3%、8.1%。教育发展总体水平跻身全国前列。

教育民生持续改善。年内增加公办园学位13.5万个，公办园在园幼儿占比达53.43%，超额完成国家规定的目标任务。101所芙蓉学校全部建成使用，新增学位14.6万个。建成361所乡镇标准化寄宿制学校。全年累计劝返义务教育阶段辍学学生1500人，家庭经济困难学生失学辍学动态清零。全省累计消除普通高中大班额1923个，大班额比例由9.63%降至0.83%。出台《高等教育服务“三高四新”战略实施方案》，立项首批省级现代产业学院16个，支持高校与行业企业共建省级研究生联合培养基地98个。对接战略性新兴产业发展趋势和社会需求，增设和调整相关专业66个。省内5所高校、15个学科进入全国“双一流”建设序列，位列全国第8，最新ESI全球排名前1%学科达到63个，9个学科进入前1‰。高校重大科技成果不断涌现，荣获2020年全国科技奖二等奖7项，“海牛二号”刷新世界深海海底钻机钻深记录。入围国家示范职教集团培育单位8家，居全国第五。

教育改革发展迈出新步伐。教育评价改革、教育督导体制机制改革、职业教育改革等重大教育改革持续深化。成功入选教育部教育评价改革试点省，“五项管理”深入开展，独立学院转设稳步推进。“双减”工作落地见效，课后服务实现学校全覆盖，线下校外培训机构压减近 80%。新高考“首考”平稳落地，全省录取新生 47.22 万人。教育信息化 2.0 试点省建设深入推进，全省实现了 100%“网络到校”“终端到校”，位居全国第一。教师队伍铸魂建强。遴选高校芙蓉学者 111 名，新增院士 3 人、长江学者 17 人，入选全国高校黄大年式教师团队 9 个。参加“国培”“省培”教师达 8.8 万人次，招聘特岗教师 4435 人，录取公费师范生 14505 人，成为全国最大规模公费定向师范生培养省份。

公共文化服务体系高质量发展。在全国率先出台了《湖南省公共文化服务体系高质量发展五年行动计划（2021 年-2025 年）》。公共数字文化建设模式被评为全国文化和旅游信息化发展典型案例。乡村公共文化服务“门前十小”示范工程、文化设施提质改造、湖南图书馆新馆建设等重点项目有效推进，6 个地市级、10 个县级图书馆文化馆投入使用，新增博物馆 15 家，100 余个文化场馆新晋全国“最美公共文化空间”。全省逐步实现骨干设施标志化、乡镇阵地健全化、村级设施身边化。

5. 常态化疫情防控有力有效，医疗卫生服务水平持续提升

常态化疫情防控有力有效。始终保持应急机制激活状态，落实“动态清零”总方针，有效应对处置了输入性本土疫情，做到以最快的速度、最短的时间、最小的代价，取得最好的结果。新冠疫苗接种工作稳妥有序推进。高峰时期，全省设置 2994 个接种单位、9898 个接种台，参与医务人员近 7 万人，日最高接种量为 137.75 万剂次。应急处突能力不断提升。流调队伍、检测能力、转运隔离等方面的规范化建设和储备持续加强，对 269 家发热门诊、103 家定点医院和 2122 家集中隔离点进行台账式管理，全省医疗卫生机构、移动检测车、省级机动队和方舱实验室的日极限检测能力达 163.64 万管。

群众健康福祉显著提升。卫生健康重点民生实事项目如期完成。完成 45 个市县疾控中心标准化建设项目；完成 100 万农村和城镇低保适龄妇女

“两癌”免费检查、40万孕产妇免费产前筛查的目标任务；中医药服务基层全覆盖项目完成率达100%；新建386个社区卫生服务中心和建制乡镇卫生院中医馆。“一老一小”健康服务体系逐步完善。积极应对人口老龄化，印发《湖南省建立完善老年健康服务体系实施方案》，建成16家省级“安宁疗护标准病房”，124家医疗机构被评为“省级老年友善医疗机构”。开展全国婴幼儿照护服务示范城市创建活动，实施第三批普惠托育服务专项行动，全省新增5000个普惠托位。生育政策进一步优化，修订《湖南省人口与计划生育条例》，出台育儿假、独生子女护理假等系列配套和保障措施，全面优化生育登记服务流程。健康湖南行动持续推进。“互联网+医疗健康”快速发展，建成互联网医院45家。全省居民健康素养水平达24.05%，较2020年提高了2.5个百分点。

医疗服务能力不断增强。基本公共卫生服务扎实有效。湖南省综合成绩在国家基本公共卫生服务项目绩效考核中位列全国第五、中部第一。紧密型县域医共体建设有序推进，组建各种形式医联体725个。推动防、治、康、管协同，高血压患者规范管理率达68.8%，糖尿病患者规范管理率达68.5%。中医药传承创新发展，首次将中医药工作纳入对市州党委、政府绩效考核内容，成功获批建设国家中医药综合改革示范区。医疗服务全过程监管体系不断健全，职业卫生监督执法工作综合指标排全国第五。

深化医改取得新成就。公立医院综合改革连续5年获国务院真抓实干表彰激励。出台了《湖南省推动公立医院高质量发展实施方案》，全面落实公立医院党委领导下的院长负责制，273家公立医院纳入公立医院薪酬制度改革试点范围；16家省属公立医院核增编制4429名；医疗卫生机构高级岗位比例提高10%~21%，全省高级职称增加4万余名。成功签订委省共建国家医学中心和国家区域医疗中心协议，“1+1+10”的委省共建模式取得实质性进展。

医疗保障体系逐步完善。2021年，全省基本医疗保险参保6748.66万人，整体参保率达到101.91%。医保待遇更加惠民。大病保险保障能力进一步提高，年度补偿限额从30万元提高到40万元，对困难群众实施起付线降低 50%、报销比例提高 5 个百分点、取消封顶线等政策倾斜。“两病”门诊用药保障持续增强。截至 2021 年底，全省开展专项保障以来，参保患者“两病”就诊人数 705. 94 万人，就诊 1981. 95 万人次，共支出基金 24. 39 亿元，综合实际报销比例 67. 84%。医药价格更加利民。119 种国家谈判药品调入目录，平均降价 50. 64%。出台双通道药品使用管理办法，将 97 种国家谈判药品纳入湖南省医保“双通道”管理范围。国家集采五批药品 218 个，平均降价 53%，全省如期落地执行并完成约定采购量。全省带量采购实现常态化运行，积极参与组建省际联盟药品耗材带量采购。

6. 脱贫攻坚成果巩固拓展，乡村振兴战略有序推进

脱贫成果巩固拓展。防止返贫动态监测和帮扶机制进一步健全，在全国率先建成省级防返贫监测与帮扶信息管理平台。全省累计识别监测对象 13. 8 万户 32. 7 万人，消除返贫致贫风险 8. 8 万户 22. 3 万人。“两不愁三保障”成果进一步巩固。年内完成农村危房改造 2. 8 万户，解决了 1. 66 万人供水不稳定问题，对 79. 76 万义务教育阶段经济困难家庭学生资助全覆盖。脱贫人口稳岗就业力度持续加大。建成就业帮扶车间、帮扶基地等载体 7210 个，开发公益性岗位和临时性过渡岗位 15. 28 万个；脱贫人口务工人数达 244. 23 万人，为上年底的 105%。易地搬迁后帮扶和管理不断加强。推广实施了一批“以工代赈”项目，易地搬迁有就业意愿劳动力已就业 29. 31 万人、就业率 99. 49%。集中安置区基础设施和公共服务配套设施逐步完善，累计建成环境卫生设施 2390 个、市政公用设施 1029 个、公共服务设施 1456 个。

有效衔接稳步推进。守住了不发生规模性返贫的底线。2021 年，全省脱贫人口人均纯收入达到 13553 元，增长 13. 5%；脱贫县农村人均可支配收入达到 13345 元，增长 11%，高出全省平均水平 2 个百分点。投入力度持续加大。2021 年，中央投入湖南省财政衔接推进乡村振兴补助资金 64. 1 亿元，省本级投入 51. 3 亿元，市县投入 24 亿元，均继续保持增长态势。储备、巩固、拓展脱贫攻坚成果和乡村振兴项目 11. 89 万个，涉及投资 648. 1

亿元；共摸排登记扶贫项目资产 1332.25 亿元，已确权 1332.18 亿元、占比 99.99%。保持主要帮扶政策总体稳定。出台了《中共湖南省委湖南省人民政府关于实现巩固拓展脱贫攻坚成果同乡村振兴有效衔接的实施意见》，科学编制了全省“十四五”农业农村现代化规划和有效衔接规划等，各部门配套制定了 80 余个操作性文件和工作方案。

乡村建设行动有序开展。省国土空间规划委员会成立，基本完成县级国土空间总体规划编制，完成 6763 个村庄规划编制。人居环境明显改善。完成农村户厕建设 70 万余户，新建农村公厕 1024 座；新建乡镇垃圾中转站 103 座，拆除农村小型垃圾焚烧设施 231 座；新建乡镇污水处理设施 280 个，全省建制镇污水处理设施覆盖率达到 76%，完成 600 个村的生活污水治理任务。公共服务水平持续提升。新建或改扩建农村供水工程 1269 处，受益人口 284 万人；完成农村集中供水工程维修养护项目 4089 处，服务农村人口 1614 万人。完成乡镇通三级路 638 公里，建设农村旅游路、资源路和产业路 3941 公里。开展农村客货邮融合发展试点，全省通快递村达到 16388 个、覆盖率 68.4%。

7. 社会治理效能显著提高，社会大局平安稳定

基层社会治理减负增效。坚持抓基层、强基础、提效能，出台加强基层治理体系和治理能力现代化建设的若干措施，推进基层群众自治组织落实“三个清单”，培训村（社区）党员干部 140.5 万人，2 个市辖区和 21 个村成为全国基层社会治理创新试点。推进社会组织“放管服”改革，社会组织党建实现“两个全覆盖”，专项整治打击非法社会组织、行业协会商会违规收费行为，引导 5 万多家社区社会组织积极服务乡村振兴。清理整治 128 个不规范地名，全面完成界线联检任务，深化平安边界创建，祁阳撤县设市获得国务院批准并正式挂牌。大力发展社会工作，依托 1940 个基层社工站，联动社区社工室 1100 多个、基层志愿者 6.6 万名，“五社联动”平台功能逐步凸显。

基本社会服务供给优化。坚持抓重点、补短板、强弱项，加强城乡综合养老服务中心、社区日间照料机构、农村互助养老设施等建设，支持民办养老机构发展，制定出台加强养老服务机构综合监管措施，举办首届岳麓山养老高峰论坛，开展养老护理职业技能大赛，衡阳、郴州成为全国居家和社区基本养老服务提升项目试点市。举办“国潮”集体婚礼，完成512万份历史档案数据补录，办理婚姻登记39.88万对。出台殡葬价格管理“两办法一清单”，整治殡葬领域突出问题2670个，治理硬化大墓、活人墓、乱埋乱葬问题1.17万个。开展“湖南慈善奖”评选表彰，做大做强“爱心改变命运”等慈善品牌，实施福彩“十百千万”工程，全年销售51.43亿元，筹集公益金16.65亿元。

平安湖南建设成效显著。推进扫黑除恶斗争常态化。2021年全省共打掉涉黑组织18个、恶势力团伙232个，破获刑事案件1268起，抓获犯罪嫌疑人1801人；起诉涉黑涉恶案件284件1071人，审结生效黑恶犯罪案件266件。全省八类主要刑事案件同比下降4.99%，公众安全感测评得分99.05分，较上年度提升0.33分。全省涉黑恶刑事涉财执行案件立案929件，旧存244件，结案1025件，执行到位金额79.98亿元，执行到位率94.71%。查处涉黑涉恶腐败和“保护伞”问题423个，给予党纪政务处分306人，移送司法机关83人。开展新一轮集中打击整治“三贷三霸”专项行动，共打掉此类涉黑组织8个，恶势力团伙40个，破获各类刑事案件306起。信息网络领域部署开展“犁庭”“断卡”“断流”“冬季攻势”等专项行动，共破电诈案件10040起，抓获26148名涉案人员，同比分别上升242.1%和526.8%。工程建设领域聚焦恶意竞标、强揽工程、恶意拖欠工程款等问题，排查出368个项目存在违法行为，累计罚款1541.55万元；解决拖欠农民工工资案件184个，涉及农民工6487人、欠薪金额2.5亿元。

安全形势稳中向好。2021年全省生产安全事故起数、死亡人数同比分别下降5.72%、4.53%，杜绝了重特大事故，实现了自1967年有完整事故统计数据以来首次年度重特大事故“零发生”；全省自然灾害受灾人口、因灾死亡失踪人口、倒塌房屋数量和直接经济损失与近五年均值相比，分别下降44.81%、87.12%、77.94%、67.91%；因洪涝灾害死亡6人，为新中国成立以来湖南省历史最少。淘汰不具备安全生产条件的煤矿 25 处、非煤矿山 135 家；推进烟花爆竹转型升级集中区建设，退出落后烟花爆竹生产企业 201 家、工区 112 个；紧盯风险变化和事故暴露问题，统筹推动道路交通、农村自建房、城镇燃气、电动自行车等领域顽瘴痼疾专项整治取得实效。成功迎战 24 轮强降雨，成功避让地质灾害 237 起、避险 3847 人，抗旱工作有力有效，受到国家防总的充分肯定。未发生重大森林火灾，为有记录以来最好成绩。财政累计投入自然灾害防治重点工程 300.81 亿元，其中自然灾害综合风险普查总体进度全国排名第一。

二 当前湖南社会发展面临的挑战与存在的主要问题

1. 满足群众民生期待任务仍然艰巨

湖南省统计局民意调查中心针对群众关注的民生问题于 2022 年 1 月初开展新年百姓民生期待民意调查。调查结果表明：2021 年，仍有过半人数认为在收入、就业、物价、住房和食品安全等方面没有明显改善。改善情况评价中认为没有明显改善者的占比由高到低依次为“社会治安”（69.7%）、“公共服务”（66.7%）、“环境”（65.8%）、“教育”（59.8%）、“医疗”（52.6%）、“社保”（50.2%）、“食品安全”（47.7%）、“住房”（41.8%）、“物价”（38.3%）、“就业”（37.0%）和“收入”（32.1%）。2022 年，教育、医疗、食品安全、物价等四大领域民生问题备受群众关注。关注度由高到低依次是“教育问题”（69.9%）、“医疗问题”（69.3%）、“食品安全问题”（63.5%）、“物价问题”（60.4%）、“公共服务问题”（58.3%）、“社保问题”（56.4%）、“环境问题”（52.9%）、“收入分配问题”（52.5%）、“社会治安问题”（50.7%）、“就业问题”（49.4%）和“住房问题”（44.7%）。

2. 优质教育资源供需矛盾依然突出

一是教育发展不平衡不充分问题依然存在。区域间、城乡间、校际、学段间发展仍不平衡，优质教育资源供需矛盾依然突出，“城镇挤”“乡村弱”等现象仍一定程度存在，特殊教育、专门教育保障体系还不健全，高中阶段教育普及攻坚任务依然艰巨。教师队伍的总体收入仍偏低，职业吸引力仍不够强，乡村教师结构性矛盾突出，建设高素质教师队伍任重道远。

二是教育服务发展效能有待进一步提升。教育聚焦经济社会发展、服务“三高四新”战略定位和使命任务还有差距，职业教育的社会吸引力仍不够强，产教融合发展仍不充分。高等教育高峰不高，引领性的一流大学、一流学科较少，高校科技成果转化效率、转化应用率仍然偏低，存在到其他省份转化的现象。

3. 医疗卫生服务能力有待提高

一是卫生健康事业发展承压。全球新冠肺炎新增确诊病例不断增长，病毒多次变异，我国“外防输入”压力持续增大，抓好疫情防控仍然是头等大事和首要任务。同时，卫生健康事业发展不平衡、不充分的矛盾还比较突出，深化医改形势任务紧迫，医疗服务质量有待提升。

二是多层次医疗保障发展不够均衡。一方面，基本医疗保障作为主体制度安排，在覆盖范围、保障功能等方面都承担了更多责任，逐渐出现了政府“无限责任”的倾向，多元化诉求都寄希望由社会保险解决。另一方面，商业健康保险发展缓慢，慈善捐助等多元补充保障没有发挥应有的作用。2021年，省内有关商业保险公司推出了补充医疗保险产品，免赔额普遍在1万至2万元，相比全省6700万基本医疗参保对象和几百元的门槛费，商业医疗保险的保障范围小、保障能力弱、普惠性不强。

4. 社会治理仍然面临诸多挑战

一是安全防控压力较大。当前，湖南安全形势稳中有忧、稳中有危，特别是保持不发生重大以上事故的基础还不牢固，面临的矛盾问题仍然比较突出。一方面，风险处于高位。事故灾害易发多发，自然灾害五大灾种、安全生产五大重点领域风险交织叠加，“十面埋伏”长期存在，仍然随时有发生重大灾害事故的可能。另一方面，一些地方没有完整准确全面贯彻新发展理念，安全红线意识树得不牢，有的行业部门“三管三必须”落实不够，企业和从业人员普遍存在重效益、轻安全的问题。

二是社会治理智能化发展面临挑战。湖南省社会治理智能化转型虽然取得了积极的成效，但总体而言仍处于探索阶段，当前面临数据资源的共享和共用尚不成熟、社会治理的供给和需求有待提升、数字治理的保障机制需要健全等问题，不论是在数治基础、数治驱动，还是在数治保障等方面都面临亟须突破的瓶颈。社会治理智能化涉及多领域、多部门，但目前各部门的信息系统大多是垂直系统，部分信息系统是省厅或中央部门直接管理，地方政府协调难度较大，治理数据呈现“各自为政”“各为其主”的情况。

三　2022年促进湖南社会高质量发展的政策建议

2022年，湖南应全面落实“三高四新”战略定位和使命任务，围绕“城镇新增就业70万人，城镇调查失业率控制在5.5%以内，居民收入增长与经济增长基本同步”的年度社会发展目标，保障和改善民生，加强和创新社会治理，完善公共服务政策制度体系，扎实推动共同富裕，不断增强人民群众的获得感、幸福感、安全感。

1. 加强民生建设，持续改善人民生活

一是高质高效办好民生实事。继续把保障和改善民生作为财政支出优先方向，建立民生资金直达的长效机制，确保专项资金及时拨付、精准下达和安全使用。积极盘活财政存量资金，不断调整和优化支出结构，为十大重点民生实事腾出财力空间。

二是稳妥推进社保体系建设。深入实施“五项改革”。稳步推进企业职工基本养老保险全国统筹，进一步统一、规范企业职工养老保险政策，完善被征地农民养老保险政策，妥善处理全省被征地农民社会保障工作遗留问题；及时部署推进失业保险省级统筹，实现“六个统一”，即统一失业保险政策、统一基金收支管理、统一信息系统、统一经办服务管理、统一责任分担机制、统一考核奖惩办法；完善工伤保险省级统筹，稳妥推进工伤保险基

专栏：2022 年湖南省十大重点民生实事

①增加公办义务教育学位；

②职业教育楚怡行动；

③特殊群体健康保障；

④城乡低保和残疾人“两项补贴”提标；

⑤老年人服务保障；

⑥城镇老旧小区改造；

⑦中小学安防设施建设；

⑧农村饮用水水源地突出环境问题整治；

⑨农村“三路”建设；

⑩农村水源保障及灌溉能力提升。

资料来源：2022 年湖南省政府工作报告。

金省级统收统支，开展国家机关公务员和参公管理人员参加工伤保险、基层快递网点优先参加工伤保险、新就业形态新就业人员职业伤害保障等试点；渐进式推进延迟法定退休年龄改革，加强特殊工种提前退休审批管理，做好国家相关政策的宣传和解读；推进职业年金管理改革，加快虚账向实账管理转换。扎实推进“四个贯彻”。贯彻实施全民参保计划，持续做好灵活就业人员、农民工等重点群体精准扩面；贯彻落实基金管理提升年行动，开展全省社会保险基金管理专项整治巩固拓展行动，抓好社保基金的监督管理；贯彻落实个人养老金实施办法，确定建立个人养老金制度的先行城市，做好政策宣传；贯彻落实人力资源和社会保障部即将出台的企业职工基本养老保险病残津贴暂行办法，结合湖南省实际抓好政策执行。努力实现退休人员养老金水平、城乡居民养老保险待遇水平、社保经办服务水平“三个提升”，推动社会保险治理达到新水平。

2. 强化就业优先导向，保持就业稳定局势

2022 年，湖南就业工作要紧扣“确保城镇新增就业 70 万人，确保城镇调查失业率控制在5.5%以内”的目标，主要做好“三稳定三促进两兜牢”工作。“三稳定”，即稳定吸纳和扩大就业市场主体，制定更加充分更高质量就业政策，积极协调财政、金融、投资、消费、产业等政策，调整优化部分减负稳岗扩就业举措，规范发展新就业形态；稳定高校毕业生等青年就业，推进基层成长、就业启航等计划，开展高校毕业生留湘来湘系列公益活动，稳定机关事业单位、国有企业招录招聘规模，加强离校未就业毕业生、失业青年就业帮扶；稳定农民工特别是脱贫人口务工规模，深化劳务协作，打造劳务品牌，落实返乡创业支持政策，鼓励引导就地就近就业创业，对脱贫人口优先稳定岗位、优先组织外出、优先兜底保障。“三促进”，即促进大规模职业技能培训，落实终身培训制度，拓展职业培训券使用功能，实施重点群体重点行业专项培训；促进就业服务质量提升，实施提升就业服务质量工程，深化充分就业社区（村）建设，健全服务企业用工长效机制，推进基层平台五年能力提升行动计划，加快“一网一微一端”建设，实施劳务品牌建设，引导劳务经济品牌高质量发展，建设一批省级人力资源服务产业园；促进创业带动就业，实施“创响三湘”行动计划，开展“迎老乡、回故乡、创三湘”活动，推广乡村领雁创业培训，举办第五届“中国创翼”创业创新大赛湖南省选拔赛。“两兜牢”，即兜牢困难人员就业底线，健全失业帮扶机制，加强退役军人、残疾人、城镇失业人员、就业困难人员等就业帮扶；兜牢规模性失业风险防范底线，加强就业形势监测预警，完善应急处置预案，积极防范化解规模性失业风险。

3. 促进教育公平与质量提升，办好人民满意教育

一是推动基础教育优质均衡发展。深入推进学前教育普及普惠发展，办好乡镇公办中心园，加强村级幼儿园建设。大力推进义务教育优质均衡发展。实施好“增加公办义务教育学位”重点民生实事项目，提高公办义务教育学位占比至95%以上。实施新一轮义务教育质量提升计划，重点完善县域义务教育质量、学校办学质量和学生发展质量评价机制。推进芙蓉学校内涵建设，推动乡村小规模学校优化提质，加强乡镇标准化寄宿制学校建设。加快推动普通高中特色多样发展，实施县域普通高中振兴行动计划，办

好特殊教育，在推进更加公平更有质量上再出实招、硬招。进一步落实公办民办普通高中同步招生和属地招生政策。提高残疾儿童少年义务教育普及程度，加强专门教育和专门学校建设。持续推进“双减”攻坚走实走深，推动义务教育学校校内课后服务全覆盖，完善“双减”工作协调机制，健全校外培训综合执法机制，深化校外培训机构综合治理，加强培训资金监管和风险管控。

二是提高教育服务发展的能力。推进高校科技创新体系建设。围绕服务“三高四新”战略定位和使命任务的重点领域和经济社会发展的急需领域，培育建设一批科技创新平台和团队，推动高校围绕国家和地方经济社会发展中的重大理论和实践问题开展研究，加强高校科技成果转移转化能力建设。提高本科录取率。通过盘活存量、新建、改扩建或校外租赁等方式，切实加快学生宿舍、学生食堂和教学科研用房建设，进一步提升学校办学承载能力。谋划启动新一轮“双一流”建设工作。继续实施“六卓越一拔尖”计划 2.0，推进新工科、新医科、新农科和新文科建设。持续开展学位授权点动态调整工作。增强职业教育适应性。探索构建适应新技术和产业变革需要、与市场需求和就业创业紧密结合、体现各类型各层次职业教育融会贯通的现代职业教育体系。不断扩大优质公办中职学位供给，稳步发展职业本科教育，探索在高职院校开展本科专业试点工作，加快构建技术技能人才成长立交桥。深入推进部省共建职业教育改革发展高地建设。大力实施“楚怡行动”，启动 14 所楚怡公办中职学校改扩建工作，建设一批产教融合实训基地、职教集团（联盟），培育一批教学名师、教师教学创新团队。

三是深化改革、扩大开放。深化新时代教育评价改革。推进教育评价改革试点省建设，加强对试点市县和试点项目的跟踪督导。加快推进教育数字化转型，出台进一步推进“互联网+教育”发展的实施意见。加快建设“智趣新课堂”基础教育数字资源体系和“大国长技”职业教育数字资源体系。建成“互联网+教育”大平台“教育管理服务一体化模块”。推进高水平教育对外开放。支持高校引进国（境）外优质教育资源，加强同“一带一路”沿线国家和地区教育交流与合作。持续加强师德师风建设，切实保障教师权益。不断强化乡村教师公费定向培养，保持公费师范生招生规模相对稳定，加快紧缺学科教师培养，不断提高公费师范生培养质量。推动乡村教师生活补助政策落实落地，逐步提高乡村教师待遇。

4. 做好常态化疫情防控，增强医疗卫生服务能力

一是精准做好常态化疫情防控，改革完善疾控体系。坚决贯彻“外防输入、内防反弹”总策略和“动态清零”总方针，坚持平急结合，做到常态化精准防控和局部应急处置有机结合，不断优化完善防控措施。加大对病毒变异的研究和防范力度，加快疫苗和特效药物研发，进一步扩大疫苗接种人群和接种范围。改革疾病预防控制体系。健全疾控网络、管理体系和运行机制，完善省、市、县三级疾控机构功能定位，全面提升疾控机构的预警、流调、病原体快速鉴定和溯源等核心能力。推进公立医疗机构设立公共卫生科等直接从事疾病预防控制的科室，探索医疗机构设立专兼职疾病预防控制监督员。推进传染病智慧化多点触发监测预警平台建设。

二是加快推进健康湖南行动，增进人民健康福祉。建立健全监测评估工作机制，持续推进健康湖南行动。深入开展老年健康、妇幼健康促进等15个专项行动，推动以治病为中心向以人民健康为中心转变。深化健康科普宣传，实施健康素养促进项目，持续推进职业病危害专项治理。加强“一老一小”等重点群体健康保障。深入推进医养结合，实施社区医养结合能力提升项目，推进城企联动普惠养老专项行动、安宁疗护试点。持续开展老年友善医疗机构建设。加强人口监测和形势研判，推动三孩生育政策及配套支持措施落地见效。统筹推进养老托育服务健康发展。加强妇幼健康服务能力建设，提高优生优育服务水平。

三是深化医改，提高医疗卫生服务质量。深化公立医院综合改革，协调推进医疗价格、人事薪酬、药品流通、医保支付改革。规范发展“互联网+医疗健康”，促进省域内优质医疗资源扩容下沉，推动分级诊疗制度加快落实。开展基层卫生综合改革进展常态化监测，进一步强基层、补短板、提能力。持续推进紧密型县域医共体试点，实施县医院综合能力提升“千县工程”和县级医院“强边、强基、强链”计划。实施基层医疗卫生机构能力

提升项目，持续开展“优质服务基层行”活动。加快“1+1+10”委省共建国家医学中心与区域医疗中心建设。建立健全分级分层分流的重大疫情救治体系，建设“互联网+医疗急救”一体化信息平台，积极推动构建覆盖全省、规范高效的医疗急救网络。加快推进中医药传承发展，全面促进中医药事业和产业高质量发展。

四是健全职工医保门诊保障机制，构建多层次医疗保障体系。在2022年底前全面建成职工医保门诊共济保障机制。通过“一提”（即提高门诊保障待遇）、“一降”（即减少单位缴费划入个人账户部分）、“一转”（即从自我保障向共济保障转变）组合拳来腾笼换鸟，转换制度机制，提高保障绩效。落实重特大疾病医疗保险和医疗救助制度，优化大病保险减负功能。指导商业补充医疗保险有序发展，促进三重制度综合保障与慈善救助、商业健康保险等协同发展、有效衔接，健全政府主导、多方参与的多层次医疗保障体系。

5. 坚守不发生规模性返贫底线，扎实推进乡村建设

一是坚决守住不发生规模性返贫底线。健全防止返贫致贫动态监测和帮扶机制。针对发现的因灾因病因疫等苗头性问题，及时落实社会救助、医疗保障等帮扶措施。促进脱贫人口持续增收。加强农村低收入人口常态化帮扶，突出抓好脱贫人口稳岗就业。

二是多措并举促进乡村发展。围绕农业增效、农民增收，聚焦脱贫地区和脱贫人口，继续加强产业、就业、易地搬迁后扶等措施，有针对性地解决发展不平衡、不充分问题，确保脱贫群众收入增速高于当地农民收入增速，确保脱贫地区农民收入增速高于全省农民收入增速。

三是扎实稳妥推进乡村建设。实施乡村建设行动，健全实施机制。加强制度设计，坚持规划引领，统筹城镇和村庄布局，科学确定村庄分类，有序推进村庄规划编制。接续实施农村人居环境整治提升五年行动。大力开展农村人居环境整治，统筹推进生活污水治理、生活垃圾处理，创建一批美丽乡村。扎实开展重点领域农村基础设施建设，优化公共服务，加快促进农村社会事业发展，进一步提升群众对乡村振兴的获得感和认同感。加强和改进乡

村治理，大力推进数字乡村建设。

6. 加强和创新社会治理，确保社会和谐稳定

一是加强风险防范化解，维护社会大局稳定。坚守网信和高校两大阵地，全面做好党的二十大等重大活动和敏感节点的安保维稳工作，多元预防、调处和化解社会矛盾问题。平衡好稳增长和防风险的关系，妥善应对政府债务、互联网金融等领域风险，防止各类问题升级放大甚至演化成重大风险。加快推进重大水利工程、堤防和蓄滞洪区、病险水库除险加固和城市地下综合管廊等防灾减灾工程建设，健全灾后恢复重建机制，全面提升防灾减灾救灾能力。

二是加强安全问题治理，建设更高水平的平安湖南。加快构建立体化、信息化、精准化社会治安防控体系，打击各种违法犯罪活动，尤其是黑恶势力、黄赌毒、网络诈骗等突出违法犯罪。盯紧易燃易爆、有毒有害、道路交通、建设施工、矿山、旅游景区等重点，加强隐患排查预警处置，落细落小落实各项安全举措，尽可能杜绝重特大安全事故发生。抓好食品药品安全，坚持源头严防、过程严管、风险严控，坚守生命安全红线和健康底线。以开展四年一度的平安湖南建设先进集体、先进个人评选，平安建设重点推进县评选表彰活动为契机，进一步拓展平安创建的深度和广度，推动基层平安建设向纵深发展，加快构建立体化、智能化社会治安防控体系，激励全社会广泛参与平安湖南建设，不断提升人民群众的获得感、幸福感、安全感。

三是加强治理能力建设，构建现代化社会治理格局。实施“互联网+基层治理”行动，深化网格化服务管理，构建网格化管理、精细化服务、信息化支撑、开放共享的基层管理服务平台。推动大数据、人工智能、“互联网+”等现代科技与社会治理的深度融合，加快完善市域智慧城市架构体系，多点打造全国“数字政府、智慧社会”建设典范城市。建立完善包括音视频、物联网、“雪亮工程”、社交媒体、智慧安防等系统在内的城乡社会治理智能感知系统，建设联网中小学幼儿园周边等重点部位安防设备 10 万个。深化社会治理专门平台、专业系统、应用场景的规划建设，增强系统性、兼容性和实用性。建立社会治理智能化综合平台，融合社会治理相关部

门数据，不断拓展基于大数据分析的科学决策、指挥调度、风险研判、矛盾化解、网格服务等应用模块，优化工作流程，提升社会治理整体智能化水平。一体推进市县乡村四级社会治理创新试点，从机制、力量、素质等方面加强城乡社区建设，筑牢维护社会和谐稳定的第一道防线。坚持和发展新时代“枫桥经验”，总结推广“溆浦经验”，深入推进信访依法分类处理，建立畅通有序的诉求表达、心理干预、矛盾调处、权益保障通道。

部门篇

Department Reports

B.4
2021年湖南省加强和创新社会治理进展及2022年展望

何俊峰*

摘　要： 2021年，湖南省扎实开展市域社会治理现代化试点，加强和创新基层社会治理，积极推进社会治理智能化转型，部署推动扫黑除恶常态化，着力深化平安创建活动，为全省经济健康发展创造持续稳定的社会环境，全省公众安全感、满意度进一步提升。2022年，湖南省将深入推进市域社会治理现代化，常态化开展扫黑除恶，深入拓展平安创建活动，不断提升社会治理智能化水平，努力建设更高水平的平安湖南，以优异成绩庆祝党的二十大召开。

关键词： 社会治理　扫黑除恶　平安创建　智能化建设

---

* 何俊峰，湖南省委政法委副书记、省平安办主任。

2021年，全省各级各有关部门坚持以习近平新时代中国特色社会主义思想为指导，认真贯彻习近平总书记关于推进社会治理现代化的重要论述，深入落实省委、省政府关于社会治理创新的决策部署，以开展全国市域社会治理现代化试点为牵引，一体推进市县乡村四级社会治理创新试点，加快推进基层治理体系和治理能力建设，不断提升社会治理智能化水平，积极推进扫黑除恶常态化，着力深化平安创建活动，人民群众的获得感、幸福感、安全感不断增强。全省八类主要刑事案件同比下降4.99%，公众安全感测评得分99.05分，同比提升0.33分。

一　2021年工作简要情况

（一）扎实推进市域社会治理现代化

以开展全国市域社会治理现代化试点为契机，发挥市域在推进国家治理体系和治理能力现代化中的承上启下作用，坚持以市级为主体、发挥市级优势、突出市域特点，深入推进市域社会治理现代化。

1.周密部署推进

省委常委会多次听取专题汇报，对深入推进社会治理创新作出部署安排，并将“着眼于社会治理的智能化转型，加快推进实施以雪亮工作为代表的城乡末端智能感知系统布局”作为党史学习教育“我为群众办实事”的一项重要任务。省委省政府将社会治理创新作为重点工作布局，明确将市域社会治理现代化纳入全省“十四五”规划、全省全面深化改革重点工作任务予以推进。省平安建设领导小组深入贯彻落实中央办公厅、国务院办公厅关于建设更高水平的平安中国的意见，制定印发《关于建设更高水平平安湖南的实施意见》，要求统筹开展创新试点，实行“地区分类、项目分解、任务认领、经验分创、责任分担”。各市州党委政府都高度重视，均成立由市州委书记任组长的推进市域社会治理现代化领导小组，将社会治理创新工作列入党委政府重要议事日程，高规格部署推进社会治理创新试点工作。

2. 加强统筹协调

中央政法委关于加强分类指导的意见下发后，省委政法委组织各市州结合本地区实际，从中央确定的 11 个试点项目中，选择认领自身最具优势或最具突破空间的 1~2 个项目，集中资源力量“重点创”，努力打造省内最佳、全国一流的典型样板。同时，加强对各地认领项目的统筹，确保 11 个项目全覆盖。省委政法委还将社会治理创新试点作为全省政法工作年度重点工作推进，并充分运用考评“指挥棒”，在市州平安建设考评中，对“社会治理创新试点”设置较大的权重分数，有力地推动试点工作措施落实；对各市州市域社会治理现代化试点工作情况实行“一月一调度”，及时掌握工作进展，推动各地打造彰显市域特色、市域个性的市域社会治理现代化项目。

3. 交流推介经验

湖南制定的基层群众性自治组织事项清单、协助政府工作事项清单和减负事项清单被全国社区建设部级联席会议推介。在全国率先探索建立与市域社会治理现代化和城乡基层治理体系相适应的县域警务模式，在全国公安厅局长会议上介绍经验。株洲市就“坚持‘三三’战略强化党的领导”的经验做法在第二次全国市域社会治理现代化试点经验交流会上作书面发言。永州市健全农村治保体系、衡阳市推行“135+”小区党建模式、郴州市探索试点工作“四轮”驱动工作法、湘潭市积极推进村民小组微治理等经验做法被中央政法委《政法动态——市域社会治理现代化专刊》推介。为进一步推动市域社会治理现代化和全省社会治理创新试点工作，省委政法委征集各地典型案例，汇编了《全省社会治理创新案例选编》，分为市州篇、县市区篇、乡镇（街道）篇、村（社区）篇，推动各地在社会治理方面深入探索创新。

（二）加强和创新基层社会治理

坚持和发展新时代“枫桥经验”，树牢强基导向，推进工作重心下移、资源下投、力量下沉。

1. 强化顶层设计，完善相关制度

中共中央、国务院《关于加强基层治理体系和治理能力现代化建设的意见》印发后，省委办公厅、省政府办公厅起草制定了《关于加强基层治理体系和治理能力现代化建设的实施意见》，提出了完善党全面领导基层治理制度、完善乡镇（街道）管理体制、增强基层平安建设能力等 18 条具体措施，并逐条明确了牵头单位和责任单位，确保各项工作落到实处。为加强诉源治理，进一步从源头上化解矛盾纠纷，省十三届人大常委会第二十五次会议表决通过《关于加强诉源治理推动矛盾纠纷源头化解的决议》，明确各级人民政府及有关部门、人民法院、人民检察院、群团组织、基层群众性自治组织在诉源治理工作中应当履行的职责。省住建厅、省委组织部、省民政厅、省文明办联合制定出台《关于加强城市住宅小区协同治理的指导意见》，推动城市治理重心下移，促进住宅小区自治管理与多元协同共治有效衔接，进一步提升住宅小区治理的效能和水平。

2. 整合资源力量，夯实基层基础

推动乡镇公共服务下沉，优化城乡社区服务设施布局，拓展服务内容，建立公共服务、便民利民服务、志愿互助服务相结合的城乡社区服务机制，城乡社区综合服务设施覆盖率分别达到 98%、88%，实现基本公共服务（一门式）全覆盖。推进综治中心标准化建设，形成上下贯通、左右联动、协调运转的实体化、实战化运行体系，市、县、乡、村四级综治中心建成率分别为 100%、100%、99.75%、98.12%。整合部门资源，融合共建“全科网格”，共划分网格 12 万多个，配备网格员 15 万多人，构建基层治理“一张网”，积极推进社区、网格群众工作微信群覆盖，在益阳、张家界、邵阳等地开展试点示范，做到信息掌握、矛盾化解、治安防控、便民服务“四到位”。完善落实“1、2、3”快反机制，领先全国建成“城市快警”平台 324 个。加快推进一站式矛盾纠纷调处示范平台建设，推动矛盾纠纷源头治理、多元化解。全省共排查矛盾纠纷 15 万次，预防矛盾纠纷 4.2 万件，调处各类矛盾纠纷 24.8 万件，其中重大矛盾纠纷 1.4 万件，调解成功率 98.26%。

3. 加强队伍建设，提升能力水平

全省以“提升村（社区）治理水平促进共建共治共享”为主题，开展了新一届村（社区）“两委”成员第二次集中培训，全省23791个村、5422个社区的17万新一届村社干部集中收看了视频教学片，参与了学习讨论，分享了村（社区）治理经验。举办了全省网格员助推乡村振兴专题培训示范班，进一步提升基层网格员队伍综合素质和网格化管理精细化、科学化、规范化水平。为推动全省各地持续做好村规民约制（修）定和实施工作，不断完善自治、法治、德治相融合的城乡社区治理格局，在全省范围内组织开展了第二批优秀村规民约（居民公约）征集遴选和宣传推介活动。株洲市荷塘区仙庾镇樟霞村村规民约等10篇村规民约榜上有名。湖南省农业农村厅对乡村治理试点示范地区以及其他地区的典型案例进行了收集整理，汇编成《乡村治理的湖南实践》一书，供各地各有关部门学习借鉴。

（三）提升社会治理智能化水平

着力抓好信息化、智能化技术在社会治理工作上的推广应用，深入推进城乡末端感知系统、综治信息系统、政法跨部门大数据办案平台建设，为全省政法工作高质量发展提供科技支撑。

1. 加快推进实施以“雪亮工程”为代表的城乡末端感知系统布局

大力推进平安乡村视频监控建设重点民生实事项目，在全省乡镇、村的公共部位新装10万个视频监控摄像头。全省安装各类公共部位视频监控摄像头累计超过203万个（其中，“雪亮乡村”已安装摄像头总数达71.7万个），基本实现对重点公共区域和重点行业、重点领域重要部位的覆盖。以省级共享交换平台为中枢，横向接入公安、交通、应急、水利、教育等13家省直和中央驻湘单位的视频监控资源共28万多路，纵向接入14个市州的视频监控资源26.1万路，向国家平台推送23余万路视频监控资源，初步形成跨级跨部门视频图像共享应用能力。“雪亮工程”长沙示范、益阳重点支持项目通过中央组织的验收评估。市、县、乡三级综治中心与同级公安机关视频监控联通率分别为100%、100%、90.6%。“雪亮工程”逐渐与社会治理、平安建设各项工作进行有机融合，目前视频监控直接或间接破获刑事、治安案件比例达60%以上。指导协调各地各部门结合工作实际，积极进行智能感知系统的行业应用示范工作，如省交通运输厅的“两客一危”危险驾驶行为感知系统、省住建厅的城市社区智能感知系统建设应用等。

2. 优化升级综治信息系统

上线运行社会治理创新信息平台，建立常态化信息报送机制，及时调度指导试点工作开展。完善与相关省直部门、市州涉及社会治理的数据共享交换机制，健全“信息收集—分析研判—任务派遣—监督管理—问题处理—核实结案—考核评价”的事件发现与处理机制，强化12345社会求助系统、110报警服务系统、综治信息系统的联动整合。全省共采集综治基础数据1.88亿条，累计录入矛盾纠纷、治安隐患等各类事项2805万件，处理2721万件。综治视联网市、县、乡、村的联通率分别为100%、100%、98.7%、75.6%。完成命案报送系统的软件开发，并进行了上线测试。协调省科技厅以重点研发计划项目方式，资助了一批政法系统智能化、社会治理智能化关键核心技术和应用创新技术攻关项目。

3. 推进政法跨部门办案平台深度应用

进一步完善跨部门办案平台功能，将刑事案件网上办理流程从年初的8个增加到31个，覆盖刑事案件在逮捕、起诉、审判、执行、换押、社区矫正、减刑假释等环节的主要办理流程，推进基本功能试运行到协同流转正式运行，再到全流程全面支撑，顺利完成一期建设任务。抓好《湖南省政法跨部门大数据办案平台刑事案件办理协同规定》的贯彻落实，自8月份起全省刑事案件（除涉密和案情特别复杂的以外）全类型全流程在跨部门办案平台协同办理。着力发挥信息共享交换子平台作用，服务政法各家数据共享需求，更新完善了《湖南省政法部门信息资源目录》，研究拟制《数据共享工作规定》并充分征求省直政法单位意见，进一步规范了省委政法委牵头，数据申请、数据提供单位共同参与的数据共享协商流程，明确政法单位数据供需职能职责，形成了常态化数据共享机制。已收集全省 64 类政法数据目录、14 项政法服务接口，共计数据 7 亿多条，为省直政法各单位提供了流动人口、车辆登记、律师信息、房屋租赁、服刑人员、吸毒人员等信息。2021 年，跨部门办案平台被法制日报社评为全国“智慧治理创新案例”，被评为湖南省政法系统智能化建设创新案例“特等奖”。

（四）推进扫黑除恶斗争常态化

认真贯彻落实党中央关于常态化开展扫黑除恶斗争的决策部署，不断巩固深化专项斗争成果，取得了明显成效。2020 年全省共打掉涉黑组织 18 个，恶势力团伙 232 个，破获刑事案件 1268 起，抓获犯罪嫌疑人 1801 人；起诉涉黑涉恶案件 284 件 1071 人，审结生效黑恶犯罪案件 266 件。

1. 突出政治统领，着力构建常态化扫黑除恶工作架构

省委、省政府多次组织召开省委常委会、省政府常务会研究扫黑除恶斗争工作。召开全省扫黑除恶专项斗争总结表彰大会，省委、省政府主要领导会见了先进代表，会议总结了扫黑除恶专项斗争取得的成绩，对 160 个先进集体、300 名先进工作者进行表彰，并对常态化开展扫黑除恶斗争进行部署。省“两办”发文成立了省扫黑除恶斗争领导小组及其办公室，加强常态化运行组织保障。省领导小组进一步发文明确领导小组及其办公室组成人员，推动各项工作有序开展。省扫黑办组建了 16 人的工作专班，明确 1 名处长专职负责，在省委政法委集中办公，实现了日常工作常态化运行。省直政法单位和重点行业主管部门均成立了由主要负责同志担任组长的扫黑除恶斗争领导小组，明确专门处室和人员负责日常工作。14 个市州相应成立领导小组及其办公室，组建工作专班，其中 11 个市州由党委主要负责同志担任领导小组组长。

2. 聚焦重点工作，始终保持对黑恶势力的高压严惩态势

加强重点线索核查，严格落实“一条线索、一名领导、一个专班、一套方案”，及与举报人“双见面”“三长”签字等各项制度。共核查办理 12337 平台线索 204 条、省市县三级自收线索 2868 条，其中，具有涉黑涉

恶嫌疑49条，具有其他犯罪嫌疑294条，成案率11.17%。开展线索直核行动，省级单位直接核查线索45条。突出打财断血清底，实行“审判+执行”工作专班模式，坚持一月一考评，实行“一次末位黄牌警告，两次末位约谈责任领导、三次末位追责问责”，持续推动“颗粒归仓”。高效推进打伞破网，采取纪检监察与公安“双专班”、一体办案等方式，对重要复杂问题线索、重大疑难案件同步介入、同步立案、同步调查。查处涉黑涉恶腐败和“保护伞”问题423个，给予党纪政务处分306人，移送司法机关83人。

3. 坚持固本强基，持续推进重点行业领域专项整治工作

大力夯实基层基础。坚决贯彻落实中办国办《关于夯实筑牢农村基层党组织战斗堡垒，防范和整治“村霸”问题的意见》，严格落实村（社区）党组织书记县级党委备案管理制度，实行候选人县乡联审制度，全省共联审提名人选21.3万名，取消3895名提名资格。梳理软弱涣散党组织12项负面清单、软弱涣散社区党组织10项负面清单，排查整顿软弱涣散村（社区）党组织680个。打掉农村涉黑组织1个、涉恶犯罪集团和团伙30个。强力整治重点领域。开展新一轮集中打击整治“三贷三霸”专项行动，共打掉此类涉黑组织8个、恶势力团伙40个，破获各类刑事案件306起。信息网络领域部署开展“犁庭”“断卡”“断流”“冬季攻势”等专项行动，共破电诈案件10040起，抓获26148名，同比分别上升242.1%和526.8%。工程建设领域聚焦恶意竞标、强揽工程、恶意拖欠工程款等问题，排查出368个项目存在违法行为，累计罚款1541.55万元；解决拖欠农民工工资案件184个，涉及农民工6487人、欠薪金额2.5亿元。

（五）着力深化平安创建活动

1. 开展形式多样的创建活动

各地各有关部门紧紧围绕“发案少、秩序好、服务优、群众满意”创建目标，深入贯彻落实省平安建设领导小组《关于在全省深入推进平安创建活动的方案》要求，以解决安全稳定的突出问题为着力点，把握“末端化解矛盾、中端防范风险、前端促进文明”三个关键环节，分类推进平安乡村、平安社区、平安校园、平安医院、平安企业等创建活动，有效防控风险隐患。省委政法委将平安创建活动作为年度平安建设考评的重要内容，督促各地各有关单位建立健全平安建设部门责任清单，细化创建标准，明确任务措施，不断提升人民群众的安全感、满意度。

2. 防范化解各类矛盾风险

省平安建设领导小组印发了《关于防范化解重大风险维护社会安全稳定的实施意见》的通知，省平安办先后印发了《社会治安重点地区突出问题的情况通报》《关于开展易肇事肇祸精神障碍患者救治管控专项治理的通知》《关于开展易肇事肇祸精神障碍患者救治管控专项治理的情况通报》，进一步压实各地各部门领导责任和工作责任。推动依法严惩非法集资等金融犯罪，深入打击整治群众反响强烈的突出违法犯罪，深入开展肇事肇祸精神患者救治管控、打击治理电信网络诈骗、交通顽疾集中整治、化解房地产办证难、打击防范性侵未成年人犯罪等专项行动，充分运用通报、约谈等手段，及时督导解决群众关切的社会治安问题，全力维护公共安全和人民群众生命财产安全。

3. 完善平安建设考评方式

省平安办充分发挥考评“指挥棒”作用，引导各地各部门更好满足人民群众对平安的新期待、新要求。根据年度省委、省政府督查检查考核事项安排和平安建设考评办法，组织有关部门和单位，对市州、县市区和省直及中央驻湘单位的平安建设工作进行考核评估，长沙、岳阳、郴州、怀化、湘西 5 个市州、岳麓区等 45 个县市区，省纪委省监委等 99 个省直和中央驻湘单位被评为先进，邵阳县被新授予“平安县市区”称号，省退役军人事务厅等 8 个单位被新授予“平安单位”称号，芙蓉区等 73 个县市区、省纪委省监委等 104 个单位保持“平安单位”称号。在平安中国建设表彰大会上，长沙、岳阳两市和韶山、资兴、泸溪、武陵源、南岳、武陵六市县区分别被授牌命名为 2017～2020 年度平安中国建设示范市县区，长沙市和韶山市、资兴市、武陵区被授予“长安杯”。

二　2022年工作展望

总体思路：坚持以习近平新时代中国特色社会主义思想为指导，深入贯彻习近平法治思想，全面贯彻党的十九大和十九届历次全会精神，贯彻落实中央政法工作会议、平安中国建设表彰大会、省委政法工作会议精神，增强“四个意识”、坚定“四个自信”、做到“两个维护”，弘扬伟大建党精神，不断提高政治判断力、政治领悟力、政治执行力，深入领会“两个确立”的决定性意义，坚持以人民为中心的发展思想，坚持稳中求进工作总基调，坚持以总体国家安全观为统领，以共建共治共享为导向，以防范化解影响安全稳定的重大风险为切入点，以市域社会治理现代化、基层社会治理创新、平安创建活动为着力点，不断推进理念思路、体制机制、方法手段创新，全面提升平安湖南建设科学化、社会化、法治化、智能化水平，为党的二十大胜利召开和全面建设社会主义现代化新湖南创造安全稳定的政治社会环境。

（一）深入推进市域社会治理现代化

深化分类指导，在推动各市州按照中央政法委《全国市域社会治理现代化试点工作指引（第二版）》明确的重点任务“全面建”的同时，对本地区认领的试点项目“重点创”，集中资源力量创新创优。协调省直有关单位组织项目指导组，根据市州认领试点项目情况，进行包联指导，既督促整体工作推进，又推动项目创新探索。对参加第一期全国市域社会治理现代化试点的11个市州，按照中央政法委提出的“试点预评估、省级初审、中央复核”的步骤，做好试点验收相关工作。

（二）健全基层社会治理体系

不断健全党组织领导的自治、法治、德治相结合的城乡基层社会治理体系。坚持和发展新时代“枫桥经验”，树牢强基导向，推进工作重心下移、资源下投、力量下沉。加强各级综治中心标准化、实体化建设，依托基层综治中心打造集信访接待、矛盾纠纷调解、心理咨询、法律服务、困难帮扶、救济救助、心理服务等于一体的一站式矛盾纠纷综合调处服务中心，建设成为多元主体联动、融合、共治的平台。实施“互联网+基层治理”行动，深化网格化服务管理，构建网格化管理、精细化服务、信息化支撑、开放共享的基层管理服务平台。

（三）推进社会治理整体智治

强化社会治理智能化建设整体规划设计，健全相关法规政策和标准体系。鼓励支持引导基础网络运营商及有条件的部门单位，建立完善包括音视频、物联网、“雪亮工程”、社交媒体、智慧安防等系统在内的城乡社会治理智能感知系统，建设联网中小学幼儿园周边等重点部位安防设备10万个。深化社会治理专门平台、专业系统、应用场景的规划建设，增强系统性、兼容性和实用性。建立社会治理智能化综合平台，融合社会治理相关部门数据，不断拓展基于大数据分析的科学决策、指挥调度、风险研判、矛盾化解、网格服务等应用模块，优化工作流程，提升社会治理整体智能化水平。

（四）深化基层平安创建活动

以开展四年一度的平安湖南建设先进集体、先进个人评选，平安建设重点推进县评选表彰活动为契机，进一步拓展平安创建的深度和广度，推动基层平安建设向纵深发展，加快构建立体化智能化社会治安防控体系，激励全社会广泛参与平安湖南建设，不断提升人民群众的获得感、幸福感、安全感。

（五）完善平安建设工作机制

推动各级平安建设领导小组及其办公室、各专项组不断完善实体化运作制度机制。建立健全省平安建设领导小组成员单位权责清单，严格落实行业领域安全风险防控监管职责。对标中央决策部署，认真落实省委要求，突出年度工作特征，积极对接全省绩效考评改革，不断完善考评办法，充分发挥平安建设考评的“风向标”“指挥棒”作用。用好综治督导手段，适时对群众密切关注、反响强烈的突出问题开展督导，推动工作落实。

（六）健全扫黑除恶长效机制

贯彻实施《中华人民共和国反有组织犯罪法》，常态化开展扫黑除恶，抓好扫黑除恶常态化“十件实事”落实。深化线索直核、伞网深挖、执行攻坚、境外追逃、案件督办等工作，全力追捕涉黑涉恶“漏网之鱼”、持续整治“村霸”。深化信息网络、自然资源、交通运输、工程建设等行业领域监管和专项整治。

B.5
2021年湖南教育发展情况及2022年展望

湖南省教育厅课题组*

摘　要： 2021年，湖南省共有各级各类学校2.83万所（不含教学点），在校学生1461.4万人，教职员工107.2万人（其中专任教师85.23万人）。教育发展总体水平跻身全国前列。2022年，全省教育系统将坚持党的教育方针，纵深推进立德树人，办好优质均衡教育，提升教育服务能力，深化教育改革创新，铸魂建强师资队伍，加快推进依法治教，全面落实“三高四新”战略定位和使命任务，建设湖南高质量教育体系，以办好人民满意的教育迎接党的二十大胜利召开。

关键词： 教育　教育改革　教师队伍　湖南

一　2021年主要工作情况

2021年，全省教育系统坚持以习近平新时代中国特色社会主义思想为指导，砥砺奋进、守正创新，实现了“十四五”开局之年的新进展新突破，展现了新时代教育工作的新担当新气象。

---

* 课题组组长：雷桂平，湖南省教育厅二级巡视员；副组长：余伟良，湖南省教育厅办公室主任；组员：周强、许抗、陈东、欧卫星、杨文治。

（一）党史学习教育成效显著

按照学史明理、学史增信、学史崇德、学史力行的要求，坚持对标对表、系统联动、上下协同，区分机关及直属单位、大中小学，分别制定实施方案，组建10个组，对46所高校进行巡回指导，实现教育系统党史学习教育全面覆盖。围绕庆祝建党百年这一主题，充分利用教育行业优势，组织“全省大学生党史知识竞赛”、万名大学生集体入党宣誓等系列活动，全省高校举办主题宣讲达2.5万余场，“唱支歌儿给党听”互动打卡超1760万人次；打造《百年党史“潮”青年》专题片，成为六中全会全国全网推出的3个节目之一。湖南省教育厅12项“我为群众办实事”高质量完成，全省高校共计开展“我为师生办实事”9100余项。

（二）立德树人纵深推进

围绕“为时代育新人”主题，深化“三全育人”建设，重磅发布湖南共识和思政工作者潇湘宣言。启动思政课“金课”教学改革，组织32个马克思主义学院“手拉手”结对协作，分类开展思政课程、思政教学竞赛，以赛促练、以赛促建，在近两届全国高校思政课教学展示中，湖南省教师获奖数均排第一。“我是接班人”网络大课堂影响辐射全国，总学习人次突破10亿，春季开学第一课连线天宫空间站航天员在太空授课。5个集体、8名个人、43种教材获首届全国教材建设奖。认定省级一流本科专业建设点100个、一流本科课程1020门。新时代劳动教育、体育美育、心理健康教育等文件如期出台，中小学心理健康教育广泛开展。第十四届全国学生运动会中，湖南省奖牌总数、团体总分均名列全国第7、中西部省份第1。人才培养质量稳步提升，全省高校毕业生初次毕业落实率逆势提升到88.76%。

（三）民生实事高质完成

建成101所芙蓉学校并全部投入使用，新增学位14.6万个，成为义务教育优质均衡新标杆，被省党代会工作报告赞誉为“百所芙蓉学校花开三湘”。继续加快扩充公办园学位，2021 年增加学位 13.5 万个，公办园在园幼儿占比达到 53.43%，超额完成国家规定的目标任务。全省累计消除普通高中大班额 1923 个，大班额比例降至 0.83%；实现超大班额清零。建成 361 所乡镇标准化寄宿制学校，投资 19.83 亿元。全年累计劝返义务教育阶段辍学学生 1500 人，家庭经济困难学生失学辍学动态清零。

（四）服务发展效能跃升

出台并推动落实《高等教育服务“三高四新”战略实施方案》，立项首批省级现代产业学院 16 个，支持高校与行业企业共建省级研究生联合培养基地 98 个。紧跟社会需求和战略性新兴产业发展趋势，增设和调整相关专业 66 个。省内 5 所高校、15 个学科进入全国“双一流”建设序列，位列全国第 8，最新 ESI 全球排名前 1%学科达到 63 个，9 个学科进入前 1‰。高校重大科技成果不断涌现，荣获 2020 年全国科技奖二等奖 7 项，“海牛二号”刷新世界深海海底钻机钻深纪录。召开全省职业教育大会，与教育部合力推动职教改革高地开局起步，联合印发《关于整省推进职业教育现代化服务“三高四新”战略的意见》，入围国家示范职教集团培育单位 8 家，居全国第 5。

（五）教育改革敢破善立

完成湖南教育事业发展“十四五”规划研制并印发，出台教育评价改革方案，入选教育部教育评价改革试点省。乡村小规模学校优化提质“新田经验”得到总结推广。印发规范民办义务教育发展实施意见，“双减”工作初见成效，实现学校课后服务 100%覆盖，压减近 80%线下校外培训机构。新高考“首考”平稳落地，全省录取新生 47.22 万人。全面深化教育督导体制机制改革，“五项管理”深入开展。稳步推进独立学院转设。教育国际化水平稳步提升。深入推进教育信息化 2.0 试点省建设，全省“网络到校”“终端到校”实现率100%，全国排名第1，在全国教育工作会议和全国教育信息化工作会议上作典型发言。

（六）铸魂建强教师队伍

深入开展“师德师风建设年”活动，在全国会议上作典型发言。遴选高校芙蓉学者111名，新增院士3人、长江学者17人，入选全国高校黄大年式教师团队9个。8.8万人次参加教师“国培”“省培”，招聘4435个特岗教师，录取14505个公费师范生，湖南成为全国最大规模公费定向师范生培养省份。督促县市区落实义务教育教师工资收入水平不低于当地公务员政策。出台高校、中职和中小学职称改革文件。23名教师（教育工作者）被推选表彰为教书育人楷模（含提名奖），推选最美思政课教师、最美辅导员、最美中职班主任共计30名，涌现出最美教师万步炎、最美辅导员马军、90后乡村女教师麻小娟等一批先进人物。

（七）有效维护安全稳定

落实常态化疫情防控措施，保持了校园“零感染”。出台《关于加强新时代高校学生心理健康教育工作的实施办法》等，组织召开全省中小学心理健康教育工作现场推进会，形成家校共育“衡南经验”。全省教育系统未发生重大群体性事件、政治安全事件、意识形态安全事件，较大及以上安全事故实现“零报告”。学生溺亡人数比上年下降18.3%，近四年下降了近80%，孙春兰副总理对湖南省中小学生防溺水经验2次作出批示肯定，并在全国推介交流。

（八）全面加强党的领导

新一届省委班子全面加强党对教育工作的领导，省委副书记朱国贤同志兼任省委教育工作领导小组组长、省委教育工委书记。省委组建7个督查组，对各市州党委政府开展“落实教育优先发展”专项督查。召开第25次全省高校党建工作会议和全省中小学党建工作会议，推动学校党建和思政工作质量持续提升。提前1年完成教育厅直属单位巡察。向16所民办高校全部选派党委书记。遴选13所党建示范高校、70个标杆院系、60个样板支部，教工党支部书记党建与业务双带头人比例达93%，中小学基层党建示范点56个。召开教育系统全面从严治党大会，集中整治招生、“学位”等突出问题，出台文件推进清廉机关、清廉学校建设。

二　存在的困难和问题

一是从政治上看教育的敏锐性还不够。少数党政领导干部发挥教育的基础性、先导性、全局性作用不够。有的高校办学定位存在偏差；少数高校党委领导下的校长负责制执行不好；少数学校主动抓意识形态的自觉性不强。有的地方全面加强党对教育工作的领导存在短板。有的地方和学校对中央和省委部署的“双减”工作见事迟、行动慢。

二是从规律上办教育的自觉性还不够。思政工作体系还存在薄弱环节，学校、家庭、社会协同育人机制还不健全。“五唯”的顽瘴痼疾不同程度存在，德智体美劳全面发展还不到位。基础教育领域的过度教育、超前教育的现象还没有得到根本解决。有的地方“考试至上”“分数至上”“升学至上”的思想根深蒂固。高校服务经济社会发展有待进一步加强，省内高校科技成果转化率不高。

三是从民生上抓教育的实效性还不够。教育发展不平衡不充分问题依然突出，区域间、城乡间、校际、学段间发展不平衡，优质教育资源供需矛盾依然突出，“城镇挤”“乡村弱”等现象仍一定程度存在，特殊教育、专门教育保障体系还不健全，高中阶段教育普及攻坚任务依然艰巨。有的地方没有充分履行政府办教育的责任，公办义务教育占比不高。教师的总体收入仍然偏低，教师职业吸引力不强，乡村教师结构性矛盾比较突出。

三　2022年主要工作安排

2022年，全省教育系统将认真落实习近平总书记关于教育的重要论述和对湖南重要讲话重要指示批示精神，全面贯彻党的教育方针，落实立德树人根本任务，推进湖南教育现代化和高质量教育体系建设，办好人民满意的教育，以实际行动和优异成绩迎接党的二十大胜利召开。

（一）坚持党的领导，全面提升党建水平和质量

学习宣传阐释党的创新理论。坚持把学习贯彻习近平新时代中国特色社会主义思想作为首要政治任务，开展迎接、学习、宣传党的二十大专项行动。坚决贯彻落实中央和省委决策部署。继续把“双减”工作作为重中之重，切实减轻学生过重作业负担和校外培训负担。完善“双减”工作协调机制，全面规范培训预收费和资金监管。开展校外培训项目分类鉴别，实行非学科类培训机构分类管理，严格培训材料管理。开展整治校外违规培训攻坚行动。加强义务教育学校作业管理、考试管理，健全课后服务保障机制，拓宽课后服务资源渠道。加强基层党组织建设。着力推动高校执行党委领导下的校长负责制。推进全省教育系统基层党建示范点建设和高校“对标争先”建设。推动建立中小学校党组织领导的校长负责制。守住意识形态主阵地。加强意识形态工作研判、督查、考核，指导高校筑牢“三微一端”等阵地。完善教材建设体制机制，成立省级教材委员会，全面规范教材、教辅及课外读物进校园管理。纵深推进全面从严治党。深化内部巡察并指导督促高校、直属单位加强巡视巡察整改工作。

（二）贯彻党的教育方针，全面落实立德树人根本任务

加强和改进学校思想政治工作。突出思想政治课关键地位，发挥思政课铸魂育人主渠道作用。深化思政课改革创新，统筹推进大中小学思政课一体化建设，开展“移动课”“金课”等建设行动。用好用活红色教育资

源，巩固党史学习教育成果，开展“学习新思想，做好接班人”等主题教育活动，建设一批省级中小学研学实践基地。促进学生身心健康发展。深化体教融合，促进各地各校开齐开足上好体育美育课，加强学生游泳运动技能训练。组织全省第十二届大学生运动会及其他体育、艺术、国防教育竞赛活动。开展全省校园足球改革发展中期评估。推进综合防控儿童青少年近视工作。加强大中小学劳动教育，遴选建设一批劳动教育实践基地、实验校和实验县市区。加强和改进学校心理健康工作，开展“心理健康月”活动，组织中小学心理健康教育特色学校评选。加强家庭教育。提升国家通用语言文字普及水平和质量。扎实推进国家通用语言文字普及提升工程、推普助力乡村振兴计划和“童语同音”计划，提高全省普通话普及率。推进省级语言文字推广基地建设，创新开展第 25 届全国推广普通话宣传周活动。

（三）践行人民至上，促进教育发展成果惠及全体人民

推动义务教育优质均衡发展。全面落实免试就近入学全覆盖和“公民同招”。实施好省政府“增加公办义务教育学位”重点民生实事项目。加强芙蓉学校内涵建设，推进乡村小规模学校优化提质。稳步实施“薄改与能力提升”工作，推进乡镇标准化寄宿制学校建设。健全落实义务教育大班额防控长效机制。巩固拓展教育脱贫攻坚成果同乡村振兴有效衔接。持续改善农村学校办学条件。推动教育振兴乡村取得较大进展。加快补齐教育发展短板。办好乡镇公办中心园，加强村级幼儿园建设。启动“十四五”县域普通高中发展提升行动计划和县中对口帮扶工程、县中标准化建设工程。落实公办民办普通高中同步招生和属地招生政策。开展公有主体举办或参与举办的民办普通中小学校专项治理。提高残疾儿童少年义务教育普及程度，加强专门教育和专门学校建设。促进高校毕业生更充分更高质量就业。推动组建全省大学生创新创业孵化基地联盟，加强大学生就业创业培训，组织第八届“互联网+”大学生创新创业大赛、“青年红色筑梦之旅”等活动。加强高校毕业生就业动态统计监测。

（四）提升教育服务能力，为构建新发展格局提供坚强支撑

推进高校科技创新体系建设。围绕服务“三高四新”战略的重点领域和经济社会发展的急需领域，培育建设一批科技创新平台和团队，推动高校围绕国家和地方经济社会发展中的重大理论和实践问题开展研究。加强高校科技成果转移转化能力建设。深入推进部省共建职业教育改革发展高地建设。大力实施“楚怡行动”，启动14所楚怡公办中职学校改扩建工作，建设一批产教融合实训基地、职教集团（联盟），培育一批教学名师、教师教学创新团队。推动“双高计划”“双优计划”建设。推进职业本科教育，探索职教本科专业试点。推进高等教育提质创新发展。有序推进独立学院转设。提高湖南高校本科录取率，着力改善省属本科高校基本办学条件。做好湖南省首轮“双一流”建设成效评估工作，谋划启动新一轮“双一流”建设工作。继续实施“六卓越一拔尖”计划2.0，推进新工科、新医科、新农科和新文科建设。持续开展学位授权点动态调整工作。提高继续教育服务供给能力。引导职业院校参与职业培训促进就业创业行动计划，积极发展社区教育。建好湖南老干部（老年）开放大学在线平台。办好湖南全民终身学习活动周。

（五）深化改革扩大开放，持续为教育发展注入新动力

深化新时代教育评价改革。全面抓好中央《深化新时代教育评价改革总体方案》和《湖南省深化新时代教育评价改革实施方案》落实落地。推进教育评价改革试点省建设，加强对试点市县和试点项目的跟踪督导。引导民办教育有序健康发展。推进现有民办学校分类登记工作。建立健全民办学校资金监管机制。规范民办学校举办者变更流程，开展民办教育政策法规培训。加快推进教育数字化转型。出台进一步推进“互联网+教育”发展的实施意见。加快建设“智趣新课堂”基础教育数字资源体系和“大国长技”职业教育数字资源体系。建成“互联网+教育”大平台“教育管理服务一体化模块”。深化教育督导体制机制改革。实施市县两级政府履行教育职责评

价工作，开展县域义务教育优质均衡发展督导评估、县域学前教育普及普惠督导评估。组织实施国家义务阶段学生学习质量监测。做好第四轮职业教育评估工作。推进高水平教育对外开放。支持高校引进国（境）外优质教育资源。组织高校申报来华留学质量认证，加强同“一带一路”沿线国家和地区的教育交流与合作。

（六）把教师作为教育发展第一资源，打造高素质教师队伍

加强教师思想政治工作和师德师风建设。出台高校、幼儿园教师违反职业行为准则处理办法。选树宣传教师典型。推进教师考核评价改革。严格落实师德“一票否决”，加大师德失范行为查处力度，建立定期通报制度，强化警示教育。着力推动教师素质能力提升。深入实施“国培”“省培”计划。加强县级教师发展机构建设。实施职业院校教师素质提高计划。加快推进信息能力提升工程 2.0。开展“长江学者奖励计划”、黄大年式教学团队等国家重大人才工程申报推荐工作。加强乡村教师队伍建设。强化乡村教师公费定向培养。加强师范院校和师范专业建设。继续实施“特岗计划”，做好“三区”支教、“银龄讲学计划”实施工作。加强义务教育教师“县管校聘”管理改革，推进义务教育阶段校长、教师交流轮岗。完善教师管理与待遇保障。提高中小学中级、高级岗位结构比例。落实《湖南省深化高等学校教师职称制度改革工作实施方案》。推进中小学教师减负工作，落实好乡村教师人才津贴政策。

（七）全面推进依法治教，着力保障发展环境

全面推进依法治教。深化教育领域“放管服”改革，优化教育政务服务。部署创建“湖南省依法治校示范学校”，完善中小学校法治副校长制度。推进法治教育，开展第七届全省学生“学宪法讲宪法”“青少年法治宣传教育周”等系列活动。建设高素质专业化干部队伍。强化教育培训和实践锻炼，提高干部政治能力和专业素养。落实干部监督管理制度和关心关爱措施，健全干部考核体系。落实教育优先发展战略地位。压实地方政府责

任，加大财政教育投入，增强县级政府落实“两个只增不减”能力。完善省学安委议事协调机制。继续推进防溺水、防性侵、防欺凌、防暴力伤害和交通安全等专项教育。抓好学校新冠肺炎疫情防控及常见传染病防控和食品饮用水安全管理，保障校园公共卫生安全。强化教育舆情监测、研判、报告、处置。平稳有序做好2022年普通高考等国家教育考试组织工作。

B.6
2021年湖南民政事业发展情况及2022年展望

曹忠平*

摘　要： 2021年，在省委省政府的正确领导下，全省民政系统深入贯彻落实习近平总书记考察湖南重要讲话指示精神，积极开展党史学习教育，扎实履行基本民生保障、基层社会治理、基本社会服务职责，全面完成各项重点任务，实现了民政事业“十四五”良好开局。2022年，湖南将全面贯彻党的十九大和十九届历次全会精神，全面落实“三高四新”战略定位和使命任务，坚持以人民为中心，坚持稳字当头、稳中求进，办好发展与安全两件大事，奋力推进现代化新湖南民政事业高质量发展。

关键词： 基本民生保障　基层社会治理　基本社会服务

一　2021年全省民政工作情况

2021年，在省委省政府的坚强领导下，全省民政系统认真学习贯彻习近平总书记考察湖南重要讲话、党的十九届六中全会和省第十二次党代会精神，积极开展党史学习教育，扎实履行基本民生保障、基层社会治理、基本社会服务职责，全面完成各项重点工作，实现了民政事业“十四五”良好开局。

* 曹忠平，湖南省民政厅党组书记、厅长。

（一）党建引领保障凝心聚力

扎实开展党史学习教育，扛牢全面从严治党主体责任，系统学习习近平总书记关于民政工作重要论述，深入贯彻党的十九届六中全会和省第十二次党代会精神，精心组织纪念建党100周年系列活动，组织党员干部走进红色教育基地、深入革命老区结对帮扶，部署“我为群众办实事”“八大专项行动”，开展惠民惠农财政补贴资金“一卡通”管理专项监督检查，联合纪检监察组同频共振、同向发力，在打造全面从严治党事业共同体中，带领广大党员干部进千村入万户，守初心担使命，办实事解难题，在知行合一中捍卫“两个确立”、做到“两个维护”。

（二）兜底保障成果巩固深化

坚持不落一人、不漏一户，巩固拓展脱贫攻坚成果与乡村振兴有效衔接，大力推进社会救助制度改革，制定低保、特困等认定办法，建立低收入人口与防止返贫致贫人口监测标准“两线合一”机制，探索建立主动发现预警机制，实现35项民生数据信息实时共享，推广“救助通”小程序试点应用，超额完成重点民生实事任务，全省城乡低保平均标准分别达到591元/月和5256元/年，月人均救助409元和264元；困难残疾人生活补贴和重度残疾人护理补贴平均每人每月80.8元和75元；建设特困供养床位5298张，其中护理型床位4238张，民生兜底保障网织得越来越牢。

（三）困难群众实现应保尽保

坚持兜底线、织密网、建机制，建立乡镇临时救助备用金制度，落实分散供养特困人员委托照料服务，34个县市区救助改革试点成效明显，全省保障特困人员37万人、临时救助73.16万人次、流浪救助9.58万人次，高龄津贴、基本养老服务补贴覆盖78.11万人。建立未成年人保护工作协调机制，孤儿和事实无人抚养儿童保障政策落实到位，62万名农村留守儿童关爱保护实现全覆盖。依托信息化开展残疾人“两项补贴”对象精准认定，精心组织实施“福彩助残”“福康工程”，全省收治困难精神病患者5100多名，为2.1万名居家精神病患者提供社区康复服务，真正给予特殊困难群体以特殊关爱。

（四）基层社会治理减负增效

坚持抓基层、强基础、提效能，出台加强基层治理体系和治理能力现代化建设的若干措施，推进市县落实基层群众自治组织“三个清单”，培训村（社区）党员干部140.5万人，2个市辖区和21个村成为全国基层社会治理创新试点。推进社会组织“放管服”改革，社会组织党建实现“两个全覆盖”，专项整治打击非法社会组织、行业协会商会违规收费行为，引导5万多家社区社会组织积极服务乡村振兴。清理整治128个不规范地名，全面完成界线联检任务，深化平安边界创建，祁阳撤县设市获得国务院批准并正式挂牌。大力发展社会工作，依托1940个基层社工站，联动社区社工室1100多个、基层志愿者6.6万名，“五社联动”平台功能逐步凸显。

（五）基本社会服务供给优化

坚持抓重点、补短板、强弱项，加强城乡养老设施建设，支持民办养老机构发展，制定出台加强养老服务机构综合监管措施，举办首届岳麓山养老高峰论坛，开展养老护理职业技能大赛，衡阳、郴州成为全国居家和社区基本养老服务提升项目试点。举办“国潮”集体婚礼，完成512万份历史档案数据补录，办理婚姻登记39.88万对。出台殡葬价格管理“两办法一清单”，整治殡葬领域突出问题2670个，治理硬化大墓、活人墓、乱埋乱葬问题1.17万个。开展“湖南慈善奖”评选表彰，做大做强“爱心改变命运”等慈善品牌，实施福彩“十百千万”工程，全年销售51.43亿元，筹集公益金16.65亿元。

（六）民政治理效能大幅提升

编制发布民政“十四五”规划。启动法治民政建设三年行动，出台地方标准管理办法。大力推进智慧民政建设，残疾人“两项补贴”、孤儿保障实现“跨省通办”，结婚登记在市州实现“全市通办”，“网上办”“掌上办”覆盖业务面进一步扩大。深化厅媒、厅校、厅企合作共建，开展“我的院我的家”“重访根据地启航新征程”等主题宣传，《中国社会报》、《湖南日报》、新湖南、红网、湖南电视台、湖南广播电台等媒体讲述了民政好故事，传播了基层好声音。全面落实常态化疫情防控措施，3 次组队“四不两直”① 检查民政服务机构安全生产，民政统计、信息公开、档案管理、政策理论研究、保密、后勤等工作持续得到加强。

当前，国际形势复杂多变，国内发展改革、安全稳定任务繁重，湖南省第十二次党代会召开，拉开建设中国特色社会主义现代化新湖南序幕，全面落实“三高四新”战略定位和使命任务，民政战略重心由脱贫攻坚向扎实推进共同富裕转变，发展任务由兜底线、保基本向强服务、拓领域转变，发展方式由行政供给向多元主体共建共治共享转变，发展目标由“有没有”“够不够”向“好不好”“优不优”高质量发展转变。面对新的发展要求，民政部门的发展理念与新形势还不适应，与时俱进、解放思想不够，习惯穿新鞋走老路，故步自封、大包大揽；干部队伍能力与现实需要之间有差距，想事、谋事、干事主动性不强，工作办法不多，创新意识不足，还存在能力恐慌等问题；打基础固根本与现实要求之间有差距，民政基础设施、工作规范、资金项目管理方面的能力，与服务能力、信息化应用能力不强；民政各项工作发展不平衡不充分，问题意识、忧患意识不强，安全隐患较多。

二　2022年民政事业发展思路

2022 年，全省民政系统将坚持以习近平新时代中国特色社会主义思想为指导，全面贯彻党的十九大和十九届历次全会精神，坚持以人民为中心，坚持稳字当头、稳中求进，全面落实“三高四新”战略定位和使命任务，

① “四不两直”：不发通知，不打招呼，不听汇报，不用陪同接待；直奔基层，直插现场。

扎实履行基本民生保障、基层社会治理、基本社会服务职责，奋力推进现代化新湖南民政事业高质量发展，要重点抓好九个方面的工作。

（一）着力深化全面从严治党

加强红色民政建设，扎实开展党史学习教育“再学习、再调研、再落实”，举办“老党员讲民政史、红色基因永相传”主题活动，深挖百年党史中的民政故事，锻造民政爱民为民、对党忠诚的灵魂，坚定捍卫“两个确立”，忠诚践行“两个维护”。加强清廉民政建设，支持派驻纪检监察组履行监督职责，进一步完善一体推进不敢腐、不能腐、不想腐的制度措施，保持有腐必反、有贪必肃的反腐败高压态势。强力推动“五型机关”建设，深入推进民政业务与党建深度融合，加快建设“三表率一模范”机关，锲而不舍落实中央八项规定精神，持续纠治形式主义、官僚主义顽疾痼症，推进全面从严治党走深走实。

（二）兜底保障困难群众生活

巩固脱贫攻坚成果与乡村振兴有效衔接，通过民政兜底脱贫一批，坚决守住不发生规模性返贫底线。办好重点民生实事。建设特困供养机构护理型床位5000张，完成2万户困难老年人家庭适老化改造，城乡低保标准不得低于600元/月和4600元/年，困难残疾人生活补贴和重度残疾人护理补贴每人每月不得低于75元。推进社会救助制度改革。总结推广改革试点经验，建立财政分担机制、容错纠错机制，确保应保尽保、应退尽退、精准救助。构建大核对机制。完善跨部门、多层次核对机制，强化数据归集、更新、共享，加强低收入人口监测预警，确保不返贫致贫。构建大救助体系。发挥社会救助部门协调机制的作用，聚焦特殊困难群体，统筹各类专项救助措施，坚决整改审计发现的基层挤占挪用截留资金、“漏保”、“政策保”等违规违法行为。构建大帮扶格局。建立城市困难群众救助帮扶办法，探索开展异地急难性临时救助，加快发展服务类社会救助，实现政府救助与慈善衔接联动，切实提升城市包容度和民生工作温度。

（三）大力发展基本社会养老服务

坚持在实践中优化完善居家社区机构相协调、医养康养相结合的养老服务体系。更加注重基础养老服务设施建设。推动乡镇养老服务中心、社区养老服务机构、农村互助型养老服务设施建设。更加注重优化养老服务供给结构。强化公办养老机构骨干作用，推动民办养老机构发展，建立完善集中照护制度，推进农村养老提质升级，积极探索物业+养老服务模式，满足不同类型的服务需求。更加注重提升服务质量和安全保障。实施基本养老服务提升行动，全面开展养老机构等级评定，联合院校定向培养护理人才，“关停并转”条件落后机构，持续加强“安联网”建设，常态化排查整治安全生产风险隐患，扎实开展养老领域突出问题专项监督检查，坚决防范欺老虐老行为，着力实现安全养老、养老安全。

（四）着力提高城乡社区治理效能

集聚多元共治合力。履行好部门主体责任，牵头编制实施城乡社区服务体系规划，继续实施“头雁工程”，常态化开展扫黑除恶斗争，指导村（社区）普遍建好“五社联动”机制，引导多元社会主体参与。深化基层群众自治。发展新时代“枫桥经验”，持续抓好“三个清单”落实落地，落实村规民约、居民公约激励惩处办法，规范村（居）民自治章程，让群众诉求表达更充分。持续推进乡风文明。广泛开展社会主义核心价值观教育，开展和谐社区示范创建，举办首届社区邻里节，不断提升“新时代新社区新生活”服务质量，预防和减少社会矛盾，促进邻里相亲、社会和谐。

（五）加强儿童福利和未成年人保护

加强未成年人保护。进一步理顺未成年人保护工作机制，主动发挥牵头部门作用，推动成员单位履职尽责，及时解决群众反映强烈的重大问题，形成未成年人保护工作强大合力。履行“两个兜底”责任。加强孤儿、事实无人抚养儿童、困境儿童分类保障，建立主动发现、及时兜底机制，规范儿童收养工作，依法查处违规收养儿童行为，严防发生冲击社会道德底线事件。推进集中康养。大力推进儿童福利机构优化提质和创新转型高质量发展，市级儿童福利机构集中养育由民政部门长期监护的孤弃儿童，县级机构逐步转型为未保中心，加强儿童督导员和儿童主任培训，落实儿童主任岗位补贴，更好地关爱农村流动儿童、留守儿童。

（六）引导社会组织健康有序发展

加强培育扶持。落实政府购买服务、税收优惠等政策，加强培育孵化基地建设，加大社区社会组织培育发展力度，培育一批行业性、公益性、枢纽型品牌社会组织，壮大社会组织规模。强化规范管理。严格登记审批、年检年报、等级评估等制度，指导社会组织完善议事规则、选举程序、监督机制，持续开展打击整治非法社会组织、清理整治行业协会商会乱收费行动。发挥积极作用。推进社会组织党建由“有形覆盖”向“有效覆盖”转变，开展“党建引领、助力千企”行动，开展有特色、有实效的主题志愿服务活动。

（七）严格规范行政区划地名管理

稳慎开展区划设置。坚持党的全面领导，加强战略研究、总体谋划，建立完善部门联审机制，强化组织实施和评估监督，严肃工作纪律。严格规范地名管理。宣传贯彻《地名管理条例》，加强地名信息数据库建设，保护传承湖湘优秀地名文化。深入推进平安边界建设。完成鄂湘线、湘黔线等51条界线联检任务，及时化解边界纠纷，切实维护社会稳定。

（八）大力推进专项社会事务改革

深化殡葬改革。坚持殡葬公益属性，开展殡葬综合改革试点，完善惠民政策，推进降价减费，提高殡仪馆服务质量，加强公墓监督管理，在全省稳步推进火化，积极改革土葬，发展节地生态安葬。创新婚姻登记服务。推进“全省通办”，探索“跨省通办”，开展婚俗改革试点，举办“国潮”

集体婚礼、颁证技能大赛，稳步实施婚姻家庭教育“和谐家”计划。优化残疾人福利供给。完善残疾人“两项补贴”制度，开展“五大爱残助残行动”，切实关爱特殊困难群体。加强救助管理。坚持阵地前移，加强主动救助，开展区域中心站试点，保障救助寻亲、落户安置、源头治理等工作落到实处。

（九）聚焦共同富裕，发展慈善事业

发展慈善事业。制定慈善事业高质量发展意见，培育发展慈善组织，弘扬慈善文化，开展“中华慈善奖”评选表彰，做优做强慈善品牌，引导慈善资源“助力乡村振兴，推进共同富裕”。提质社会工作。实施“4311”工程，推进基层社工站项目2.0版本建设，落实志愿服务记录证明制度，大力褒扬志愿服务活动，增强全省志愿服务氛围。发展福彩事业。坚持“一把手”工程，深化“十百千万”工程，建设新渠道、应用新技术、开发新客群，推动全省福彩稳中有进、健康发展。

B.7

2021年湖南司法行政工作进展及2022年展望

湖南省司法厅课题组*

摘　要： 2021年，全省司法行政系统坚持以习近平新时代中国特色社会主义思想为指导，深入贯彻习近平法治思想，真抓实干、砥砺奋进，全系统政治建设得到新加强，法治建设开创新局面，服务经济取得新成效，法治为民提升新水平，维护稳定展现新作为，改革创新迈出新步伐，队伍建设迈上新台阶，各项工作取得新的重大进展，为全省经济社会发展提供有力法治保障。

关键词： 全面依法治省　司法行政　法治建设　法治保障

一　2021年湖南司法行政工作进展

2021年是党和国家历史上具有里程碑意义的一年。在省委省政府正确领导、司法部精心指导和省委政法委直接领导下，全省司法行政系统坚持以习近平新时代中国特色社会主义思想为指导，深入贯彻习近平法治思想，坚决落实习近平总书记对湖南重要讲话重要指示批示精神，真抓实干、砥砺奋进，各项工作取得新的重大进展，为全省经济社会发展提供有力法治保障。

政治建设得到新加强。坚持政治机关定位，深入学习贯彻习近平新时代

---

* 课题组组长：范运田，湖南省委依法治省办副主任，省司法厅党组书记、厅长。副组长：李铖，湖南省司法厅办公室主任。成员：吴兆宏，湖南省司法厅办公室副主任；陈波，湖南省司法厅办公室一级主任科员。

中国特色社会主义思想，认真贯彻落实党的十九届六中全会精神和省第十二次党代会精神，30次党组会安排政治议题学习，12次开展“一月一学、上下同题”党组中心组学习，有效推动全系统提高政治判断力、政治领悟力、政治执行力。学习贯彻落实习近平总书记重要指示批示和考察湖南重要讲话精神形成有效机制、不断走深走实。深入学习贯彻习近平总书记“七一”重要讲话精神，党史学习教育取得重要成果。开展革命传统教育、主题党日、组织生活会2200场次，政治轮训2.6万人次。开展文艺汇演、表彰“两优一先”、颁发纪念章等庆祝建党100周年系列活动。建成湖南司法行政展厅，全面展示发展成果。厅党组坚决扛牢管党治党政治责任，“三项制度”“七项举措”深入落实。党支部“五化”提质建设成效明显，1069个支部全面达标。律师行业“党建质量”和“队伍素质”提升年活动取得积极成效，公证、司法鉴定、基层法律服务行业党建规范化水平明显提高。政治建设考察实现厅机关全覆盖，完成对厅及两局副处级以上干部的政治建设考察。选优配强领导班子，提拔重用处级干部95人次。健全政治监督及“五大领域”监督体系，出台加强对“一把手”和领导班子监督的任务清单，落实加强纪检监察工作的15条意见，监狱、戒毒执法质量明显提升。落实加强机关作风建设“20条”，持续落实“八项规定”精神。开展队伍建设巡查、选人用人专项检查。强化政治建校，扎实推进“双高计划”，党建、课题立项、师资建设等实现历史性突破，历史遗留问题有效解决，湘警职院教学办学水平实现新提升。

法治建设开创新局面。提请省委依法治省委员会印发学习宣传贯彻习近平法治思想的文件，举办习近平法治思想专题辅导报告会、理论研讨会、依法治省工作业务培训班，三湘大地不断形成学习宣传贯彻习近平法治思想的热潮。提请并组织召开省委全面依法治省工作会议，承办委员会会议2次，推动4个协调小组扎实抓好各自领域任务落实，全面依法治省工作扎实推进。提请印发法治中国、法治政府、法治社会“一规划两纲要”的湖南方案，共同推进、一体建设的法治工作布局持续深化。党政主要负责人履行推进法治建设第一责任人职责列入年终述职内容，各地推动法治建设的力度进一步加大。积极配合做好中央依法治国办法治政府建设督察。从严推进全省法治政府建设督察。深入推进法治政府建设示范创建，首批命名省级示范地区（单位）42个、项目15个。提请印发《湖南省人民政府2021年度重大行政决策事项目录》，有效促进政府依法决策。国家统一法律职业资格考试、全省基层法律服务工作者执业核准考试顺利完成，律师领军人才和涉外法治人才培养深入推进。科学民主依法推进行政立法，完成立法项目20个，项目完成数、立法领域覆盖面均创近年新高。依法审查省委、省政府各类文件233件，"三统一"省直部门文件370件。扎实做好12件省政府规章打包废止、57件规章分批修改。推动全面落实行政执法"三项制度"，完善执法案卷标准，评查省市县三级案卷11612件。专项调研"运动式""一刀切"执法，推动解决执法突出问题。190个集体、163名个人获省、部"七五"普法表彰。提请"两办"下发文件，召开第九次全省法治宣传教育工作会议，"八五"普法拉开序幕。党内法规宣传持续深入开展，"12·4"国家宪法日暨法治湖南建设年度盛典影响深远。"你学法我送票"活动品牌影响力进一步延伸，宪法宣传实现规模以上宾馆、景区全覆盖，中小学校法治副校长实现从"有没有"向"好不好"的重要转变，"谁执法谁普法"进一步落实，法治社会建设深入推进。

服务经济取得新成效。充分发挥法律服务职能优势，全力服务落实"三高四新"战略定位和使命任务。开展专项调研督察，出台《湖南省优化营商环境规定》，推动落实"优化法治化营商环境33条"，为湖南营商环境首进全国前8发挥应有作用，《法治日报》头版头条专题推介。集中力量完成《中国（湖南）自由贸易试验区条例》立法审查，自贸区发展于法有据。出台公共法律服务自贸区建设"十条举措"，法治保障自贸区建设的作用有力发挥。内地与港澳律师事务所联营实现突破。服务中非经贸合作等重大涉外经济活动，办理涉外法律服务案件3.7万件，积极助力湘企湘品出境。高效完成《湖南省先进制造业促进条例》审查修改，依法审查《湖南省科技企业孵化器和众创空间管理办法》等科技创新类文件和健康湖南、教育事业、交通运输等领域发展规划38个，把关省政府与格力电器等战略合作框架协议、《韶山醴陵井冈山旅游列车资金补贴协议》等省政府合同36件，涉金额5000亿元以上。“万所联万会”“党建引领、助力千企”等专项法律服务深入推进，组建产业链和“五好”园区法律服务团231个，帮助1248个重大集中开工项目配齐法律顾问，2.4万家企业享受“一对一”法律服务，开展企业、园区“法治体检”3.3万次，挽回损失近4亿元。组织5218名律师深度开展金融、债务风险预警评估，防范和化解重大风险。“一村（社区）一法律顾问”深入推进。完成《湖南省绿色建筑发展条例》《关于促进和保障长江流域禁捕工作的决定》等生态立法4部，修订废止涉长江流域保护等规章和规范性文件273件，参与长江流域水行政执法监督，“共抓大保护”展现法治作为。

法治为民提升新水平。坚持以人民为中心，着力解决群众急难愁盼的法治问题，群众法治获得感不断增强。扎实推进“我为群众办实事”实践活动，落实便民利民措施480条，完成重点民生项目13项，服务群众50万人次。中小学校幼儿园规划、突发公共卫生事件、治理车辆超限超载等5部事关群众生产生活的民生法规规章加速出台。配合全省社会保障、医疗保障领域突出问题专项督查成效明显，教育、住房城乡建设等重点领域执法监督进一步提升群众满意度。深化“法润三湘”公共法律服务品牌活动，法治产品和服务供给持续优化。超额完成省重点民生实事项目，法律援助办案6.46万件，超出既定任务的44%，省本级案件评估优良率居全国前列。持续打造“法援惠民生·助力农民工”品牌，办理农民工法律援助案件9989件，追回欠薪近亿元。长株潭一体化公共法律服务体系建设取得实质进展，省法律援助中心上海工作站开启农民工跨省维权援助新模式。公共法律服务实体、网络、热线三大平台实现深度融合，如法网浏览量累计突破11亿人次，12348热线服务31.4万通，“线上1分钟、线下1小时”法律服务圈有效形成。高规格召开全省司法所工作会议。举办全国“三下乡”集中宣传5600场次，民法典日益走进群众生活。沙洲村等53个村（社区）成功创建全国民主法治示范村（社区），全省第十批示范村（社区）创建积极推进。争取专项资金，重点扶持63个县市区法治乡村建设。出台17项措施，“乡村振兴、法治同行”活动扎实推进。乡村振兴帮扶全面进村到岗履职，省厅联系点武冈市黄茅村协调落实产业项目资金450万元，加快项目建设，切实惠及当地村民。致力破解信访难题，2726名律师参与信访值班，代理案件1.16万件，专项推进涉法涉诉信访案件办理，35件重点案件实现息诉息访、案结事了。

维护稳定展现新作为。落实统筹发展和安全的要求，强化安保维稳措施，全面排查整治涉稳风险，切实为建党100周年营造安全稳定的社会环境。强化政治引领，律师管理工作在司法部作典型发言。援疆援藏任务圆满完成。出台七项机制，扫黑除恶工作常态化推进。4次调整勤务模式，常态化开展疫情防控，保持“三零”成果。完善指挥中心运行机制，应急处置突发事件25起。开展监所“查隐患、堵漏洞、补短板、保安全”专项行动，有效整改问题隐患。监狱戒毒“安全生产专项整治三年行动”扎实开展，省司法厅被评为全省安全生产和消防工作优秀单位。开展社区矫正规范执法年活动，社区矫正成效稳居全国前列。指导2.9万个村（社区）人民调解委员会完成换届，扎实开展“迎建党百年、护和谐稳定”专项调解活动，调处纠纷23.4万余件，其中，重大纠纷1.8万件，医疗纠纷2270件，劳资纠纷5108件，有效维护社会稳定。全省新收行政复议申请6749件，同比增长48.8%，纠正违法或不当行政行为1152起，直接纠错率22.1%。

改革创新迈出新步伐。持续深化“放管服”改革，推动实行告知承诺制事项4996项，调整取消强制登报公告事项94项，实施便民惠企70余万人次。厅机关政务审批实现“一件事一次办”，容错容缺受理司法行政审批事项9135件。高位推动行政复议体制改革，形成具有湖南特色的改革方案，提前一个月完成改革任务，司法部对此予以充分肯定。出台指导意见，统一推行行政处罚裁量基准制度和轻微违法行为免罚轻罚制度。率先出台实施细则，社区矫正体制机制进一步优化。法律援助申请实现“全省通办”。全省公证执业区域统一调整，66类公证事项“最多跑一次”，三项高频公证事项实现“跨省通办”。率先开展司法鉴定重新核定登记。联合16个部门率先出台依法保障律师调查取证权利的若干规定，律师执业保障走在全国前列。

深化检律协作，双向构建新时代法律职业共同体。选任第二届人民监督员1216名并开展初任培训，指导各市州开展人民监督员、人民陪审员选任工作，抽选1696人次、13099人次分别参加监督、陪审工作。理顺招录机制和教学体制，民警招录和警院提前批招生顺利完成。严格把关考录新警357名。职务职级晋升改革深入推进，省直监狱戒毒系统新晋599名四级及以上高级警长。强化项目管理，累计投资3434万元，综合业务管理平台等8个重点项目完成验收，积极推广远程探视等9个应用系统，信息化建设力度持续加大。

队伍建设迈上新台阶。科学谋划、周密部署、统筹推进第一批、第二批队伍教育整顿，全系统2.47万名干警接受了革命性锻造。学习教育、顽疾整治、建章立制等工作获中央督导组充分肯定，16项经验做法获全国教整办、司法部和省教整办专刊推介，中央、省级媒体刊载716条。开展政治理论7个专题学习，“一把手”讲党课、纪委书记上廉政课，组织干警参观见学2.6万人次，学习教育入脑入心。清仓见底式清查减假暂案件61.66万件、社矫案件13.5万件、戒毒案件1.47万件。专项整治律师、公证、司法鉴定行业突出问题，顽疾整治见行见效。重点整治执法司法突出问题，严格执行防止干预司法“三个规定”。18项重点制度全部完成，规范“减假暂”、律师与司法人员接触交往等制度获司法部推介肯定。厅领导带队深入基层“疏堵解困”，42个为基层解难题重点项目落地见效。全系统网络学习达10万学时，参学人数、人均学时均居省直单位前列。推进教学练战一体化，举办警衔培训14期，受训干警2390名。突出正向激励，举办英模事迹报告会270场次，16个集体、114人获省部级以上表彰奖励，其中全国抗疫先进个人1人、司法部二级英模2人，创历史最高值。

二　2022年湖南司法行政工作展望

2022年，湖南司法行政系统将坚持以习近平新时代中国特色社会主义思想为指导，深入贯彻习近平法治思想，全面贯彻党的十九大和十九届历次全会精神，全面落实习近平总书记对湖南重要讲话重要指示批示精神，认真落实中央政法工作会议、全国司法行政工作会议和省委政法工作会议要求，弘扬伟大建党精神，深入学习领会“两个确立”的决定性意义，增强“四个意识”、坚定“四个自信”、做到“两个维护”，不断提高政治判断力、政治领悟力、政治执行力，坚持党对全面依法治国的集中统一领导和对司法行政工作的绝对领导，坚持以人民为中心的发展思想，坚持稳中求进工作总基调，坚持统筹发展和安全，以为党的二十大胜利召开创造安全稳定的政治社会环境为主线，以加强党的政治建设为统领，以全面深化改革为动力，以巩固深化政法队伍教育整顿成果为保障，全面落实“三高四新”战略定位和使命任务，深入推进全面依法治省，奋力推进司法行政工作高质量发展，为建设社会主义现代化新湖南提供有力的法治保障，以实际行动迎接党的二十大胜利召开。

（一）捍卫“两个确立”，确保坚定正确政治方向

深入学习贯彻习近平新时代中国特色社会主义思想，做习近平新时代中国特色社会主义思想的坚定信仰者和忠实实践者。始终把“两个维护”作为最高政治原则和根本政治规矩，强化政治忠诚教育，做到忠诚核心、拥护核心、跟随核心、捍卫核心。把贯彻落实党的十九届六中全会精神和省第十二次党代会精神作为重大政治任务，广泛开展宣传宣讲、轮训实训、研究研讨，切实把捍卫“两个确立”落实到全面依法治省和司法行政工作的全过程、各方面。贯彻《中国共产党政法工作条例》，落实政治督察制度，坚决把党中央和省委省政府决策部署落到实处。开展献礼二十大主题宣传，落实意识形态责任制，牢牢掌握意识形态工作主动权。持续压实党组（党委）全面从严治党主体责任，贯通联动党委纪委“两项责任”同向发力，推动全面从严治党向基层延伸。深化“三表率一模范”机关创建，推进党支部“五化”品牌提质升级，提升基层党组织政治功能。坚持正确的选人用人导向，进一步优化结构、激发活力。加强对“一把手”和领导班子的监督，持续深化领导班子政治建设考察。坚持严的主基调不动摇，常态化开展政治

巡察，坚定不移把反腐败斗争推向纵深。发扬钉钉子精神，加强作风建设，持续加固中央“八项规定”精神的堤坝。加强政治引领，引领法律服务行业坚定不移听党话、跟党走。坚持政治建校，实施创“双高”三年行动，提升办学条件水平，努力争创全国一流高水平高职院校。

（二）防范化解风险，坚决打赢维稳安保硬仗

常态化开展扫黑除恶斗争。启动律师行业“制度建设落实年”活动，加强政治引领和教育管理，引导建设一支坚持正确政治方向、与党同心同德的人民律师队伍。坚持和发展新时代“枫桥经验”，扎实开展“调解促稳定、喜迎二十大”专项行动，努力将矛盾纠纷化解在基层和萌芽状态。深化“环湘6+1”边界矛盾纠纷联防联调协作机制，打造更宽领域的平安边界。加大治理重复信访、化解信访积案力度，防止矛盾扩散上行。坚持“万无一失、一失万无”理念，确保监狱、戒毒、社区矫正全面实现“四无”“六无”“四个不发生”目标，坚决确保监管场所全方面、高水平安全。坚持“高于平时、严于地方”的要求，严把疫情防控关口，落实值班备勤，探索封闭状态下的监管改造戒治新模式，不断巩固监所“三零”成果。大力提升社区矫正规范执法水平，落实个别化矫正，切实提高矫正质量。健全重点人群管理体系。完善安置帮教体制机制，深化“情暖高墙·关爱孩子”活动，不断擦亮帮扶品牌。

（三）强化统筹协调，深入推进全面依法治省

组织《习近平法治思想学习纲要》《习近平法治思想概论》辅导学习，深化省市县法治工作队伍全战线、全覆盖培训轮训，推动将习近平法治思想纳入国民教育、干部教育和社会教育体系。开展习近平法治思想研究阐释，推动形成一批高质量研究成果。立足牵头抓总，着力在法治建设体系上、制度上、执行上、督察上加强统筹协调，不断深化法治建设湖南实践。健全法治建设考核体系，推动全面依法治省工作实施体系协同高效。以落实“一规划两纲要”为抓手，健全落实法治建设指标体系，推动湖南方案全面落

地，开创法治湖南、法治政府、法治社会一体建设新局面。推动开展党政“一把手”述法测评，促进法治建设第一责任人职责有效落实。督促市、县完善法治建设体制机制、落实机构人员，确保有机构办事、有专人干事。聚焦法治政府建设突出问题，抓实中央依法治国办法治政府建设督察和全省督察整改“后半篇文章”。扎实推进全国、全省法治政府建设示范创建。完善立法机制，高效实施2022年政府立法计划。落实政府法律顾问和公职律师制度，强化合法性审查刚性约束，推进依法决策、慎重决策。落实“提升行政执法质量三年行动计划”，健全四级行政执法协调监督体系，着力提升执法效能。充分发挥行政复议功能，加强复议指导监督，提高复议办案质效。完善行政机关负责人出庭应诉制度机制，支持配合法院依法受理、审理行政案件。全面实施“八五”普法规划，落实提升公民法治素养行动。开展现行宪法颁布40周年系列宣传活动。创新开展“送法下乡”。弘扬优秀传统法治文化，着力打造以红色法治文化为主题的普法基地。

（四）提质法治保障，全力服务“三高四新”

紧密对接发展所需，加强科技、新兴领域立法，集中力量攻坚湖南省乡村振兴促进条例、湖南省安全生产条例等重点立法项目，以高质量立法保障高质量发展。推动出台《湖南省优化营商环境条例》，适时开展法治化营商环境督查。规范招商引资、税收金融、市场监管等领域公平竞争审查，推动重大决策事项“能审尽审、有件必审”。加强涉企、环保、新业态等重点领域行政执法监督，为争创全国一流营商环境提供执法保障。组建高水平法律服务团队，全链条、全周期服务产业链、产业集群和重大产业项目，不断提升法律服务在经济社会发展中的贡献比重。聚焦服务“五好园区”，“一对一”服务“专精特新”企业，有效降低金融、债务等法律风险。实施“法治民企”行动，常态化开展民营企业“法治体检”，扎实推进“万所联万会”和“党建引领、助力千企”活动，助推全省“纾困增效”专项行动。指导推进律师事务所在自贸区设立分支、调解机构，促进内地律所与港澳律所在自贸区合伙联营，积极搭建国际仲裁院平台。实施涉外法律服务“双一流”工程，加快培育一流商事法律服务机构，加快培养一流涉外法治人才。创新建立中非经贸合作法律服务机制，探索跨境贸易、自贸区投资等综合法律服务模式，促进涉外法律服务能力整体提升。扎实开展评估验收，确保基本公共法律服务实施标准、发展指标全面完成。认真贯彻《全国公共法律服务体系建设规划（2021-2025年）》，推动提升高端法律服务供给。完善考区设置，提高国家统一法律职业资格考试组考水平。深化“乡村振兴法治同行”活动，打造法治乡村示范区，用法治护航全面乡村振兴。贯彻实施《中华人民共和国法律援助法》，建立完善全业务工作制度和全流程办案标准，打造法援律师名优工程，提高法援案件质量。畅通法律援助“绿色通道”，深化根治欠薪行动，持续守护好农民工的“钱袋子”。加强政策支持，推动乡村振兴联点帮扶项目落地。

（五）突出精准发力，务求改革举措落地见效

持续深化“放管服”改革法治协调，加快推进证明事项告知承诺制，为推进证照分离等改革提供有力法治保障。协调推进各领域综合行政执法改革，重点指导省级以上园区开展相对集中行政处罚权、许可权改革。加强乡镇（街道）综合执法人员赋能培训。推动行政复议改革后续任务全面落地。落实新时代法治人才培养规划，统一全省法律职业人员职前培训。推动城市优质法律服务资源向乡村辐射，确保年内基本形成覆盖城乡、便捷高效、均等普惠的现代公共法律服务体系。推动落实公证体制改革“三项”配套制度，有序推进合作制公证机构建设发展。探索开展司法鉴定机构诚信等级评估。推进刑事案件律师辩护全覆盖，积极参与代理申诉和认罪认罚从宽工作。推动建立公职律师、法律顾问激励保障机制，推动法律顾问“有效覆盖”。加快公司律师队伍发展，推进企业合规改革。推动律师执业权利保障制度落地落实。加强人民陪审员、人民监督员选任管理，推动他们更多地参与办案过程。

（六）抓好规划实施，不断筑牢事业发展根基

严格对标“十四五”发展规划及专项规划主要指标，抓紧分解目标责

任，推动规划任务、改革措施、项目建设分步分批实施。加强对规划实施的监督、考核和评估，有力地推动全省司法行政事业规划蓝图落地落实。加快“十三五”监狱结转项目建设，推动“十四五”监狱建设项目尽快启动。聚焦司法所建设的薄弱环节和关键问题，加快推进司法所业务用房建设，抓紧出台、实施全省司法所建设三年行动方案（2022~2024年），推动司法所上水平、上台阶。支持湘警职院完成征地计划，加快实训楼、综合楼、学生宿舍等项目建设，进一步提质校园环境。深入推进“数字法治·智慧司法”建设，加快信息化在建项目进度，有序推动立法、执法、公证、调解、仲裁等业务系统建设升级。启动“智慧监狱、智慧戒毒”二期工程建设，稳步推进智慧矫正中心建设。落实过“紧日子”要求，坚持厉行节约，规范管理转移支付资金，提高资金使用绩效。

（七）巩固教育整顿成果，常态推进全面从严治警

建立常态化长效化制度机制，确保党史学习教育融入日常、抓在经常，引领全系统从百年党史中汲取智慧和力量。认真总结队伍教育整顿成果，构建学习教育、自我纠错、制约监督、防范整治等常态化工作机制和工作体系，巩固形成全面从严管党治警工作格局。建立常态化查纠整改机制，持续推进顽瘴痼疾整治和案件线索查办，深入整治律师与司法人员不正当接触交往，常态化推进“我为群众办实事”“我为基层解难题”实践活动，切实解决群众反映强烈的“急难愁盼”问题，维护执法司法廉洁公正。坚持严管厚爱，大力选树典型，弘扬英模精神，开展全国、全省司法行政系统“双先”表彰和“建功新时代·百名湖南司法行政先进人物”事迹展播，激发干部队伍担当作为。系统梳理教育整顿期间出台的各项制度，完善配套制度机制，推动制度体系更加系统完备、规范高效，切实提高执行制度的能力水平，真正把制度成果转化为治理效能。

B.8
2021年湖南人力资源和社会保障发展情况及2022年展望

唐白玉*

摘　要： 2021年，湖南省人力资源和社会保障系统以“五型双一流”机关建设为抓手，坚持把保障和改善民生作为工作着力点，主动服务经济社会发展大局，全面完成了各项指标任务，贡献了人社力量，彰显了人社担当。2022年将全面落实稳就业保就业，深化社会保障制度改革，加强人才人事工作，构建和谐劳动关系，持续优化系统行风建设，推进人力资源和社会保障事业高质量发展，全力推动社会主义现代化新湖南建设。

关键词： 就业　社保　人才人事　劳动关系　“五型双一流”

2021年是党和国家历史上具有里程碑意义的一年。全省人力资源和社会保障系统坚持以习近平新时代中国特色社会主义思想为指导，坚决贯彻党中央、国务院和省委、省政府决策部署，全面落实“三高四新”战略定位和使命任务，积极履职、扎实工作、服务大局，凝心聚力抓好抓实民生保障工作，实现了“十四五”良好开局。

一　2021年湖南人力资源和社会保障发展情况

2021年，在省委、省政府的坚强领导和具体指导下，全省各级人力资

* 唐白玉，湖南省人力资源和社会保障厅党组书记、厅长。

源和社会保障部门坚持稳中求进的工作总基调，突出稳就业、促改革、防风险、强基础，统筹疫情防控和人力资源和社会保障事业发展，持续保障和改善民生，主动服务全省经济社会发展大局。

（一）坚持政治首位，全面贯彻落实习近平总书记系列重要指示批示精神

全省人力资源和社会保障系统始终把习近平总书记考察湖南重要讲话精神和对人力资源社会保障工作特别是社保基金工作的重要批示精神，作为工作的基本遵循，自觉在思想上、行动上与党中央保持高度一致。及时传达学习。2021 年，全系统线上线下共组织了 30 余次专题工作会议，第一时间传达精神、分解任务、跟踪问效，确保总书记重要指示批示精神在人力资源和社会保障领域得到贯彻落实。主动履职作为。各级人力资源和社会保障部门立足自身职责，认真贯彻落实总书记考察湖南重要讲话精神“三个责任分工方案”，稳就业保就业、强化社保、服务大局，有效推动总书记重要讲话精神在全省人力资源和社会保障系统落地生根。抓好重点工作。贯彻落实习近平总书记关于“衡南案”重要批示精神，举全系统之力，动员各级干部和银行职工 40 余万人，在全省范围内深入开展了社保基金管理专项整治。开展“双百调研”（百人百村），湖南省人力资源和社会保障厅 215 名干部利用春节回乡的时机，深入全省 14 个市州 196 个村（社区），组织专项整治问题整改情况调研。高规格组建厅级领导带队的政策宣讲团，以《深入学习贯彻习近平总书记关于社会保障工作重要指示批示精神——奋力推动湖南省社会保障事业高质量可持续发展》为题，在各市州党委理论学习中心组集体学习上开展社保政策“大宣贯”。

（二）坚持就业优先，推进更加充分更高质量就业

围绕“扩、稳、提、实”四个字做好就业文章，全力稳住经济运行的底盘。2021 年，全省城镇新增就业 75. 3 万人，完成年度任务的 107. 6%；全年城镇调查失业率平均值为 5. 258%，为中部地区最低。就业工作连续两

年（2020年、2021年）荣获国务院真抓实干激励表扬。一是“扩”，即多渠道增加就业岗位。建立加强就业帮扶、巩固拓展脱贫攻坚成果等长效机制，持续做大就业“蛋糕”。共争取中央和省级投入就业资金32.25亿元，稳定和增加就业岗位。二是“稳”，即稳定重点群体就业。实施高校毕业生品质就业、农民工转移就业、脱贫人口稳岗就业、退捕渔民安置就业、困难人员托底就业五大行动，确保重点群体就业稳定，零就业家庭动态清零。三是“提”，即提升就业创业服务水平。加大稳岗留工、惠企惠民“五进五送”和高校毕业生就业服务力度，实施“创响三湘”行动计划，新增2个国家级、23个省级创业孵化示范基地，全省新发放创业担保贷款37.09亿元，扶持创业15272人，带动就业101946人。四是“实”，即做实基层平台基础。将1462个社区（村）纳入充分就业社区（村）重点建设对象，加强对884家重点企业、143家产业园区的用工保障，进一步夯实就业基础。

（三）坚持深化改革，健全多层次社会保障体系

把社保体系建设放在更加突出的位置，进一步兜底线、织密网、建机制。一是有序推进参保扩面。截至2021年底，全省基本养老保险、工伤保险、失业保险参保人数分别达到5286.4万人、853.3万人、687.4万人，社保体系覆盖范围进一步扩大。二是平稳运作社保基金。积极争取中央财政支持约500亿元，基本养老保险基金、工伤保险基金、失业保险基金可支撑能力比较稳定。职业年金投资收益良好，全省149个统筹区均启动了职业年金待遇发放。三是推动社保制度改革。企业职工养老保险省级统筹达到人力资源和社会保障部提出的“七个统一”要求，为实施全国统筹夯实了湖南基础。积极开展被征地农民社会保障试点，探索总结出“前补改为后缴”的措施，取得明显成效。持续完善工伤保险省级统筹政策体系，组织实施“工伤预防万人培训行动”等五大行动计划。四是完善基金监管体系。以省委、省政府两办名义出台《关于切实加强社会保险基金监管工作的意见》，社保基金监管“1+N”制度体系逐步完善，从体制机制上解决了“为谁管”

“谁来管”“怎样管”“如何管好”的问题，打造了基金监管的“湖南特色”。

（四）坚持制度创新，激发人才队伍创新活力

细化路径、实化举措，推动党中央、省委人才工作会议精神落实落地落细。一是深化人才评价改革。以创新价值、能力贡献为导向，完善专技人才评价体系，高级职称评委会由 34 个增至 209 个，在全国首创开展网络文学专业职称评审；以科学化、社会化、多元化为目标，健全完善技能人才评价体系，成立 11 个技能人才评价专家委员会，确定 87 个职业能力考核项目，备案 327 个职业技能等级认定评价机构。二是加强人才培养建设。大力实施人才振兴“六大工程”“两大品牌”，全面抓好技术技能提升工作。在全国乡村振兴职业技能大赛、第 9 届全国数控技能大赛中，湖南省均取得历史最佳成绩。三是引才入湘创新创业。依托产业建设项目和特色优势产业引进 110 名关键人才，新增博士后科研站点 17 个，进站博士后 673 人。在首届全国博士后创新创业大赛中，湖南省取得 1 金 2 银 3 铜和优秀组织奖的优异成绩。举办“湖南省留学人员创业启动支持计划项目”大赛，1 家企业获评“中国最具成长潜力的留学人员创业企业”。四是服务高层次人才。承办“国家级高层次人才服务行”入三湘、“海外赤子为国服务慈利行”等活动。推荐 2 名专家获评“全国杰出专业技术人才”，推荐 2 家单位获评“全国专业技术人才先进集体”。“湘才乡连”专家服务乡村振兴工作获批 2 个国家级专家服务示范团。

（五）坚持标本兼治，构建劳动关系和谐局面

把维护劳动者与市场主体的共同利益作为工作的重中之重，始终守牢不发生规模性、极端性事件的底线。一是着力加强风险防范。针对教培行业“双减”、限电限产等现实情况，及时分析研判劳动关系领域的重点难点问题和重大风险隐患，妥善处理塔吊司机聚众罢工、捷信金融“裁员”争议等问题。二是积极完善协调机制。政府、企业、职工三方协调机制更加顺

畅，深入推进“和谐同行”三年行动计划，培训1.2万余名劳动关系协调员。三是持续抓好根治欠薪。各级劳动保障监察机构共查处工资类违法案件1136件，为1.73万名劳动者追回工资待遇2.18亿元，获人力资源和社会保障部“线索量少、办结率高、措施扎实、效果显著”高度评价；湖南省连续2年成为全国根治欠薪工作进步最大的省份。四是高效组织调解仲裁。全年共受理案件51987件，结案率91.5%、调解成功率74.7%、仲裁终结率73.1%，分别高出目标任务1.5、14.7、3.1个百分点。湖南省人力资源和社会保障厅荣获2021年全省信访工作先进单位。五是切实加强权益保障。以“湘融湘爱”服务工作品牌为抓手，全面实施农民工权益关爱、市民化融合、心系农民工宣传、“三湘邮情”服务保障系列活动，“春运邮情”为农民工报销往返车票1.25万张，发放家乡包裹邮费补贴8.8万份，发放“旅程礼包”1000余份。全面开展家政服务劳务对接行动，输出、输入家政服务人员1.4万人、1.3万人。开展新就业形态劳动者权益维护“十项重点任务”专项行动，有效维护劳动者权益。六是做好重点民生实事、表彰奖励、绩效考核。全面完成全省10件新办和10件续办重点民生实事，群众调查满意度99.53%。省级以下创建示范活动精简率为14.6%，脱贫攻坚等全国表彰推荐对象入选率达到100%。科学设定考核指标，合理确定评分标准，组织开展对全省124个单位的绩效考核工作，确保2021年度省直单位绩效考核过程公开、结果公平，顺利完成省直绩效考核职能移交、人员转隶工作（根据省委决定，从2022年起绩效考核职能整合划转至省委组织部）。

（六）坚持党建引领，筑牢事业发展基础

“五型双一流”机关建设凝心聚力。创新实施“五型双一流”机关建设，将党建与业务工作高度融合，着力打造政治型、学习型、创新型、服务型、廉洁型人力资源和社会保障机关，建一流队伍、创一流业绩。契合党史学习教育，分批分组赴延安、井冈山开展党史党性教育专题培训，颁发“光荣在党50年”纪念章，开展“两优一先”表彰、举办庆祝建党100周

年文艺汇演，进一步提振干部队伍士气，凝聚干事创业合力。“我为群众办实事”务实见效，聚焦群众的操心事、烦心事、揪心事，厅党组带头开展“厅局长走流程”，研究制定“五个一”方案，创新实施“一读就懂”“一呼就应”“一算就清”“一办就结”“一听就明”的系列服务活动，向社会发布各类政策长图、政策宣讲小视频、热点问题解答近60期，网络点击量超500万次。全速推进人力资源社会保障信息化建设。以“金保工程”二期建设项目为契机，紧盯“五全”目标，加快推动实现全数据共享、全业务协同、全服务上网、全业务用卡、全层级覆盖，推动人社系统治理体系和治理能力现代化。持续深化“互联网+人社”应用，推动服务事项“自助办”“掌上办”“指尖办”，率先实现13项社保参保证明自助打印，“智慧人社”注册用户数破2000万人，年均开展待遇领取非现场认证近1033万人次。社会保障卡实现群众自主选择银行、制发卡立等可取、数据实时同步。加强宣传赢得主动。加强与主流媒体深度合作，开通新湖南客户端“湖南人力资源和社会保障”频道，半年多来刊发全省人力资源和社会保障系统新闻信息2500多篇，频道累计点击量6500余万次。工伤预防宣传等一批形式新颖、内容丰富的宣传作品，受到各界好评。

二 湖南人力资源和社会保障事业2022年展望

2022年是党的二十大召开之年，也是落实省第十二次党代会精神开局之年。总体思路是：以习近平新时代中国特色社会主义思想为指导，全面贯彻落实党的十九大和十九届历次全会、中央经济工作会议精神，深入落实习近平总书记对湖南重要讲话重要指示批示精神，全面落实省第十二次党代会部署要求，贯彻执行党中央、国务院和省委、省政府、人力资源和社会保障部决策部署，坚持稳中求进工作总基调，统筹疫情防控和人社事业发展，完整、准确、全面贯彻新发展理念，服务和融入新发展格局，全面落实“三高四新”战略定位和使命任务，落实“六稳”“六保”工作要求，全面推进稳就业保就业，深化社会保障制度改革，加强人才人事工作，构建和谐劳动关系，推进人力资源社会保障数字化治理，深化系统行风建设，兜牢民生底线，防范化解重大风险，继续深化“五型双一流”机关建设，推进人力资源和社会保障事业高质量发展，迎接党的二十大胜利召开。

（一）确保稳住就业基本盘

坚持经济发展就业导向，强化就业优先政策，通过“三稳定三促进两兜牢”，确保城镇新增就业 70 万人，确保城镇调查失业率控制在 5.5% 以内。

“三稳定”：稳定吸纳和扩大就业市场主体。制定更加充分更高质量就业政策，积极协调财政、金融、投资、消费、产业等政策，调整优化部分减负稳岗扩就业举措，规范发展新就业形态。稳定高校毕业生等青年就业。推进基层成长、就业启航等计划，开展高校毕业生留湘来湘系列公益活动，稳定机关事业单位、国有企业招录招聘规模，加强离校未就业毕业生、失业青年就业帮扶。稳定农民工特别是脱贫人口务工规模。深化劳务协作，打造劳务品牌，落实返乡创业支持政策，鼓励引导就地就近就业创业，对脱贫人口优先稳定岗位、优先组织外出、优先兜底保障。

“三促进”：促进大规模职业技能培训。落实终身培训制度，拓展职业培训券使用功能，实施重点群体重点行业专项培训。促进就业服务质量提升。实施提升就业服务质量工程，深化充分就业社区（村）建设，健全服务企业用工长效机制；推进基层平台五年能力提升行动计划，加快“一网一微一端”建设；实施劳务品牌建设，引导劳务经济品牌高质量发展，建设一批省级人力资源服务产业园。促进创业带动就业。实施“创响三湘”行动计划，开展“迎老乡、回故乡、创三湘”活动，推广乡村领雁创业培训，举办第五届“中国创翼”创业创新大赛湖南省选拔赛。

“两兜牢”：兜牢困难人员就业底线。健全失业帮扶机制，加强退役军人、残疾人、城镇失业人员、就业困难人员等就业帮扶。兜牢规模性失业风险防范底线。加强就业形势监测预警，完善应急处置预案，积极防范化解规模性失业风险。

（二）稳妥推进社保体系建设

深入实施“五项改革”、扎实推进“四个贯彻”，努力实现退休人员养老金水平、城乡居民养老保险待遇水平、社保经办服务水平“三个提升”，推动社会保险治理达到新水平。

“五项改革”：企业职工基本养老保险全国统筹，健全企业职工养老保险政策，完善被征地农民养老保险政策，妥善处理全省被征地农民社会保障工作遗留问题。失业保险省级统筹。稳步推进，全面实现“六个统一”，即统一失业保险政策、统一基金收支管理、统一信息系统、统一经办服务管理、统一责任分担机制、统一考核奖惩办法。完善工伤保险省级统筹。有序推进工伤保险基金省级统收统支，积极开展国家机关公务员和参公管理人员参加工伤保险、基层快递网点优先参加工伤保险、新就业形态新就业人员职业伤害保障等试点。渐进式延迟法定退休年龄改革，加强特殊工种提前退休审批管理，及时做好政策宣传和解读。职业年金管理改革，加快虚账向实账管理转换。

“四个贯彻”：贯彻实施全民参保计划。针对灵活就业人员、农民工等重点群体持续实施精准扩面。贯彻落实基金管理提升年行动。开展全省社会保险基金管理专项整治巩固拓展行动，抓好社保基金及人力资源和社会保障领域其他资金的监督管理。贯彻落实推动个人养老金实施办法，确定建立个人养老金制度的先行城市，做好政策宣传。贯彻落实人力资源和社会保障部即将出台的企业职工基本养老保险病残津贴暂行办法，结合湖南省实际抓好政策执行。

（三）高效落实人才人事工作

健全完善人才引进、培养、评价等制度体系，打造“两支队伍”，加强“两个管理”，为实现高质量发展提供人才支撑。

“两支队伍”：高素质专技人才队伍。抓好新兴优势产业链“智汇潇湘”品牌人才引进系列活动，编制急需紧缺人才目录；持续深化职称制度改革，修订完善卫生、艺术等系列职称申报评价办法；制定博士后创新创业支持措施，推动“湖湘博才”青年博士后队伍建设；深入实施“湘才创新能力提升工程”；加速出台《湖南省高层次人才服务办法》，建设运行湖南省高层次人才服务窗口。高端技能人才队伍。完善技能人才制度体系；强化技能人才评价监督管理，实施职业技能等级认定提质扩面行动；大力发展技工教育，推进高水平技工院校建设；办好全省第一届职业技能大赛，打造“技行三湘、能创未来”竞赛品牌。

“两个管理”：事业单位人事管理。全面实施县以下事业单位管理岗位职员等级晋升制度，组织开展事业单位专技二级岗位人员评聘工作；探索完善事业单位工资政策，赋予人才密集单位更大收入分配自主权。人事考试管理。加大风险防范设备、技术的投入，构建牢固有效的技术防范体系。

（四）促进劳动关系和谐稳定

适应经济社会发展、服务对象、用工模式新变化，强化“三项机制”，推进“四项行动”，推广“两个平台”，确保实现劳动关系和谐稳定总目标。

“三项机制”：劳动关系统筹协调机制。完善绩效考核内容，建立健全“党委领导、政府主导、企业和劳动者主体、行政和司法联动、社会协同、法治保障”的大协调工作格局。劳动关系风险防范化解机制。逐步建立覆盖全省、辐射全国的风险排查、监测研判和预警体系，有效预防化解劳动关系矛盾。重点民生实事实施长效机制。研究制定项目实施和验收标准，压实工作责任，加强要素保障，加强宣传引导，严格评估验收。

“四项行动”：和谐同行能力提升行动。开展和谐劳动关系示范创建活动，推进百千万计划和湘潭综合试验区试点；落实新就业形态劳动者权益保障政策；加强调解仲裁、劳动监察、劳动关系协调等队伍建设；深化企业分配制度改革。根治欠薪专项行动。贯彻实施《保障农民工工资支付条例》，妥善处置欠薪问题线索；加强行刑衔接，及时查处和定期公布欠薪重大违法案件和“黑名单”信息。湘融湘爱服务保障行动。深化农民工权益关爱、市民化融合、心系农民工主题活动，推进“三湘邮情”计划；以县域为重点推动农民工市民化融合；深化家政服务劳务对接；联合开展农民工动态监测体系建设。劳动关系规范建设年行动。创建特色活动品牌，加强规范化和标准化建设，探索以政府购买服务方式拓展基本公共服务供给能力。

“两个平台”：劳动争议调处一站式服务平台。加快推进数字仲裁庭、智能仲裁院建设，培育打造金牌调解组织，开展仲裁与诉讼信息共享试点。表彰奖励监管平台。加强表彰奖励项目监督检查，强化评比达标表彰、创建示范活动规范管理；配合做好“国防发展重大工程”“人民满意公务员”等重大表彰相关工作。

（五）全面加强系统行风建设

开展行风建设提升行动。围绕政策供给“最先一公里”和政策落地“最后一公里”同时发力，推进系统行风建设由阶段性向常态化长效化转变。深入实施“快办行动”，进一步推动人力资源社会保障服务“打包办”“提速办”“简便办”“跨省办”，特殊情况“上门办”。大力加强服务窗口建设，全面加强经办业务培训，积极探索政务服务标准化管理；全面推行“一门办”“一窗办”，打造人力资源社会保障便民服务圈。常态化组织检查调研，全面落实“厅局长走流程”、青年干部调研，防止不作为、慢作为和乱作为。

（六）稳步提升信息化建设水平

大力实施“金保工程”二期建设，基本建成全省集中统一的人力资源社会保障信息系统。突出抓好数据资源整合，加快推进数据共享应用，实现人力资源社会保障数据跨层级跨部门共享。加快建立以社会保障卡为载体的居民服务“一卡通”，实现人力资源社会保障领域业务用卡、待遇入卡，加快推进社会保障卡加载交通出行、旅游观光、文化体验等业务功能。

B.9
2021年湖南住房城乡建设发展情况及2022年展望

杨爱云　蒋涤非*

摘　要： 2021年，湖南省住建系统紧紧围绕落实“三高四新”战略定位和使命任务，坚持“稳进高新”工作方针，扎实做好了住房建设保障、房地产调控、城乡环境基础设施建设、建筑业转型发展、城市管理等工作，推动住建事业迈上了新台阶。2022年，全省住建系统将胸怀“国之大者”，稳中求进，善作善成，认真完成中央和省委省政府部署的各项任务，加快推进住建事业高质量发展。

关键词： 住房　房地产　城乡建设　建筑业　城市管理　城市更新

2021年，湖南省住房和城乡建设厅深学笃用习近平新时代中国特色社会主义思想，坚决落实住房和城乡建设部、湖南省委省政府决策部署，创新担当、奋力作为，推动各项工作呈现稳中提质、稳中向好的良好态势。

一　回顾2021年，善作善成交出过硬答卷

奋进2021，有力彰显争先进位的“住建拼劲”。开展国家级、省级试点示范项目逾50个，创历史新高。争取中央和省级专项资金68.28亿元，城

* 杨爱云，湖南省住房和城乡建设厅党组书记、副厅长；蒋涤非，湖南省住房和城乡建设厅厅长。

镇旧改、棚改及公租房，农村危改、污水提质增效工作获中央补助资金均居全国前列。狠抓行业财源建设，“6643”专项行动实现新增入库税收41.74亿元，拉动全省建筑业和房地产业税收同比增长3.8%，全年实现税收1192.16亿元，占全省税收收入的26.46%，工作成效获伟明省长高度肯定。

攻坚2021，充分展现实干笃行的“住建作风”。污水垃圾处理、老旧小区改造等5大类12项工作圆满通过全省污染防治攻坚战、河长制等重点考核，多项工作完成度超预期目标。地级、县级城市生活污水集中收集率较2018年分别提高18.7、13.9个百分点，超额完成任务；建制镇污水处理设施覆盖率达77%，较上年提高26个百分点；全省新建成14个生活垃圾焚烧处理设施项目，为历年之最。城镇老旧小区改造2020年2135个小区全部完工、2021年3529个小区全部开工。如期完成中央环保督察、长江经济带警示片反馈的10个突出问题整改销号。深化全省工程领域招投标专项整治，狠抓制度改革，突出信用评价，持续优化营商环境，实现“监管一张网、交易一平台、评标一办法”。

民本2021，全面厚植为民惠民的“住建担当”。全省城镇棚改3.56万套、公租房1万套、保障性租赁住房4.35万套全面开工，12.4万户享受公租房租赁补贴，完成农村危房改造2.8万户。湘潭市棚改、保靖县危改工作获国务院真抓实干表彰，省棚改工作成为全国唯一连续5年获国务院真抓实干表彰省份。101所芙蓉学校花开三湘。全省既有住宅累计加装电梯超5000台，惠及居民逾10万户。全力以赴处置个别房企房地产项目风险事件，成立工作专班，出台“一省一策”，推动项目全面复工复产。大力查处欠薪，在国务院保障农民工工资支付专项考核中，湖南省实名制综合排名全国第一。推进无障碍环境建设，建立完善无障碍环境建设相关地方标准，开展无障碍环境示范创建工作，湘潭市、韶山市、浏阳市及大瑶镇成功创建全国无障碍环境示范市县镇。

实干2021，有效提供基层治理的“住建方案”。省房屋建筑和市政设施普查工作占全省自然灾害综合风险普查工作量的90%，住建系统24万普查人员优质高效完成调查任务，工作进度居全国第一。系统“基层党建+”试点工作卓有成效，工作做法获蒙徽部长批示肯定，在全国住建系统精神文明建设工作会议上作经验交流。《走进建筑学党史》登上荧屏，获马栏山杯红色视听作品大赛铜奖。《湖南传统村落》系列丛书获省社会科学优秀成果一等奖。深入系统开展职能调研，梳理重点工作任务流程，厘清纵向横向职能边界，形成工作流程雏形。控疫情、战风雪，完成土建专业 4.2 万多人初级、中级职称考试和高级职称评审。

聚智 2021，凝聚绿色发展的“住建力量”。圆满完成全国首批装配式钢结构住宅建设试点任务，累计研发了 20 余项本省独有且可推广可复制的新技术。出台《湖南省绿色建筑发展条例》，首次将“双碳”目标、装配式建筑、绿色建造纳入法制内容，在新建民用建筑建设标准规范等方面形成湖南特色。高标准启动全省绿色建造试点，工作成效获李克强总理、张春贤副委员长等领导批示和肯定。“智慧住建”实现工程项目全生命周期线上办理和监管，地下管线综合信息管理系统全覆盖。

2021 年，重点抓了以下工作。

住房发展持之以恒稳市场、强保障。房地产市场监管提效，坚持“房住不炒”，建立房地产市场平稳健康发展城市主体责任制。率先在省级层面发文推动非住宅去库存。建立全省统一的住房领域信息化“一网通办”平台，9 个城市上线商品房网签备案系统。加强城市住宅小区协同治理，开展物业专项维修资金增值收益使用改革，开展加强物业管理、共建美好家园住建部试点。住房公积金管理提质，5 项“跨省通办”事项全面落实，长江中游城市群、长株潭住房公积金区域协同发展有效推进。“面签当天即放款”“柜台前移”等举措凸显优服务效能。与省高院建立住房公积金执行联动机制，将住房公积金纳入企业开办“一网通办”平台。住房保障水平提升，加快发展保障性租赁住房，完善公租房全流程管理。全省棚改及公租房专项资金使用绩效评价获优秀等次。住房租赁市场、保障性租赁住房双试点工作获住建部肯定和推介。农村危改和建房管理提档，出台加强农村住房质量安全监管政策，建立农房全生命周期监管“1+N”政策体系。全省培训乡村建设工匠 8724 名。排查农村房屋 1168 万户，居全国第六。

建筑管理蹄疾步稳促转型、育动能。全省建筑业全年实现总产值 1.328 万亿元，同比增长 11.9%，排全国第十，增加值占全省 GDP 的比重达 8.6%。试点工作有成效，全省施工图审查全流程办理用时 13.3 天，领跑全国，规划、住建“两审合一”试点有新突破。“新城建”试点工作富有成效。5 个浅层地热能建筑规模化应用试点项目顺利推进，14 个县市深化建筑垃圾资源化利用试点。升格并成功举办中国（长沙）国际装配式建筑与工程技术博览会。“放管服”改革提效能，开展住建系统营商环境攻坚行动，推进行政审批“四减”压缩办理时限 76%。取消 8 项资质，下放建筑施工特种作业人员考核权限至市州。打造“工程建设项目审批制度改革 2.0 版”，工作成效连续三年获国家工改办重点推介。培强选树 20 家“建筑强企”。质量安全齐抓共管，2021 年全省获评鲁班奖 4 项、国家优质工程奖 10 项。深入开展“安全生产专项整治集中攻坚”等行动，健全建筑工程质量监管机制，强化工程质量检测监管，加强白蚁防治，推进工程质量潜在缺陷保险。建设工程消防设计纳入施工图审查，实现交通、水利、能源、化工等专业工程消防审验全覆盖。积极开展既有建筑改造利用消防审验工作试点。

城乡建设不遗余力补短板、锻长板。供水供气保障有力，实施城市供水提质工程，完成城市二次供水设施建设改造和管道直饮水试点工作。除芷江县正在推进管道铺设外，全省其他市县均开通天然气。污水治理持续发力，大力开展污水处理提质增效三年行动，地级城市建成区黑臭水体平均消除比例达 98.9%，建成 280 个乡镇污水处理设施。10 个城市建成城市市政排水管网 GIS 系统。4 个省级海绵城市建设试点见效，岳阳市成功入选国家示范城市，获中央补助资金 10 亿元。垃圾治理用心用力，东风湖“厂网湖岸一体”治理模式、圭塘河治理、农村生活垃圾处理付费制、高效推进城乡环卫一体化等典型经验做法获省政府 2021 年重点工作综合大督查通报表扬。韶山市获评全国农村垃圾分类和资源化利用先进示范市。衡阳市智慧垃圾分类暨环卫服务一体化入选国家智能社会治理实验基地。

城市管理精耕细作提品质、塑风貌。2021 年，全省常住人口城镇化率为 59.71%、增长 0.98 个百分点。以城市更新为抓手推进新型城镇化，长沙入选国家首批试点城市。推进城市体检评估，长沙市、常德市获批国家城市体检样本城市。全面推进城镇老旧小区改造，9项经验被列入住建部可复制政策机制清单。提升城市管理精细化和执法规范化水平。加强窨井盖安全管理，排查治理地级城市易涝点209个，开展3次城镇燃气隐患排查，消除安全隐患1.4万余个，倾力保障城市安全运行。3县获评省园林县城。永州市获批城市管理工作体系建设住建部试点城市。开展城市管理执法进小区。治理背街小巷经验获住建部推荐。创新“三微”经验，枫溪大道获全国城镇市政养护示范“扁鹊杯”。宁远县获评全国美好环境与幸福生活共同缔造示范县。加强历史文化保护，确定公布全省历史文化街区53个、历史建筑2097处，居全国前列。上线传统村落数字博物馆69个，推进传统村落集中连片保护利用示范，推动出台传统村落保护条例，怀化市累计获批中国传统村落169个，居全国第五位。

二　展望2022年，稳中求进推动高质量发展

2022年将召开党的二十大，做好住房城乡建设工作对于保持平稳健康的经济环境、国泰民安的社会环境、风清气正的政治环境意义重大。工作总体要求：以习近平新时代中国特色社会主义思想为指导，弘扬伟大建党精神，全面落实省第十二次党代会部署要求，坚持稳中求进工作总基调，完整、准确、全面贯彻新发展理念，服务和融入新发展格局，全面落实“三高四新”战略定位和使命任务，善于从党中央决策部署和省委省政府工作要求中明方向、定政策、争项目，全力推进五大板块工作进中提质、质中增效。

主要任务指标：全省常住人口城镇化率约上升1个百分点。全省开工改造城镇老旧小区3222个。完成既有住宅加装电梯4000台。全省地级城市14个区实现生活垃圾分类全覆盖、14条街道基本建成生活垃圾分类示范片区；全省新开工生活垃圾焚烧处理设施4个、建成5个；完成地级城市4个餐厨垃圾处理设施项目。242个乡镇建成污水处理设施。全省开工城镇棚户区改

造24970户、公租房6202套、保障性租赁住房45801套（间），发放公租房租赁补贴97806户。全省城镇装配式建筑占新建建筑的比例达到32%。要全力抓好以下工作。

（一）聚力巩固“四个加强”，取得住房发展新成效

加强市场调控、风险防控。因城施策促进房地产业良性循环和健康发展。指导市州稳定住房消费和加快非住宅去库存，全力推进住房领域信息化平台建设，实现网签备案系统14个市州市县两级“全上线”。持续整治规范房地产市场秩序，加强房屋交易纳税管理。指导市州做实“一楼一策”方案，加快资产处置，落实“保民生、保交楼、保稳定”目标。出台加强商品房预售资金监管文件，建立健全防范化解房地产项目风险长效机制。完善物业管理“2+X”政策体系，推进住宅小区物业服务标准化及协同治理试点示范工作。

加强规范管理、夯实保障。推进公租房信用管理建设，建立公租房小区管理体系标准。加快发展保障性租赁住房，出台监测评价办法并开展监测评价。加快往年棚改及公租房在建项目进度，尽早交付使用。培育发展租赁市场，指导长沙市稳步推进租赁住房试点。配合做好“交房即交证”改革工作。

加强缴存扩面、优化服务。2022年全省住房公积金缴存额增长率保持在6%以上，个贷率控制在85%左右，个贷逾期率控制在0.03%以下。探索自愿缴存机制，稳步推进缴存扩面。加快智慧公积金平台建设，逐步统一全省核心业务系统、手机App，打通资金池。探索增值收益支持保障性租赁住房建设，完善支持绿色建筑产业发展的住房公积金政策，推动开展住房公积金管理中心体检评估。

加强农房管理、工匠培训。出台农村住房操作手册、抗震技术导则、建房施工协议参考文本、乡村建设工匠管理办法等文件。继续开展村镇建设干部和乡村建设工匠培训，提升信息化管理水平。开展农村住房质量安全监管和美丽宜居共同缔造示范。

（二）聚力聚焦“四个突出”，实现建筑管理新发展

突出智慧增效。深化“智慧工地”、绿色施工工地创建，推动“互联网+智慧工地”平台2.0版升级，采用“标准+平台”模式，实现智慧工地“建设+应用+评价”管理闭环。推动数字造价，加快建立以国有投资项目为主的工程造价数据库，开展自主编制招标控制价改革试点。加强城建档案数据信息化和成果共享利用。

突出示范促效。研究出台全省城乡建设绿色发展实施方案、碳达峰行动方案。健全建筑节能、绿色建材评估评价机制，加大建筑节能“双随机一公开”监管力度。开展绿色建造能力和高品质绿色建造项目试点。制定发布《房屋建筑和市政基础设施工程BIM技术全流程应用三年工作计划》，建立完善设计、施工、运维阶段BIM技术应用标准，开展一体化应用试点示范。进一步完善《湖南省房屋建筑和市政基础设施项目全过程工程咨询招投标管理暂行办法》，指导行业协会联盟制定服务标准、服务设计费参考等文件。开展全过程工程咨询示范项目和企业评选。

突出改革创效。推进工程建设领域一体化信用体系建设。深化企业资质改革，持续推进行政审批“四减”行动。完善“四库一平台”，打造建设工程企业资质申报审批一体化平台，资质资格事项全面采用“电子证照”。鼓励开展建筑设计、施工单位“双资质”申报，全面推动工程总承包管理模式加快发展。开展工程建设项目审批制度改革3.0版升级，推进审批服务事项全流程、各环节在线审批，深化“一网通办”。持续优化施工图审查制度，推行施工图分阶段报审，持续推进规划、住建“两审合一”。

突出安全提效。深化安全生产“打非治违”专项行动，常态化开展明察暗访，严格落实安全工作责任制，坚持“四不放过”原则，加大问责查处力度。完善住建安责险推行机制，强化第三方安全生产事故预防服务。推进建筑垃圾管理和资源化利用，加快推进市州立法及信息监管平台建设。建立消防执法工作机制，强化消防审验与施工监管、保险风控联动，加强消防审验违法行为查处。严格建筑工人和项目关键岗位人员实名制管理，加大欠

薪查处力度。全面推行施工过程结算和工程款支付担保，推进保函、保证保险代替保证金。出台招标投标评定分离办法、监管评价实施细则，常态化开展专项整治，加大对招标代理机构及评标专家的监管力度。

（三）聚力集智“四个着力”，提升城乡建设新品质

着力实施城市更新行动。支持指导3市开展城市更新试点和示范项目建设。制定全省统筹推进城市更新行动指导意见，指导市州配套构建“1+N”政策体系，推动示范项目建设。开展一批省级城市体检和城市更新试点，健全城市体检评估制度。出台绿色社区和完整社区一体化建设实施意见、创建标准，开展试点创建示范。抓实城镇老旧小区改造全过程信息化监管，研究盘活存量资源、金融支持改造措施，推进符合条件项目专项债发行。指导市州加快完善加装电梯奖补政策，推动既有住宅加装电梯向规模化、片区化发展。组织做好中国人居环境奖申报与推荐工作。

着力加快城镇环境基础设施建设。开展县以上城市污水管网建设改造攻坚行动。加快城市燃气等管网改造升级，到年底前，灰口铸铁、带病服役管道及占压管道等情况基本清零，地级城市基本建成燃气管网GIS和SCADA系统，推进餐饮用户安装燃气浓度报警装置。加快建设排水管网GIS系统，建立全省排水与污水处理智慧云平台。打好乡镇污水处理设施建设四年行动收官战，实现建制镇基本覆盖。巩固地级城市建成区黑臭水体治理成效，全面推进县级城市建成区治理，以河湖长制为抓手，建立长效管护机制，防止返黑返臭。持续发力狠抓垃圾填埋场整治，推进生活垃圾焚烧厂、餐厨垃圾处理厂建设，实现地级城市餐厨垃圾处理设施全覆盖。开展垃圾分类示范工作。指导县市编制县域乡镇垃圾收转设施布局规划，加快农村垃圾收转体系建设。

着力加强历史文化保护。启动湖南省城乡历史文化保护传承体系规划编制，开展全省历史文化资源普查。推动市州落实属地管理主体责任，分类建立保护名录和分布图，编制专项保护规划等，实施挂牌保护。继续争创传统村落集中连片示范，推动传统村落数字博物馆建设。

着力治理突出环境问题。推动黑臭水体治理整治范围由地级城市拓展至县级城市。健全中央环保督察和长江经济带突出环境问题整改机制，实行台账管理，严把销号关。

（四）聚力做好“四大提升”，展现城市管理新作为

提升打造智慧住建。编制全省《“十四五”智慧住建数字化发展规划》，建立健全各类行业管理信息系统，深入开展智慧住建试点工作。拓展和深化试点经验，全面推进 CIM 平台建设。加强房屋建筑和市政设施普调数据核准更新，依托普查基础数据、工改审批等平台，整合叠加形成“住建一张图”，加快数据成果运用。

提升城市安全运营水平。加强县以上城市地下市政基础设施建设和运行管理。推进城市排水防涝设施建设改造。加强城市供水安全，所有供水企业要在取水口和出水口安装针对性的污染因子在线监测设备，推进二次供水及管道直饮水系统建设改造。强化城市桥梁隧道安全监管，基本消除 D 级、E 级等桥梁隐患。加强污水垃圾处理设施安全运行，各地要开展在建和运行设施安全隐患大排查，着重加强化验室和有限空间作业安全管理。开展加强窨井盖安全管理专项行动，确保“脚底下”安全。

提升城管执法监督水平。开展住建领域行政执法监督检查和城镇燃气行政执法专项监督检查。全面推行行政执法“三项制度”和“双随机、一公开”监管。推进全省城管执法行业文明创建，巩固深化强转树行动。建立历史文化保护传承日常巡查管理制度，并纳入城市管理综合执法范畴。加快推进各级城市运行管理服务平台建设，指导深入推进城市管理工作体系试点。

提升公共服务配套水平。推动公共服务设施提标优面，着重关爱服务“一老一小”，推进适老化城市基础设施、适老化住房、无障碍环境建设和改造，完善社区托幼、养老服务设施配套。围绕车位、厕位，解决重点区域停车难、厕位不足等问题。

（五）聚力实施“四个抓实”，形成保障支撑新力度

抓实党风廉政建设。深入拓展党史学习教育成果，持续为民办实事、办好事。强化政治机关意识教育，切实增强政治责任感、民族自豪感、组织荣誉感、贡献幸福感。深入开展美好环境与幸福生活共同缔造活动，“基层党建+”试点要着力向住建全系统、全领域、全行业拓展，不断提升住建基层治理水平。压实全面从严治党主体责任，认真落实巡视要求，全力配合巡视工作。坚持严字当头，确保重点工作推进到哪里，廉政监督就跟进到哪里。

抓实法治建设工作。全面推进法治政府建设，夯实法治基础，积极推进工程造价管理、工程质量安全生产管理、垃圾分类、传统村落保护等立法调研工作，严格落实重大行政决策程序和合法性、公平竞争审查制度。聚焦房地产领域、房屋质量、拖欠农民工工资等信访突出问题，依法妥善做好预防化解和应急处置，做到矛盾不上交、化解在基层。常态化推进扫黑除恶斗争，慎终如始抓好疫情防控。

抓实财源建设工程。完善省市县分产业专项小组等推进机制，培育壮大行业税源骨干企业。建立全省住建领域关键税种计税依据和标准，指导市州分行业、分性质开展增值税、所得税等重点税种税基核实工作。强化考核督导，加大涉税专项整治力度，促进依法应征尽征。

抓实系统能力提升。加强行业统计管理工作，优化省级统计平台、统计口径和统筹协调机制，加强数据核查和业务培训。加快系统职能和工作流程梳理研究成果运用，推进住建领域管理标准化、规范化。系统各单位要参照省厅《工作手册》编制模板和要求，编制好各单位工作手册，全面梳理内部岗位职责，打造内部管理流程体系。推行土建专业初级、中级职称考试机考试点，优化高级职称评审工作。

B.10

2021年湖南文化建设状况及2022年分析展望

湖南省文化和旅游厅课题组*

摘　要： 2021年，面对散发新冠肺炎疫情的冲击，全省文旅系统奋力实干担当，勇于开拓创新，实现了"十四五"的良好开局。2022年，全省文化工作以迎接宣传贯彻党的二十大为主线，努力创作优秀文艺作品、提供优秀文化产品和优质旅游产品，为加快建设文化强省、世界知名旅游目的地和红色旅游基地努力奋斗，以优异成绩迎接党的二十大胜利召开。

关键词： 湖南　公共文化服务　文化事业　文化传承与保护

一　2021年湖南文化建设情况

2021年，全省文旅系统坚持以习近平新时代中国特色社会主义思想为指导，按照省委、省政府决策部署，以庆祝建党100周年为主线，以开展"党史学习教育年""宣传工作机制创新年""百年伟业·红色旅游年"三个主题活动为抓手，奋力实干担当，勇于开拓创新，奋力完成改革发展稳定任务，文化建设成效显著，实现了"十四五"良好开局。

* 课题组组长：王鹏，湖南省文化和旅游厅二级巡视员。成员：王朝辉，湖南省文化和旅游厅政策法规处副处长、三级调研员；梁金田、郑康如，湖南省文化和旅游厅政策法规处副处长；吕小飞，湖南省文化和旅游厅政策法规处一级主任科员；段南风，湖南省文化和旅游厅政策法规处二级主任科员。

（一）艺术创作

圆满完成文化和旅游部交办的庆祝中国共产党成立 100 周年文艺演出——大型情景史诗《伟大征程》焰火燃放任务，省文化和旅游厅 3 名同志受到表彰。艺术创作硕果累累，新创湘剧《忠诚之路》、花鼓戏《夫子》《山那边人家》、京剧《向警予》、舞剧《热血当歌》等大型剧目 30 部，花鼓戏《桃花烟雨》、民族歌剧《英雄》等 11 部作品入选全国“百年百部”舞台艺术精品创作工程，位列全国前列。民族歌剧《半条红军被》入选“中国民族歌剧传承发展工程”重点扶持剧目。举办全省庆祝建党 100 周年优秀剧目展演、“清廉湖南红色文旅”优秀剧目展演、“学党史　看红剧”优秀剧目展演、第七届湖南艺术节、“百年征程”美术书法摄影展等活动，深受群众喜爱。荣获曹禺剧本奖、中国戏剧梅花奖各 1 个，10 多部作品在全国性重大艺术活动、全国舞台绽放湘戏魅力。

（二）公共文化服务

在全国率先出台《湖南省公共文化服务体系高质量发展五年行动计划（2021 年-2025 年）》，三次召开全省规模的公共文化高质量发展推进会议和培训班。公共数字文化建设模式被评为全国文化和旅游信息化发展典型案例。乡村公共文化服务“门前十小”示范工程、文化设施提质改造、湖南图书馆新馆建设等重点项目有效推进，6 个地市级、10 个县级图书馆文化馆投入使用，新增博物馆 15 家，100 余个文化场馆新晋全国“最美公共文化空间”，湖南逐步实现骨干设施标志化、乡镇阵地健全化、村级设施身边化。在全国率先将“新建、改建、扩建居民住宅区配套建设公共文化设施”的法律规定落到实处。株洲市全域化推广“门前三小”建设，制定《株洲市在农村地区推广“门前三小”建设的工作方案》，全年完成新建改建 500 余个。岳阳市总投资 12.32 亿元的市图书馆、市美术馆新馆和洞庭湖博物馆对外开放，成为岳阳文旅新地标。永州市成功创建第四批国家公共文化服务体系示范区。“欢乐潇湘·颂歌向党”庆祝中国共产党成立 100 周年群众合唱比赛、“唱支山歌给党听”交响合唱晚会、“到群众最需要的地方去”文旅志愿者活动、“艺心向党·云游湖南”主题作品创作和征集活动、“沙洲村晚”“颂歌献给党·奋进新时代”农民工文艺晚会等群众文化活动丰富多彩，完成“双送”演出活动1万余场次。新增9个中国民间文化艺术之乡，入选数量居全国第4位。

（三）文化传承与保护

文化遗产保护亮点纷呈，长沙马王堆汉墓等4项考古发现入选全国“百年百大考古发现”。考古出土文献首次荣获中国出版政府奖。首个省级历史文物考古与展示科普基地获批挂牌。公布第十一批省级文物保护单位160处，其中革命文物131处，湖南成为全国十个文物大省之一，革命文物资源总量位居全国第一。“百馆百展颂百年”活动推出131个主题展览，其中《芳草之地　红满潇湘》等5个展览获评全国精品展。湖南省作为三个发言单位之一在全国革命文物工作会议上作典型经验交流。配合长沙黄花机场等国家和省里重点建设项目的考古和文物保护有序推进。在全国率先启动红色非遗寻访工作，率先对传统医药类非遗项目开展专门性保护，发布10条非遗旅游线路。公布第五批省级非遗项目104项，实现增数量与优结构“双提升”。19个项目入选国务院公布的第五批国家级非遗项目名录，入选数量位居全国第三。成功举办国家级文化生态保护区建设经验交流活动。省纪委监委出台《关于加强文化遗产保护领域监督执纪问责工作的通知》，文化遗产保护监管和管理责任落实进一步强化。衡阳市承办了2021年“文化和自然遗产日”湖南省非遗宣传主场活动等重大活动，衡南县入选国家级非遗项目2个，省级非遗项目8个，居全省前列。邵阳市岩鹰拳、传统中医药文化（龙山药王医药文化）入选第五批国家级非物质文化遗产代表性项目名录。娄底市编撰40多万字的《娄底非遗》专著公开出版发行，被评为2021中华体育文化优秀项目，为湖南省唯一入选项目。

（四）省文旅厅系统自身建设

厅党组坚持以党建工作统揽全局，突出政治建设这个统领党建工作的“根”和“魂”；突出“党的一切工作到支部”的鲜明导向；突出学党史庆百年重大活动牵引；突出用好“三表率一模范”机关创建载体；突出推动党建与文旅发展、服务管理、业务工作、效能提升深度融合，展示了文化旅游系统党员干部的良好形象。政务和后勤运行高效。宣传信息工作富有成效。安化县马路溪村联点帮扶工作全面铺开。老干、关心下一代工作特色鲜明。工会、共青团、妇委会开展了一系列丰富多彩的活动，各项工作齐头并进，为全省文化和旅游发展提供了坚强保障。厅直各单位进位争先的氛围越来越浓，工作各有特色。湖南艺术职业学院积极深化学科和专业建设，人才培养成果丰硕。湖南图书馆深入推进公共文化机构法人治理结构改革，服务群众、古籍保护、传承文化举措不断出新。省少年儿童图书馆着力为少年儿童读者打造安全舒适的阅读空间，各项服务活动可圈可点。省文化馆围绕建党100周年举办了群众合唱比赛、交响合唱晚会、专场音乐会、书画艺术精品展等系列活动，深受群众喜爱。省博物馆系统推进改革，文创开发成效明显。省文物考古研究所主持的澧县鸡叫城遗址考古取得重大发现。省文物保护利用中心扎实做好文物保护项目评估、预审等工作。省艺术研究院在剧本创作、文艺评论等方面力度得到加强。省花鼓戏保护传承中心成立中国戏曲学院教学实践基地。省湘剧院新创剧目《忠诚之路》赢得普遍赞誉。省木偶皮影艺术保护传承中心推出大型木偶剧《大禹治水》等作品。省京剧保护传承中心以京剧《向警予》一举摘得第30届“梅花表演奖”。省文化艺术中心较好完成本中心概念方案设计等工作。厅艺术幼儿园办园水平持续得到新提升。省文化和旅游质量（投诉）服务中心处理各类投诉工作有力有效。厅宣传信息中心高效完成湖南省文化和旅游厅指挥中心建设等重点任务。厅导游服务中心新班子到位后焕发新活力。

二 2022年展望

（一）围绕迎接宣传贯彻党的二十大这一主线，谋划实施好各项宣传展示和学习贯彻工作

组织好主题性文艺创作和演出演播、展览展示等活动。精心组织迎接党的二十大主题文艺创作，实施新时代现实题材创作工程，聚焦反映和讴歌新时代新征程，推出一批优秀舞台艺术、书法和美术作品，组织一批高水平演出演播、展览展示活动，热情礼赞一百年来党带领人民走过的辉煌历程、取得的伟大成就、铸就的精神谱系。

组织好党的二十大精神学习宣传贯彻工作。党的二十大召开后，要及时举办各类学习班、培训班，用好所属刊物、网站、新媒体工具，用好文化和旅游场所等载体阵地，全方位、多渠道做好党的二十大精神学习宣传阐释工作。

组织好围绕中心、服务大局各项工作。推动文化和旅游工作更好地服务于共建“一带一路”倡议和乡村振兴、中部崛起战略、长江经济带建设、长株潭城市群建设等国家重大战略。推进长征、长江国家文化公园（湖南段）建设。继续做好对口支援和定点帮扶工作。

深入开展文化和旅游市场系列专项整治行动。针对网络动漫、音乐、表演等重点领域的突出问题，开展互联网文化、演出等市场集中执法检查。重点开展未经许可经营旅行社业务和“不合理低价游”专项整治行动、文化和旅游经营场所现场检查巡查等工作。

着力守牢安全发展底线。毫不放松落实疫情防控要求，科学精准扎实做好疫情防控工作，落实好各类设施、场所、活动等防控措施，完善跨省旅游“熔断”机制、旅游热点防疫预报机制，推动“限量、预约、错峰”常态化，防止疫情通过文化和旅游活动传播扩散。始终把安全生产责任扛在肩上、把安全生产工作抓在手上，紧盯重要时间节点，紧盯重点场所、重点领

域、重点环节，深入排查安全隐患，遏制安全事故发生。举行全省文化和旅游安全生产和疫情防控应急演练。积极推进文化旅游安全监管平台建设。深入落实意识形态工作责任制，筑牢意识形态安全防线，守土有责、守土尽责、守土负责，强化监管和防范，增强突发事件应对和舆情处置能力，确保安全稳定。

（二）深入贯彻习近平总书记关于文艺工作的重要讲话精神，抓好艺术精品创作生产

加强创作规划引领。研究出台《湖南省艺术创作三年规划（2022—2024）》，全面系统规划全省未来三年的艺术创作工作。坚持现实题材与历史题材、大戏与小戏、创作与演出、戏曲与书画“四个并重”。持续实施文艺创作精品工程，切实加大音乐舞蹈、美术及文学创作类项目扶持力度。抓好文艺评论。建立健全艺术创作量化考核、表彰奖励、人才培养等机制，形成不断出精品、出人才、出效益的生动局面。

着力推出精品力作。围绕迎接宣传贯彻党的二十大这一主线，做好主题性文艺创作、演出演播、展示展览等工作。围绕乡村振兴等题材开展主题创作，实施大型舞台剧目精品创作扶持工程，创作一批优秀的“三小作品”。围绕演艺惠民，促进艺术与旅游融合，推出一批剧场沉浸式演艺示范项目，继续实施“送戏曲进万村、送书画进万家”“戏曲进校园”等惠民活动。

全力备战第十三届中国艺术节。从近年来新创作的优秀剧目和作品中遴选一批优秀文艺作品，进行精细打磨提升，全力冲刺全国文华大奖和群星奖。

加强行风艺德建设。引导广大文化文艺工作者坚持弘扬正道，坚守艺术理想，追求德艺双馨，坚决抵制庸俗、低俗、媚俗，坚决不能搞光怪陆离、荒腔走板的东西，坚决不能成为不良风气的制造者、跟风者、鼓吹者。心怀对艺术的敬畏之心和对专业的赤诚之心，营造自尊自爱、互学互鉴、天朗气清的行业风气。

（三）突出为民惠民，推动公共文旅服务补短板提效能

加快公共文化设施补短板强弱项。省级层面，推动在长株潭核心区域建设湖南图书馆新馆等一批文化标志性工程，举办2022年湖南省公共服务领域高质量发展工作会议，承办全国公共文化产品和服务采购大会暨全国文化馆年会。地市、县级层面，重点支持公共文化场馆的达标建设和创意性改造。乡村层面，深入推进乡村公共文化服务“门前十小”示范工程，评选和推广一批“最美潇湘文化阵地”。充分发挥文化建设在乡村振兴中的作用。

加快城乡公共文化服务一体建设。优化布局基层公共文化服务网络，推动优质公共文化服务向基层延伸。推动基层公共文化机构与新时代文明实践中心建设协调发展。以国家级、省级民间文化艺术之乡为基础，培育具有湖湘文化基因的文化特色村。持续推动全省公共数字文化建设，让数字文化进入千家万户。深入开展“欢乐潇湘”“到群众最需要的地方去”等文化惠民服务品牌项目。

加快提升旅游公共服务体系。新建或改扩建一批示范性旅游服务中心；推进旅游厕所建设，注重科学设置男女厕位比，完善旅游公共服务配套设施和功能。补齐4A级以上旅游景区和省级旅游度假区基础设施短板，支持景区提升环保、安全、无障碍设施等公共服务设施。加强与交通部门的对接，积极推动旅游公路建设，评选最美旅游公路。

（四）认真落实中央关于文化遗产保护利用的新部署，推动文物和非遗工作再上新台阶

推进“两馆一园一体系”建设。即逐步建好湖南“没有围墙的革命历史博物馆”、湖南省博物馆力争创建世界一流博物馆、推进长征国家文化公园（湖南段）和湖湘历史文化遗产保护传承体系建设工作，谋划长江国家文化公园建设前期调查研究项目。

坚守文物安全底线。聚焦文物安全“三大风险”，严查文物法人违法案件，持续开展打击文物犯罪专项行动，组织实施“文物火灾隐患整治和消

防能力提升三年行动”攻坚战。大力推进文物平安工程建设，改造和提升全国重点文物保护单位和省级文物保护单位文物安全防护设施，扎实开展文物消防安全管理标准化调研工作，探索制定文物消防安全管理地方标准。落实国家文物局督察专员试点工作。

多措并举让文物“活”起来。大力实施红色基因传承工程，修缮展示各类革命文物，深入提炼与湖南密切相关的革命精神，广大文旅和文物工作者要做红色基因的坚定传承者、红色故事的精彩讲述者、红色精神的生动诠释者、红色文化的忠实传播者。深化文物保护单位、文博单位与旅游融合发展，推出一批文物旅游线路与文物保护利用创新发展案例。

推进考古强省建设。深入学习贯彻落实习近平总书记“9·28”重要讲话以及致仰韶文化发现和中国现代考古学诞生100周年贺信精神。大力参与实施“中华文明起源与早期发展综合研究”和“考古中国”重大项目。充实和加强全省文物保护和考古工作队伍力量。扎实推进“气化湖南工程”、长赣铁路、邵永铁路等重点工程中的文物保护和考古工作。加强大遗址和国家考古遗址公园保护建设工作。推进科技考古与多学科联合考古工作，提高国际考古合作的能力与水平，为建设中国特色、中国风格、中国气派的考古学贡献湖南力量。

加大非遗名录保护体系和文化生态保护区建设力度。组织开展第六批国家级非遗代表性传承人和第六批省级非遗代表性传承人申报认定工作，探索制定省级非遗项目和传承人认定和管理办法。持续加强武陵山区（湘西）土家族苗族文化生态保护区和3个省级文化生态保护区建设，全力推进怀化市侗族苗族国家级文化生态保护区申报工作。

加强非遗传承实践能力建设。继续实施非遗记录工程。大力推动湖湘传统工艺和曲艺振兴，培育具有湖湘特色的传统工艺知名品牌和一批能工巧匠，打造一批曲艺传承阵地。将非遗保护传承与乡村振兴、城市建设相结合，建设非遗特色村镇、街区、工坊，打造一批非遗旅游示范点。推动非遗产品创造性转化、创新性发展，让非遗更好融入现代生活。办好非遗过大年、湖南非遗购物节、传统工艺博览会等重大非遗活动。

（五）贯彻全面从严治党要求，进一步加强省文旅厅系统党的建设

严格落实全面从严治党主体责任。层层压实“一把手”抓党建的责任，推动落实党建工作责任清单。巩固拓展党史学习教育成果，推动学习教育常态化，建立“我为群众办实事”长效机制。完善党建述职评议考核制度，探索党建和业务联动式评价机制。提高党组织生活质量，严格落实“三会一课”、主题党日活动、民主评议党员、党性体检等组织生活制度，不断推进组织生活内容和形式的创新。注重“抓两头、带中间”，持续开展星级党支部评比活动。

持之以恒正风肃纪。坚持一体推进不敢腐、不能腐、不想腐，突出监督重点，紧盯重大项目、重大经费、重要工作和职称评定、干部考核，深化和持续开展系统内部巡察，加大惩的力度，巩固严的氛围。完善深化运用“四种形态”工作机制，推进党风廉政教育常态化。坚持深入纠“四风”树新风，不断培土加固中央八项规定精神的堤坝，大力转变干部作风，积极营造让想干事的有机会、让能干事的有平台、让干成事的有激励的良好机制，构建敢于担当、干事创业、科学作为的良好政治生态。

B.11
2021年湖南卫生健康事业发展情况及2022年展望

李小松*

摘　要： 湖南省卫生健康系统全面贯彻党的十九大和十九届历次全会、省第十二次党代会、全国卫生健康工作会议精神，坚持稳中求进工作总基调，完整、准确、全面贯彻新发展理念，坚持以人民为中心的发展思想，落实“三高四新”战略定位和使命任务，把新冠肺炎疫情防控作为重中之重，统筹推进卫生健康各项工作，奋力推动全省卫生健康事业高质量发展，以优异成绩迎接党的二十大胜利召开。

关键词： 高质量发展　疫情防控　深化医改　健康湖南

2021年，在省委省政府的坚强领导下，全省卫生健康系统始终坚持以习近平新时代中国特色社会主义思想为指导，深入贯彻落实习近平总书记关于卫生健康和疫情防控工作的重要指示批示精神，深刻领会“两个确立”的决定性意义，增强“四个意识”、坚定“四个自信”、做到“两个维护”，坚持以人民为中心，突出高质量发展主题，攻坚克难、主动作为，抓紧抓牢抓细疫情防控，统筹推进卫生健康重点工作，全力护佑人民健康，实现了“十四五”良好开局。

---

* 李小松，湖南省卫生健康委党组书记、主任。

一　民生领域改革发展情况

（一）慎终如始守底线，疫情防控彰显新作为

坚决贯彻党中央国务院和省委省政府的决策部署，始终保持应急机制激活状态，落实“动态清零”总方针，有效应对处置了输入性本土疫情，做到了以最快的速度、最短的时间、最小的代价取得最好的结果。为省第十二次党代会、全省“两会”、中非经贸博览会等70余次重大活动顺利召开和全省经济社会发展创造了安全稳定的环境，得到省委省政府领导和有关方面的高度肯定。稳妥有序推进新冠病毒疫苗接种工作。建立健全疫苗接种日通报、日调度机制，按进度要求完成接种目标任务。高峰时期，全省设置2994个接种单位、9898个接种台，参与医务人员近7万人，日最高接种量为137.75万剂次。不断加强应急处突能力。加强流调队伍、检测能力、转运隔离等方面的规范化建设和储备，对269家发热门诊、103家定点医院和2122家集中隔离点进行台账式管理，全省医疗卫生机构、移动检测车、省级机动队和方舱实验室的日极限检测能力达163.64万管。

（二）着眼长远促发展，健康湖南建设开创新局面

省委省政府审议印发《健康湖南“十四五”建设规划》，精心擘画卫生健康事业宏伟蓝图。健康湖南行动持续推进，2019~2020年度考核的重点任务完成情况居全国前列。“互联网+医疗健康”快速发展，建成互联网医院45家。深入开展爱国卫生运动，9个城市、6个县分别通过国家卫生城市和国家卫生县城复审。无烟党政机关、无烟医疗卫生机构等无烟环境建设成效明显。全面普及健康知识，全省居民健康素养水平较2020年提高了2.5个百分点。投入保障力度加大，全省公立医疗卫生机构共获得各级财政补助350.45亿元。医院法治建设走在全国前列，工作经验在全国卫生健康系统法治工作会上推介。强化科技创新引领，医疗卫生机构获省自然科学奖的数

量逐年增长。建立生物安全风险防范机制，出台了《湖南省贯彻〈中华人民共和国生物安全法〉实施方案》。综合监管和食品安全工作全面加强，省卫生健康委环境污染防治攻坚战工作在省政府考核中获评先进，食品安全工作在省食安委年度考核中取得历史最好成绩。国际交流取得新成果，成功打造了南部非洲第一个中医针灸中心，湖南省银黄清肺胶囊成为非洲大陆首个注册上市的中成药。

（三）持续发力抓改革，深化医改迈出新步伐

一是积极推进公立医院综合改革。深入学习推广三明医改经验，医改组织领导和“医疗、医保、医药”联动机制进一步加强。出台《湖南省推动公立医院高质量发展实施方案》，大力推进公立医院高质量发展，湘雅医院成为国家首批高质量发展试点医院，湘潭市成为国家第二批公立医院综合改革示范城市。全面落实公立医院党委领导下的院长负责制，273 家公立医院纳入公立医院薪酬制度改革试点范围，年人均薪酬较试点前增幅约为 10%。积极推动建立公立医院人员编制动态核增机制，16 家省属公立医院核增编制 4429 名，编制总量增长 28%。医疗卫生机构高级岗位比例提高 10~21 个百分点，全省高级职称增加 4 万余个。公立医院综合改革连续 5 年获国务院真抓实干表彰激励。实施短缺药品清单动态管理制度。稳步推进处方流转与监管。建立中南六省药品临床综合评价协作机制。二是着力培育优质医疗服务资源。成功签订委省共建国家医学中心和国家区域医疗中心协议，“1+1+10”的委省共建模式取得实质性进展。积极争取了国家发改委牵头实施的国家医学中心建设项目。全面启动新一轮省级临床重点专科建设，不断健全医疗服务全过程监管体系，完善行政执法委托机制，依托信息化手段创新监管方式，职业卫生监督执法工作综合指标排全国第 5。三是巩固夯实基层服务网底。基本公共卫生服务扎实有效，湖南省综合成绩在国家基本公共卫生服务项目绩效考核中居全国前列（第五名）。推进紧密型县域医共体建设，组建各种形式医联体 725 个。推进 20 个县市区紧密型县域医共体建设试点，试点县域内住院人次占比、县域内就诊率等监测指标高于全国均值。组织开

展优质服务基层行活动、高中起点单独招生乡村医生培养、基层医疗卫生机构本土化专科层次人才培养等工作，不断加大基层本土化人才培养力度。大力实施乡镇卫生院业务用房修缮项目建设，为基层医疗机构配备紧缺设施设备。推动防、治、康、管协同，高血压患者规范管理率达68.8%，糖尿病患者规范管理率达68.5%。四是推动中医药传承创新发展。积极争取省委省政府重视支持，推动建立省中医药工作联席会议制度，推动省委省政府首次将中医药工作纳入对市州党委、政府绩效考核内容。成功创建国家中医药综合改革示范区，全力推动中医药高质量发展。

（四）用心用情惠民生，群众健康福祉有了新提升

一是重点民生实事项目如期完成。完成45个市县疾控中心标准化建设项目。圆满完成100万农村和城镇低保适龄妇女“两癌”免费检查、40万孕产妇免费产前筛查的目标任务。中医药服务基层全覆盖项目完成率100%。新建386个社区卫生服务中心和建制乡镇卫生院中医馆，群众看中医更方便、用中药更放心。二是“一老一小”健康服务体系逐步完善。积极应对人口老龄化，联合8部门印发《湖南省建立完善老年健康服务体系实施方案》，明确全省老年健康服务体系建设发展方向。老年健康支撑体系不断健全，建成16家省级“安宁疗护标准病房”，124家医疗机构被评为“省级老年友善医疗机构”。开展全国婴幼儿照护服务示范城市创建活动，实施第三批普惠托育服务专项行动，全省新增5000个普惠托位。妇幼健康水平持续提升，核心指标再创佳绩。推动完成《湖南省人口与计划生育条例》修订，出台育儿假、独生子女护理假等一系列配套和保障措施。全面优化生育登记服务流程，推进网上生育登记证办理。强化人口实时监测，开展人口形势研判，为生育政策调整提供支持。三是重点人群健康保障不断加强。争取财政资金5000万元，实施无责任主体农民工尘肺病基本医疗救治救助行动。开展营养与健康学校建设试点，在中小学推进“护苗”行动。各级财政共安排计划生育家庭农村奖扶、计生特扶、城镇奖励独生子女保健费26.95亿元。妇幼健康指标达到历年来最好水平。维护职

业健康，继续实施农民工尘肺病基本医疗救治救助民生项目。各级计生协广泛开展生育关怀、住院护理补贴、健康保险、青春健康教育、家庭健康促进等民生项目和关爱活动，筹措2.16亿元的资金及物资，帮扶慰问计生群众300多万人次。四是卫生应急始终有力有效。全力做好宁乡高新区邦普循环科技有限公司爆炸事故、衡阳市祁东县交通事故等突发事件紧急医疗救援和突发公共卫生事件处置工作，尽最大努力减少了人员伤亡。五是全力守护人民群众“舌尖上的健康”。成功获批国家中部地区区域性营养创新平台建设项目，健康中国行动之合理膳食行动工作经验得到国家卫生健康委的高度肯定。

（五）优化资源强能力，医疗卫生服务展现新面貌

湖南省政府与国家卫生健康委签订委省共建国家医学中心和国家区域医疗中心协议，明确了“1+1+10”委省共建项目，自评达标率超过70%，20余项技术填补湖南省空白。启动中南大学湘雅医院新院区建设，创建综合类国家医学中心。一是基层服务网底进一步夯实。出台了《关于促进基层卫生健康事业高质量发展的意见》。巩固拓展健康扶贫成果与乡村振兴有效衔接，保持现有健康扶贫帮扶政策基本稳定。在全国基本公共卫生服务项目绩效考核中，湖南省成绩位列全国第5、中部第1。将村卫生室运行经费6000元/（个·年）纳入省财政常规预算，多措并举保障乡村医生合理待遇。二是中医药赢得重大发展机遇。成功获批建设国家中医药综合改革示范区。出台了《湖南省“十四五”中医药发展规划》。中医特色重点医院和人才队伍建设等一批项目和改革举措陆续落地见效。三是群众就医服务体验不断改善。在大型三级医院推行“日间手术”“预住院”管理等模式，平均住院日持续降低。全省所有三级医院实现“电子健康卡一卡通”，电子健康卡注册人数占常住人口比例以及在医疗机构的使用人次数均居全国第1。全省三级医院门诊患者满意度居全国第4、住院患者满意度居全国第8、医院员工满意度居全国第1。

二　存在的问题和困难

当前，新冠肺炎疫情仍然是最大的不确定因素，抓好疫情防控仍然是头等大事和首要任务。与此同时，湖南省卫生健康事业发展总体上还没有完全适应社会主要矛盾的变化，集中体现在新冠肺炎疫情仍然是最大的不确定因素，卫生健康事业发展不平衡、不充分的矛盾还比较突出，深化医改形势任务紧迫，医疗服务质量、安全生产、网络信息安全等风险防范压力较大等。对此，必须增强紧迫感，坚持问题导向，拿出实际举措，认真加以解决。

三　下一步工作打算

2022 年是党的二十大召开之年，是实施健康湖南“十四五”建设规划的关键之年。总体工作要求是：以习近平新时代中国特色社会主义思想为指导，深刻领会“两个确立”的决定性意义，增强“四个意识”、坚定“四个自信”、做到“两个维护”，全面贯彻党的十九大和十九届历次全会、省第十二次党代会、全国卫生健康工作会议精神，坚持稳中求进工作总基调，完整、准确、全面贯彻新发展理念，坚持以人民为中心的发展思想，落实“三高四新”战略定位和使命任务，把新冠肺炎疫情防控作为重中之重，统筹推进卫生健康各项工作，奋力推动全省卫生健康事业高质量发展，以优异成绩迎接党的二十大胜利召开。

（一）毫不放松抓好疫情防控

时刻绷紧疫情防控这根弦，毫不松懈抓好疫情防控工作。坚持平急结合，严格落实“外防输入、内防反弹”的防控策略，做到常态化精准防控和局部应急处置有机结合、各级防控指挥体系保持激活状态。大力弘扬伟大抗疫精神，坚持“抓早、抓小、抓基础”，进一步发挥流调和监督队伍作用，以更高水平、更高效率、更低层级、更小成本、更短时间实现疫情防控最好结果。

（二）加快推进健康湖南行动

建立健全监测评估工作机制，持续推进健康湖南行动。深入开展老年健康、妇幼健康促进等15个专项行动，推动以治病为中心向以人民健康为中心转变。持续深化健康科普宣传，探索建立医疗卫生机构和医务人员开展健康促进与教育的激励约束机制。实施健康素养促进项目。完善重大疾病防控策略，切实做好突发急性传染病防控工作。健全重点慢性病早期筛查干预长效机制。持续推进职业病危害专项治理，强化尘肺病监测、诊断、康复规范化管理。广泛开展控烟宣传，推进无烟学校及无烟家庭建设。深入推进爱国卫生工作，持续开展倡导文明健康绿色环保生活方式活动，推进卫生城镇创建和健康城市建设。

（三）切实抓好深化医改工作

以借鉴三明医改经验为重点，推动各级各相关部门统筹联动、真抓实干，加快推动各项配套政策措施落地见效。以完善现代医院管理制度为目标，大力推进公立医院高质量发展。规范发展“互联网+医疗健康”，促进省域内优质医疗资源扩容下沉，推动分级诊疗制度加快落实。开展基层卫生综合改革进展常态化监测，进一步强基层、补短板、提能力。加强医疗卫生行业综合监管长效机制建设，加快卫生健康监督执法信息化建设进程，构建“双随机+在线监督+机构自治”新机制。

（四）改革完善疾控体系

根据国家卫生健康委和国家疾控局改革方案，按照省委改革办的统一部署，积极推进湖南省疾控体系改革，筑牢公共卫生安全防护网。以改革为契机，健全疾控网络、管理体系和运行机制，完善省、市、县三级疾控机构功能定位，全面提升疾控机构的预警、流调、病原体快速鉴定和溯源等核心能力。推进公立医疗机构设立公共卫生科等直接从事疾病预防控制的科室，探索医疗机构设立专兼职疾病预防控制监督员。推进传染病智慧化多点触发监测预警平台建设。

（五）加强医疗卫生服务能力

编制出台《湖南省“十四五”医疗卫生服务体系规划》，科学配置医疗卫生资源。建立完善卫生健康领域“十四五”重大项目库，积极争取中央预算内投资。加快“1+1+10”委省共建国家医学中心与国家区域医疗中心建设。推进一批优质医疗资源扩容下沉项目建设，打造综合性省级区域医疗中心。建立健全分级分层分流的重大疫情救治体系，建设“互联网+医疗急救”一体化信息平台，积极推动构建覆盖全省、规范高效的医疗急救网络。坚持以基层为重点，全面提升县域综合服务能力。持续推进紧密型县域医共体试点，实施县医院综合能力提升“千县工程”和县级医院“强边、强基、强链”计划。实施基层医疗卫生机构能力提升项目，持续开展“优质服务基层行”活动。

（六）切实增强人民群众的健康福祉

高度重视“一老一小”等重点群体健康保障。深入推进医养结合，实施社区医养结合能力提升项目，推进城企联动普惠养老专项行动、安宁疗护试点。持续开展老年友善医疗机构建设。加强人口监测和形势研判，推动三孩生育政策及配套支持措施落地见效。开展国家婴幼儿照护服务示范城市创建活动，增强家庭照护能力，统筹推进养老托育服务健康发展。加强妇幼健康服务能力建设，加强出生缺陷综合防治，坚决守住母婴安全和出生缺陷底线，提高优生优育服务水平。

（七）加快推进中医药传承发展

以建设国家中医药综合改革示范区为契机，全面推进“十四五”中医药发展规划实施，推动中医药体制机制改革，加快推进中医药服务提质、科技创新等“五大工程”和实施基层惠民、中西医协同等“四项行动”，争取创出特色、创出成果。实施中医药振兴发展重大工程，加强中医优势专科和中医特色诊疗中心建设，聚焦重大疑难疾病，深化中西医临床协同攻关，建设融预防保健、疾病治疗和康复于一体的中医药服务体系，提升中医药服务能力和中药材保护利用水平，全面促进中医药事业和产业高质量发展。

（八）推进计生协改革发展

充分发挥计生协在社会治理和人口长期均衡发展中的重要作用，做好宣传教育、生殖健康咨询服务、优生优育指导、计生家庭帮扶、权益维护、家庭健康促进等重点工作。扎实做好生育关怀，深入开展“暖心行动”。

（九）统筹做好各项重点工作

全面推进预算管理，积极探索建立符合卫生健康事业发展要求的财政保障机制和管理运行机制。加强法治政府建设，持续推进卫生健康“放管服”改革，打造医院法治建设“湖南模式”。实施新一轮卫生健康高层次人才工程项目，为全省卫生健康事业高质量发展提供有力的人才支撑。加强科技创新和生物安全工作，确保实验室生物安全“零事故”。加快食品安全地方标准和食药物质试点建设，建立健全食品安全风险评估工作制度，积极打造营养食品的产、学、研、贸高地。深入开展迎接党的二十大重大主题宣传，加强卫生健康新闻宣传与舆论引导工作，弘扬正能量，传递湖湘卫生健康“好声音”。

（十）切实加强党的建设

持续深化“三表率一模范”机关建设。切实加强公立医院党的建设，推动全省各级公立医院全面落实和执行公立医院党委领导下的院长负责制。坚持全面从严治党，认真贯彻落实中央八项规定及其实施细则精神的实施意见，驰而不息纠“四风”。积极开展清廉医院建设，健全纠正行业不正之风联席会议机制，落实“九项准则”，严厉打击收受“红包”回扣、欺诈骗保、“黑救护车”等违法违规行为，坚定不移地将党风廉政建设和反腐败斗争进行到底，弘扬崇高职业精神。

B.12
2021年湖南应急管理事业改革发展情况及2022年展望

李大剑*

摘 要： 2021年湖南应急管理部门忠诚担当、砥砺前行，成为各级党委政府和人民群众放得心信得过、关键时刻靠得住的重要部门和重要力量，全省安全生产“稳”的态势不断巩固、灾害防治“统”的成效日渐彰显、应急基础能力“进”的步伐持续加快，特别是半个多世纪来实现首次年度重特大事故“清零”的历史性突破，极大提振了全系统的精气神，树立了应急管理部门敢于担当、能够负责的新形象。

关键词： 应急管理　安全生产　防灾减灾

应急管理是国家治理体系和治理能力的重要组成部分，承担防范化解重大安全风险、及时应对处置各类灾害事故的重要职责，担负保护人民群众生命财产安全和维护社会稳定的重要使命。2021年既是“十四五”的开局之年，也是党和国家历史上具有里程碑意义的一年，更是湖南应急管理工作取得重大历史性突破的一年。

一　2021年改革发展情况

面对大疫之后安全风险明显加大和极端天气灾害增多增强的双重压力，

* 李大剑，湖南省应急管理厅党委书记、厅长。

湖南应急管理系统坚持以习近平新时代中国特色社会主义思想为指导，坚决贯彻落实习近平总书记关于应急管理重要指示批示精神和省委省政府决策部署，以建党百年大庆安全稳定为主线，锚定“三坚决两确保”目标，着力防范化解安全风险，应急管理工作迈出了新步伐、取得了新成效、见到了新气象，向党和人民交上了一份满意答卷。2021 年全省生产安全事故起数、死亡人数同比分别下降 5.72%、4.53%，杜绝了重特大事故，实现了自 1967 年有完整事故统计数据以来首次年度重特大事故“零发生”；全省自然灾害受灾人口、因灾死亡失踪人口、倒塌房屋数量和直接经济损失与近五年均值相比，分别下降 44.81%、87.12%、77.94%、67.91%；因洪涝灾害死亡 6 人，为新中国成立以来湖南省历史最少。

（一）主要工作

1. 坚持党的领导，思想武装得到新加强

围绕习近平总书记重要指示精神和省委省政府决策部署，坚持党委会议“第一议题”学习制度，深入开展理论学习中心组专题研讨，推动应急系统上下学深悟透，不断提高政治领悟力、政治判断力、政治执行力。组织各级各部门集中观看《生命重于泰山》《不可逾越的红线》安全警示片，结合市州、县市区换届印发《领导干部安全生产工作手册》，以集中宣讲的形式，会同省委宣传部宣讲团赴市县开展宣传解读。持续开展典型事故和违法行为通报曝光，“人民至上、生命至上”的理念更加深入人心。

2. 坚持深化改革，机制优势得到新体现

探索建立“四立四推”（立足“综合防、协同抗、主导救、统筹助”，推动相关部门“具体防、为主抗、支撑救、分工助”）工作模式，“统一指挥、专常兼备、反应灵敏、上下联动”应急管理新体制新机制得到了实践检验。省安委会及专委会、减灾委、省防指、省森防指等议事协调机构调整到位，持续完善工作规则及办事规程，进一步增强应急管理系统性、整体性、协同性。创新推动高火险期森防办实体化运行，取得积极成效。依法厘清新行业、新领域、新业态的安全监管职责，科学调整内设机构职能，责任

链条更加清晰紧密。

3. 坚持标本兼治，安全生产取得新突破

以“三年行动”为统领，抓住“打非治违”牛鼻子，深化“强执法防事故”，建立举报奖励机制，坚决惩治非法违法行为；紧盯煤矿、非煤矿山实行“解剖式”执法，构建双重预防机制，铁腕实施“四关闭一到位”，关闭煤矿 25 处、非煤矿山 135 家；推进烟花爆竹转型升级集中区建设，关退烟花爆竹生产企业 201 家、工区 112 个；统筹推动道路交通、农村自建房、城镇燃气领域顽瘴痼疾专项整治取得实效。集中推进岁末年初百日大会战，推动目标任务和问题隐患“双清零”。提请省委将安全生产纳入政治巡视，通过从严治党推动从严治安。强化安全生产专项巡查，对事故多发的市县和单位集中约谈。统筹抓好非生产安全，紧盯学生防溺水、小火亡人和一氧化碳中毒窒息等事故易发多发领域，加强宣传教育，采取“敲门行动”等针对性措施，筑牢人民安全防线。

4. 坚持预防在先，防灾减灾取得新胜利

牵头抓总灾害防御，推动各涉灾部门高频联动，通过报请党政决策指挥、靶向短临预警、递进会商研判、开展点对点精准调度和督查督导，有效形成“大应急”格局，新体制新机制优势得到彰显。成功迎战 24 轮强降雨，成功避让地质灾害 237 起、避险 3847 人，没有重大人员伤亡和重大工程险情，最大程度降低了人员伤亡和财产损失，抗旱工作有力有效，国家防总充分认可。紧盯秋冬、春防等重点时段和元宵、清明、端午、国庆等重要节点，组织省森防指有关成员单位开展明察暗访，森林未发生重大火灾，为有记录以来最好成绩。完成 1424 户倒房重建，及时发放 2. 8 亿元救灾救助资金、近 2. 2 万件（套）救灾物资，坚决防止因灾返贫，助力灾区群众生产生活迅速恢复。

5. 坚持实战牵引，应急能力得到新提升

持续推进“1+2+10”预案体系建设，修订发布 10 个专项应急预案，推动各市州完成 120 个自然灾害和安全生产类预案修编，实现预案覆盖全面化、制定科学化、启动程序化、管理数字化。建成了由综合救援、专业救援和社会救援 3 类 371 支队伍组成的应急救援力量体系，完成军地联动抢险救灾预案修订和部署。推进长株潭一体化应急处置协调联动，参与中南区域应急救援联动工作机制建设。首批 300 人的应急（消防）救援机动支队正式组建并到岗履职，在驰援河南抗洪抢险中展现“湘军力量”，在张家界疫情防控中发挥突击作用。投入 1.05 亿元加强衡阳、益阳、怀化区域应急救援中心装备物资配备。推进航空应急救援体系建设，在全国率先实现“直升机+无人机+固定翼”服务力量配置。成功举办“1·19”“9·26”森林火灾应急实战演练、“12·17”低温雨雪冰冻灾害应急演练、第三届湖南省应急救援技能竞赛，全方位锻炼队伍、提升战力。

6. 坚持综合施策，基础建设取得新进展

发布《湖南省“十四五”应急体系建设规划》《湖南省综合防灾减灾规划（2021-2025 年）》，打基层、谋长远。自然灾害防治重点工程财政累计投入 300.81 亿元，其中自然灾害综合风险普查总体进度处于全国前列，益阳应急救援中心完成场馆基础建设。以“战时能指挥、急时能预警、平时能宣教、随时能组织”为目标，应急指挥五级联动系统成功试点。“电力+企业安全生产”监测预警平台、“一单四制”隐患排查系统、机关效能管理系统、应急管理综合应用平台等开发上线，危化、烟花爆竹、煤矿、尾矿库风险监测预警系统作用凸显，数字赋能大步迈进。出台应急管理综合行政执法改革方案，创新提出“局队合一”湖南模式。铁腕整治安全评价机构执业行为，积极推动安责险扩面。持续推进安全宣传“五进”，应急管理融媒体中心完成硬件建设。1584 个乡镇（街道）达到“六有”应急能力建设标准，新增综合减灾示范社区国家级 35 个、省级 50 个，新增省级安全发展示范县 1 个、示范乡镇（街道）40 个。

7. 坚持从严治队，自身建设得到新强化

忠诚践行总书记训词精神，常态化开展党史学习教育，淬炼“听党指挥铸铁军、较真碰硬敢斗争、雷厉风行提效能、清正务实保民安”的严实作风。严明党的政治纪律和政治规矩，初步形成应急管理系统条块结合、上下贯通的干部双重管理体系。完善机关内部管控制度，完善廉政风险清单，用制度管权管人管事，不断实现队伍自我净化和提升。坚持激励与约束并重，推行“一线工作法”“点线面”工作法，评选表彰了一批典型执法案例和执法能手。深入开展向陈建同志学习、向全国应急管理系统先进模范学习活动，组织“最美应急人”演讲比赛，制定真抓实干激励措施，坚持正确用人导向，形成了创先争优、风清气正的政治生态。

（二）存在的问题和困难

湖南应急管理工作基础弱、底子薄，正处在爬坡期、过坎期和攻坚期，安全形势稳中有忧、稳中有险，特别是保持不发生重大以上事故的基础还不牢固，面临的矛盾问题仍然比较突出：一是风险处于高位，事故灾害易发多发，自然灾害五大灾种、安全生产五大重点领域风险交织叠加，“十面埋伏”长期存在，仍然随时有发生重大灾害事故的可能。二是认识存在偏差，一些地方没有完整准确全面贯彻新发展理念，安全红线意识树得不牢，一些行业部门“三管三必须”不够落实，企业和从业人员普遍存在重效益、轻安全的问题。三是改革有待落实，个别地区对中央和省委的改革部署理解不透、把握不准、贯彻不坚决，徘徊不前、左顾右盼，甚至改革后变形走样更加不顺不畅。四是法治尚不健全，应急管理立法立标立规滞后于体制改革，新《安全生产法》执行难度大，非法违法成本低、法治不彰的短板明显。五是能力亟须提升，监测预警、监管执法、辅助指挥、救援实战、社会动员能力有待提高，科技人才综合性支撑性保障不足。

二　2022年工作展望

2022 年即将召开党的二十大，这是党和国家政治生活中的一件大事，做好应急管理工作、确保安全稳定至关重要。湖南应急管理系统将以“踏平坎坷成大道、斗罢艰险又出发”的姿态，以“披荆斩棘、愚公移山”的精神，以“只争朝夕、时不我待”的状态，再创佳绩、续写辉煌。

（一）总体思路及目标

2022年全省应急管理工作的总体思路是：以习近平新时代中国特色社会主义思想为指导，认真落实党中央、国务院和省委、省政府决策部署，坚持稳字当头、稳中求进，坚持人民至上、生命至上，坚持统筹发展和安全，坚持高效协同共享原则，坚持技术和制度创新双轮驱动，落实“四最”要求，突出“五强”举措，全力防范化解重大安全风险，持续提升自然灾害防治水平，加快推进应急管理体系和能力现代化，努力实现更高质量的安全发展，为全面落实“三高四新”战略定位和使命任务、建设社会主义现代化新湖南提供坚强的安全保障，以优异的成绩为党的二十大献礼。工作目标是：“三坚决两确保”，即坚决杜绝重特大事故，坚决遏制较大事故，坚决防范自然灾害导致重大人员伤亡；确保安全事故总量持续下降，确保防灾减灾形势稳定向好。

（二）重点工作

一是强理念、明方向。深学细悟笃行习近平总书记新时代中国特色社会主义思想，从中感悟领袖思想伟力，武装头脑、指导实践、推动工作；深刻领会习近平总书记关于应急管理重要论述和重要指示批示精神，坚决躬行践履，深刻理解精髓要义，转化为推动国家治理体系和治理能力的生动实践；坚定不移沿着习近平总书记指引的方向前进，借威开路，以变求进，提能提效；始终坚持“两个至上”、胸怀“两个大局”，统筹“两件大事”、强化“两个根本”，力戒“两个主义”、做到“两个维护”，既以安全保发展，又以发展促安全。

二是强职责、顺体制。按照“统一指挥、专常兼备、反应灵敏、上下联动”原则，调整完善省突发事件指挥应对领导机构，进一步探索、健全和理顺应急指挥体系和应急联动机制；立足“综合防、协同抗、主导救、统筹助”发挥应急管理部门综合优势，通过“具体防、为主抗、支撑救、分工助”发挥各相关部门专业优势，完善有关预案和机构的工作规则，衔接好“防”与“救”的责任链条；依据“三管三必须”和“管合法也要管非法”的要求，按照业务相近的原则厘清监管职责，堵塞监管漏洞；严格事故灾害调查评估，严肃追责问责，强化警示震慑，总结事故灾害教训，推动工作开展。

三是强法治、硬手段。强化法治思维，坚持依法管理，学好用好新修订的《中华人民共和国安全生产法》和《中华人民共和国突发事件应对管理法》，不断完善应急管理法规体系；深化综合行政执法改革，持续开展“强执法防事故”行动，加强行刑衔接，形成“以执法论英雄、以结果论成败”的鲜明导向；以安全生产专项整治三年行动巩固提升为抓手，强力实施“打非治违”，构建双重预防机制，既狠抓直管的行业领域，又督导有关部门狠抓重点领域隐患排查整治，坚决守住安全生产“基本盘”；统筹防范水旱、地质、气象、林火等自然灾害，持续做好防灾减灾救灾工作。

四是强基层、打基础。要把基层基础建设放在更加突出的位置，着眼“全灾种、大应急”加快转型升级，强化示范创建、提升一线能力，以先进促后进，以创建促安全；强化顶层设计，健全完善基层应急管理指挥、组织、责任和保障体系；全力推进自然灾害防治“九大工程”建设，不断提升防灾减灾能力和应急管理实战能力；强化科技和信息化支撑、推进智慧应急；调动一切积极因素、凝聚一切发展力量，强化群防群治，发动群众、依靠群众，落实安全宣传“五进”，构建最广泛人民防线。

五是强统领、铸铁军。坚持政治统领，努力铸造一支让党和人民始终信得过、靠得住、能放心的应急管理铁军；多措并举提高专业能力，引导优秀人才投身应急管理事业，提升应急救援队伍职业荣誉感、认同感和吸引力；永葆“闯”的精神、“创”的劲头、“干”的作风，以“一线工作法”和“点线面工作法”强化工作落实，保持如履薄冰、如临深渊的警觉，坚决做到“听党指挥铸铁军、较真碰硬敢斗争、雷厉风行提效能、清正务实保民安”。

B.13

2021年湖南市场监管发展情况及2022年展望

向曙光*

摘 要： 2021年，是党和国家历史上具有里程碑意义的一年。湖南省市场监管系统坚持以习近平新时代中国特色社会主义思想为指导，坚决落实省委、省政府工作部署，坚持“五大方向”，坚守“五大要求”，坚定“五大目标”，统筹疫情防控和市场监管，各项工作有力有序推进，“六大行动”完美收官。2022年，湖南省市场监管系统着眼“大市场、大质量、大监管”，聚焦全面落实“三高四新”战略定位和使命任务，加快推进市场监管治理体系和治理能力现代化，为全面建设社会主义现代化新湖南贡献力量，以优异成绩迎接党的二十大胜利召开。

关键词： 市场监管　市场环境　市场秩序　市场安全

一　坚持稳中求进，“十四五”市场监管工作实现良好开局

2021年，是党和国家历史上具有里程碑意义的一年。湖南省市场监管系统坚持以习近平新时代中国特色社会主义思想为指导，坚决落实习近平总书记考察湖南重要讲话指示批示精神和省委、省政府工作部署，坚持市场

* 向曙光，湖南省市场监督管理局党组书记、局长。

化、法治化、国际化、专业化、标准化“五大方向”，坚守服务全局、心系人民、依法监管、改革创新、严守底线“五大要求”，坚定职能大融合、改革大提速、监管大提效、服务大提质、能力大提升“五大目标”，聚焦“六项重点”，开展“六大行动”，八个市场监管“十四五”规划悉数出台，实现了“十四五”良好开局。湖南省商事制度改革连续三年获得国务院真抓实干督查激励，湖南省市场监管局被评为全省安全生产先进单位、平安建设优秀单位，继续保持平安单位称号，成功创建省级文明单位。

（一）聚焦打造内陆地区改革开放高地，开展营商环境优化行动，市场主体迸发新活力

纵深推进“证照分离”全覆盖改革，全省进“前三扇门”事项达146项，比全国版增加26项。扎实推进企业开办标准化规范化试点，落实“一件事一次办”，优化“一网通办”，启动“跨省通办”，探索行政审批“一照通”改革，全省“一网通办”率达25.65%，企业开办时间压缩到1.5个工作日以内。落实省政府与国家市场监管总局签署的自贸区建设战略合作框架协议，市场监管部门47项牵头举措已实施41项，按期完成3项牵头任务、12项牵头举措。2021年，全省新登记市场主体92.09万户，实有市场主体达到546.12万户，同比增长20.28%。

（二）聚焦打造国家重要先进制造业高地，大力开展质量品牌提升行动，产业发展获得新动能

近三年全省质量工作在国务院年度考核中的排位由第27位前移到第9位，进入全国第一方阵。修订《湖南省省长质量奖管理办法》，扎实开展“十百千万”质量管理提升专项行动、上市培育企业计量保障行动，“质量体检进企业”经验获得国家市场监管总局推广，制造业产品质量合格率达93%。隆平高科、铁建重工荣获第四届中国质量奖提名奖。有效注册商标增加到87.07万件，拥有地理标志产品、商标304件（个），在全国率先建成地理标志查询管理系统。质量基础不断夯实，主导或参与制定国际标准9

项、国家标准 210 项，制定地方标准 392 项，新建省级最高社会公用计量标准 11 项，为企业办理 CCC 免办证书 469 张，帮助 50 家小微企业提升质量管理体系认证水平。新增检验检测机构 191 家，加快推进新能源汽车产品、智能网联汽车 2 个国检中心建设。与省科技厅联合建立科市自然科学基金，省花检中心获批国家市场监管重点实验室，省计量院、株洲国创公司获批国家市场监管技术创新中心。湖南省药检院成功获批国家药监局首批化妆品抽样检验复检机构，并被选为化妆品补充检验方法验证单位，标志着湖南省具备了化妆品复检资质。

（三）聚焦打造科技创新高地，开展知识产权促进行动，技术进步增添新成色

全省知识产权综合服务分中心达 40 个，实现市州及国家级、省级重点园区的全覆盖。世界知识产权组织第四批技术与创新支持中心（TISC）落户湘潭，启动实施知识产权强链护链专项行动。全省新获专利授权 87716 件，拥有发明专利 69195 件，每万人口发明专利拥有量达 10.41 件，申请 PCT 专利 720 件，分别增长 22.9%、25.1%、30.13%、25.44%。加强行政保护与司法保护衔接，建立多元化知识产权纠纷化解机制，湖南省成为全国第二批专利侵权纠纷行政裁决示范建设工作试点省份。新获中国专利金奖 2 项、银奖 3 项、优秀奖 23 项，位居全国前列。专利权质押融资登记金额达 45.7 亿元，同比增长 29.1%。

（四）聚焦人民群众“急难愁盼”问题，开展市场秩序规范行动，民生福祉得到新保障

严格公平竞争审查和反垄断执法，省公平竞争审查工作联席会议实现升格，对湘潭等 7 市公平竞争审查制度实施情况进行第三方评估，审查增量文件 5000 余件，修订排除、限制公平竞争文件 84 件，废止 117 件。办结行政垄断案件 11 件，立案查处协议垄断和滥用市场支配地位案件 4 件。全面推进“治理涉企收费、减轻企业负担”专项行动，为企业减负近 10 亿元。查

办价监竞争案件1601件，罚没清退金额1.6亿元。首批创建商业秘密保护示范基地3家、示范企业4个，构建点面结合、政企融合的商业秘密立体保护体系。核发药品经营许可证41家，医疗器械生产许可证90家，核发快速审批通知单1529个，完成2906个化妆品备案产品的资料整理检查工作。深入开展专项执法行动，查办案件5.35万件，罚没9.13亿元，再创历史新高。持续推进“长江禁捕打非断链”专项行动，扎实开展粮食市场秩序专项整治，深入推进常态化扫黑除恶，首创“行纪刑”衔接机制。拟制《湖南省落实网络餐饮平台责任切实维护外卖送餐员权益实施方案》《关于加强市场商品交易行为监管的指导意见》《关于推进湖南省社区团购健康发展的指导意见》等5个指导性文件，检查网站网店11.46万个次，责令整改网站716个次，关闭网站20个次，查处网络侵权售假等案件393件。全面加强信用监管和智慧监管建设，“双随机、一公开”监管平台Ⅱ期建设顺利推进，推行“X+2”抽查监管模式，累计公示经营异常名录企业9.86万家、严重违法失信企业3.28万家，2020年度企业年报公示率达91.31%的新高。完善消费纠纷多元化解机制，推进放心消费环境建设，12315平台和热线接收投诉举报咨询57.22万件，按时办结率99.33%，为消费者挽回损失1.35亿元。

（五）聚焦落实“四个最严”要求，开展市场安全整治行动，安全监管得到新加强

在疫情防控方面，建立“湘冷链”追溯体系，发放溯源码833万余个，监管进口冷链食品6.86万批次，核查处置阳性进口冷链食品24批次。食品安全监管方面，完成食品抽检27.28万批次，达每千人4.1批次。开展食品安全“护源”“护苗”“护老”行动、餐饮质量安全提升行动、国产婴配乳粉提升行动和大米、食盐安全整治行动，守住了老百姓“菜篮子”“米袋子”“油壶子”安全。药品安全监管方面，省政府出台促进生物医药产业创新发展、加强药品监管能力建设等重要文件，审评办结二类医疗器械首次注册申请2408件，有57个品规通过药品一致性评价，保持全国领先地位。办结“药械化”违法案件5200件。特种设备安全监察方面，深入推进市场监

管领域安全生产专项整治三年行动攻坚，大力开展液化石油气瓶和大型游乐设施专项整治，持续深化强执法防事故行动，检查单位5.62万家，下达监察指令书9359份，封停设备3480台（套），立案1579件，全省未发生较大及以上特种设备安全事故。产品质量安全监管方面，完成184种工业产品质量监督抽查任务12862批次，开展12类重点产品质量专项整治，全面推进规范产品合格证工作。实施驻厂加严监管，浏阳烟花完美绽放庆祝建党100年文艺演出。连续三年开展“年关守护”行动，有力地保障了“两节”期间市场安全稳定。

（六）聚焦全系统政治建设，开展高质量党建引领行动，党的建设进入新境界

扎实深入开展党史学习教育，一以贯之推动学史明理、学史崇德、学史增信、学史力行具体化、行动化、实效化。扎实推进全面从严治党，开展廉政风险防控评估，组织处室进行廉政风险评价，开展政治巡察，启动干部队伍作风纪律教育整顿，严肃查处了一批党员干部违规违纪问题，推动“作风建设年”活动不断走向深入。不断加强非公党建工作，培育发展非公经济组织党组织达1.3万个、党员13万名。深化“基层基础年”活动，2021年投入资金1.28亿元，培训一线监管执法人员近5000名。高标准完成事业单位改革试点任务，着力推进法治市监、平安单位、文明单位创建，扎实做好信访维稳、建议提案、老干工会、学会协会等工作，各项事业取得了新成就。

二　强化担当作为，推动市场监管事业加快从基地向高地跃升、从高原向高峰攀登

2022年是党的二十大召开之年。湖南市场监管系统将以习近平新时代中国特色社会主义思想为指导，全面贯彻党的十九大和十九届历次全会精神，全面落实“三高四新”战略定位和使命任务，按照中央、省委经济工

作会议和省第十二次党代会、全国市场监管工作视频会议的部署，立足新发展阶段，完整、准确、全面贯彻新发展理念，构建新发展格局，推动高质量发展，坚持“五大方向”，坚守“五大要求”，坚定“五大目标”，突出六项重点，开展六大行动，稳中求进、积极作为，不断优化营商环境，强化政策供给，夯实基础支撑，加快推进社会主义市场治理体系和治理能力现代化，为全面建设社会主义现代化新湖南贡献市场监管力量，以优异成绩迎接党的二十大胜利召开。

（一）突出政治与纪律，继续实施高质量党建引领行动

牢固树立“省直部门首先是政治机关”的鲜明导向，旗帜鲜明讲政治，把增强“四个意识”、坚定“四个自信”、做到“两个维护”落实到具体行动上。深入学习领会“两个确立”的决定性意义，旗帜鲜明讲政治，持续深化以党史为重点的“四史”教育，弘扬伟大建党精神，健全“我为群众办实事”长效机制，推动党史学习教育进一步走深走实。深化“三表率一模范”机关建设，推动党建工作与业务工作、队伍建设的深度融合、提质增效。以清廉单元、清廉市监建设推动形成干部清正、部门清廉、政治清明、社会清朗的政治生态和发展环境。

（二）突出改革与服务，实施市场主体“双量”跃升行动

以落实《湖南省人民政府关于优化营商环境促进市场主体高质量发展的意见》为契机，牵头实施市场主体倍增工程，开展优质企业梯度培育行动，着力推动市场主体总量显著增长、质量稳步提升，力争湖南省市场主体总量2022年底突破600万户，2025年底突破800万户，其中企业220万户，实现“十四五”期间企业主体翻番倍增目标。持续深化“放管服”改革，聚焦市场主体关切，大力开展“助企纾困、降费减负”专项行动，搭建政企互动、银企对接等平台，破解“准入不准营”等难题。围绕“三准”（准入、准营、准出），推进“三化”（审批服务标准化、规范化、便利化），实行“三办”（网上办、就近办、一次办），着力“四减”（减材料、减项

目、减时限、减跑腿），实现“四零”（零距离、零收费、零门槛、零差评），进一步降低市场主体制度性成本，让更多市场主体生得出、长得大、活得好。

（三）突出公平与竞争，加快推进高标准市场体系建设

优化各类所有制市场主体平等使用资源要素、公平公正参与竞争、同等受到法律保护的制度环境，逐步建成统一开放、竞争有序、制度完备、治理完善的高标准市场体系。加快清理废除妨碍统一市场和公平竞争的各种规定和做法，强化公平竞争审查的刚性约束，加强和改进反垄断和反不正当竞争执法，推动构建企业自主经营、公平竞争，消费者自由选择、自主消费，商品和要素自由流动、平等交换的现代市场体系。进一步提升监管效能，发挥“互联网+监管”平台作用，推进部门联合“双随机、一公开”监管常态化，提高监管科技赋能水平，强化信用监管重要抓手作用。

（四）突出质量与创新，精准实施“三大高地”服务支撑工程

聚焦打造国家重要先进制造业高地，加快推动质量变革，制定《湖南省质量强省建设纲要》，完善质量激励考核机制，做好第七届省长质量奖评选表彰工作，召开全省质量大会。实施质量强省战略和知识产权强省战略，启动“湖南名品”认定工作，提升“质量体检进企业”“质量管理体系认证提升行动”等活动成效。实行严格的知识产权保护，严厉打击侵犯知识产权行为，完善民事诉讼、行政裁决、人民调解衔接机制，健全专利侵权纠纷多元化解决机制，不断完善知识产权综合服务体系，加强知识产权创新运用保护工作，开展知识产权强链护链行动。完善中部六省知识产权行政保护协作机制，推进泛珠三角区域9+2知识产权保护合作，建立更大范围的区域协作机制。

（五）突出安全与发展，全面实施市场安全民生保障工程

深刻领会习近平总书记“四个最严”的要求，坚持以人民为中心的发

展思想，绝不能因为表面风平浪静就掉以轻心，绝不能因为形势有所好转就麻痹大意，绝不能因为心存侥幸而无视风险隐患，也绝不能习惯于形式主义的自娱自乐、满足于形式上抓了而不过问实效、无视风险积累。各级要健全“三品一特”安全形势的评估机制，建立风险清单、措施清单。关于安全，2022 年要重点做好这 10 件事。一是做好常态化疫情防控工作，强化“湘冷链”追溯平台应用，做好进口冷链食品和新冠疫苗质量监管，绝对不能因为监管部门工作失职失误让病毒从市场监管领域打开缺口。二是立足迎接党的二十大胜利召开、立足问题导向、立足“严”的主基调、立足落实见效，坚持管服并重、防治结合，切实提高党政同责的实效性、风险监测的针对性、监督抽查的精准性、监管执法的协同性，加强全链条食品安全监管，守住食品安全底线。三是聚焦“四大领域”“五大品种”，全面开展医疗机构药品使用环节专项整治，确保人民群众用药安全。四是重点开展燃气安全排查整治、电梯维保检验检测专项整治，巩固提升安全生产专项整治三年行动成效，全面总结经验成果，强化监管执法，发挥信用监管约束作用，有序推进电梯检验检测和维保两项改革试点工作，坚决杜绝较大以上事故、努力减少一般事故发生。五是全面推广规范产品合格证工作，督促企业落实主体责任，强化出厂检验，实现质量信息可追溯、可查询。开展产品质量安全示范园区、示范企业、示范商场创建活动。六是深入开展放心消费创建活动，加强消费教育，推动线下购物无理由退货，完善以 ODR 为重点的消费多元化解机制，加大“诉转案”工作力度，强化部门协同监管，大力整治违法乱象，切实保障消费者权益。七是聚焦教育、医药、水电气等民生重点关切领域，加强价费监管，做好保供稳价工作。八是持续推进民生领域案件查办“铁拳”行动，严厉打击食品非法添加、超限量超范围使用食品添加剂、网络售假、商标专利侵权、计量作弊等违法行为。九是深入开展打击网络传销专项行动，坚决防止聚集式传销、网络传销在湖南死灰复燃。十是强化平台监测，深入开展广告导向、教育“双减”、医疗广告、文娱治理等重大专项整治行动，严厉查处虚假违法广告，切实净化广告市场空间。

（六）突出基础与能力，大力实施市场监管强基固本工程

树立抓基层、打基础的工作导向，在基层能力、法治建设、人才队伍等方面要有新抓手、新成效。强化“法治市监”建设，建立健全省、市、县、所四级事权职责清单和尽职免责清单。以统一市场监管执法标识服装为契机，落实《基层监管所条例》，推动基层所规范化标准化建设。持续实施“万人培训计划”，加强对干部职工尤其是基层监管执法人员的业务培训，打造市场监管铁军队伍。

B.14
2021年湖南居民收入和消费状况及2022年展望*

刘顺国**

摘　要： 2021年，湖南全省上下坚持以习近平新时代中国特色社会主义思想为指导，积极有效应对散发新冠肺炎疫情、煤电供应短缺等困难和挑战，全面落实"三高四新"战略定位和使命任务，民生保障有力有效，实现了"十四五"良好开局。居民人均可支配收入突破3万元大关，比上年增长8.9%；居民人均生活消费支出稳步回升，比上年增长8.6%。

关键词： 湖南　"十四五"　居民人均可支配收入　居民人均生活消费支出

一　居民收入持续增长

2021年，湖南上下坚持以习近平新时代中国特色社会主义思想为指导，积极有效应对散发新冠肺炎疫情、煤电供应短缺等困难和挑战，全面落实"三高四新"战略定位和使命任务，全面建成小康社会，民生保障有力有效，居民收入持续增长。

（一）全体居民人均可支配收入突破3万元大关

2021年，湖南全体居民人均可支配收入31993元，突破3万元大关，

---

* 本文图表数据均来源于国家统计局湖南调查总队。

** 刘顺国，国家统计局湖南调查总队党组书记、总队长，中国统计学会副会长，政协湖南省第十二届委员会委员。

居全国第12位，居中部六省第1位；较上年增长8.9%，增幅较上年提升2.8个百分点，增速居全国第16位，居中部六省第4位；与2019年相比增长15.6%，两年平均增长7.5%，居全国第9位，居中部六省第3位。

1. 从增长速度看

2021年全体居民四大类收入增速均超过7%。其中，工资性收入15927元，增长8.6%；经营净收入6709元，增长11.2%；财产净收入2413元，增长8.4%；转移净收入6943元，增长7.6%。

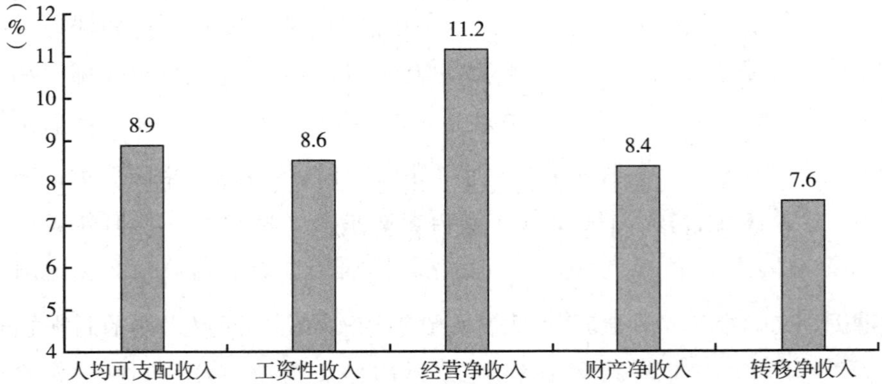

图1　湖南全体居民收入增速对比

2. 从增长贡献率来看

工资性收入对全体居民收入增长的贡献率最高，为48.3%；经营净收入对全体居民收入增长的贡献率为25.8%，两项收入贡献率占比达到74.1%。转移净收入对全体居民收入增长的贡献率为18.7%。

表1　2021年湖南全体居民收入及构成

指标名称	金额(元)	比上年增加(元)	名义增速(%)	贡献率(%)	占比(%)
人均可支配收入	31993	2613	8.9	—	—
其中:工资性收入	15927	1262	8.6	48.3	49.8
经营净收入	6709	676	11.2	25.8	21.0
财产净收入	2413	187	8.4	7.2	7.5
转移净收入	6943	488	7.6	18.7	21.7

资料来源：国家统计局湖南调查总队。下同。

3. 从收入占比来看

全体居民的工资性收入、经营净收入、财产净收入、转移净收入占比分别为49.8%、21.0%、7.5%和21.7%。其中工资性收入和财产净收入占比较上年均下降0.1个百分点，转移净收入占比下降0.3个百分点，经营净收入占比上升0.5个百分点。

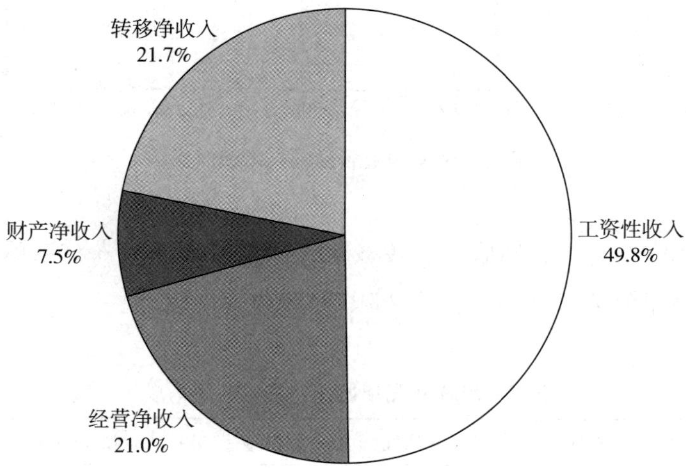

图2　湖南全体居民四大类收入占比

（二）城镇居民人均可支配收入稳定增长

按常住地分，2021年湖南城镇居民人均可支配收入44866元，较上年增长7.6%，增幅较上年扩大2.9个百分点；与2019年相比，增长12.6%，两年平均增长6.1%。

1. 从增长速度看

城镇居民四大类收入均呈增长态势。其中，经营净收入增长10.0%；工资性收入增长7.6%；财产净收入增长7.0%；转移净收入增长6.2%。

2. 从增长贡献率来看

工资性收入增长是城镇居民增收最重要的保障，对城镇居民收入增长的

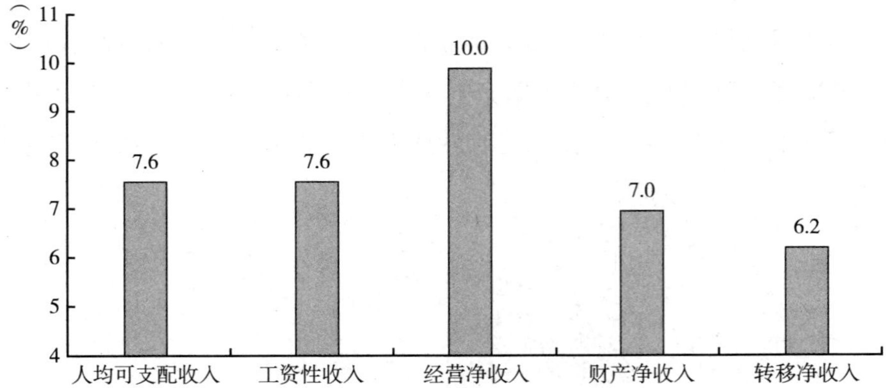

图 3　湖南城镇居民收入增速对比

贡献率为 53. 8%。经营净收入、转移净收入和财产净收入对城镇居民收入增长的贡献率分别为 19. 7%、17. 4%、9. 1%。

表 2　2021 年湖南城镇居民收入及构成

指标名称	金额(元)	比上年增加(元)	名义增速(%)	贡献率(%)	占比(%)
人均可支配收入	44866	3169	7. 6	—	—
其中:工资性收入	24161	1704	7. 6	53. 8	53. 9
经营净收入	6878	623	10. 0	19. 7	15. 3
财产净收入	4436	290	7. 0	9. 1	9. 9
转移净收入	9391	552	6. 2	17. 4	20. 9

3. 从收入占比来看

城镇居民工资性收入占比最高，为 53. 9%；转移净收入占 20. 9%，经营净收入占 15. 3%，财产净收入占 9. 9%。其中，经营净收入占比较上年上升 0. 3 个百分点，转移净收入占比下降 0. 3 个百分点，收入结构更加优化均衡。

（三）农村居民人均可支配收入增速为“十三五”以来最高

2021 年，湖南农村居民人均可支配收入 18295 元，比上年增长 10. 3%，

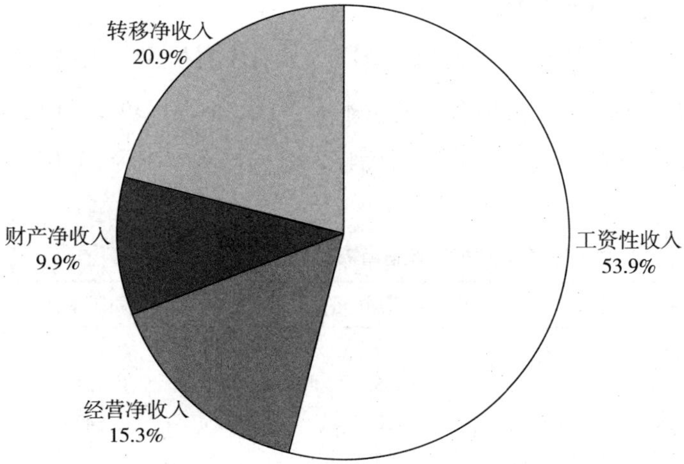

图 4　湖南城镇居民四大类收入占比

增速为“十三五”以来新高。增幅较上年扩大 2.6 个百分点；与 2019 年相比，增长 18.8%，两年平均增长 9.0%。

1. 从增长速度看

农村居民四大类收入增速在 9% 或以上。其中，财产净收入增长 12.8%；经营净收入增长 12.5%；工资性收入增长 9.1%；转移净收入增长 9.0%。

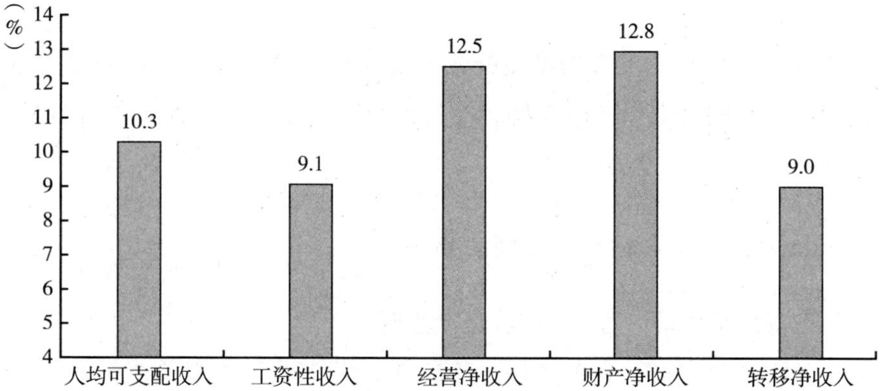

图 5　湖南农村居民收入增速对比

2. 从增长贡献率来看

四项收入中，工资性收入和经营净收入对农村居民收入增长的贡献率分别为34.8%、42.5%，两项收入的贡献率占比达到77.3%，是农村居民增收的主要动力。转移净收入对农村居民收入增长的贡献率为21.0%。

表3　2021年湖南农村居民收入及构成

指标名称	金额(元)	比上年增加(元)	名义增速(%)	贡献率(%)	占比(%)
人均可支配收入	18295	1711	10.3	—	—
其中:工资性收入	7165	595	9.1	34.8	39.2
经营净收入	6530	726	12.5	42.5	35.7
财产净收入	261	30	12.8	1.7	1.4
转移净收入	4339	359	9.0	21.0	23.7

3. 从收入占比来看

农村居民工资性收入、经营净收入、财产净收入、转移净收入占比分别为39.2%、35.7%、1.4%和23.7%。其中，工资性收入和转移净收入占比较上年分别下降0.4、0.3个百分点，经营净收入占比提升0.7个百分点，农村居民收入结构更为合理，反映出全省大力推进乡村振兴工作成效。

（四）城乡居民收入差距持续缩小

2021年，农村居民人均可支配收入增速比城镇高2.7个百分点。城乡居民人均可支配收入比（以农村居民收入为1）为2.45，较上年的2.51缩小了0.06。

（五）居民收入增长的主要因素

1. 宏观经济强劲，为居民增收奠定基础

一是主要经济指标表现良好。2021年，湖南地区生产总值较上年增长7.7%，两年平均增长5.7%。二是积极推进农业生产。全省粮食生产实现“三增”，产量创六年新高；全省出栏生猪量和年末生猪存栏量均创五年新

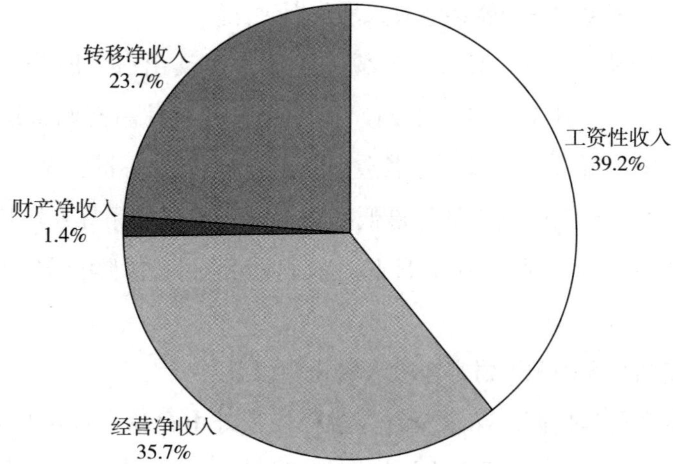

图 6　湖南农村居民四大类收入占比

高。三是工业生产、效益快速回升。规模工业增加值增长 8.4%，两年平均增长 6.6%。

2. 就业形势稳中向好，为工资性收入增长提供动力

一是城镇新增就业超额完成任务。根据省人社厅数据，2021 年湖南实现城镇新增就业 84.18 万人，完成年度任务的 120.3%。二是农村劳动力转移就业呈现良好势头。2021 年 12 月末，农村劳动力转移就业同比增加 27.34 万人。全省脱贫人口务工 244.23 万人，完成年度目标任务的 105.1%。

3. 消费市场为经营净收入增长增添活力

一是消费回补释放态势持续巩固。2021 年，全省社会消费品零售总额同比增长 14.4%，两年平均增长 5.6%。二是企业效益持续改善。全年全省规模工业企业经营状况较好，实现营业收入 42763.29 亿元，比上年增长 14.9%。三是减税降费和企业帮扶力度不断加大。自 1 月 1 日起，湖南对小微企业年应纳税所得额不超过 100 万元的部分，在原有的优惠政策基础上，再减半征收企业所得税。对个体工商户年应纳税所得额不超过 100 万元的部分，在现行优惠政策基础上，减半征收个人所得税。四是进出口贸易快速增长。全年湖南进出口总额增长 25%，两年平均增长 18.5%。

4. 升级的惠民政策为转移净收入增长提供保障

一是财政保障有力。2021 年，湖南财政民生支出占一般公共预算支出的七成以上。二是基本养老金上调，2020 年 7 月，湖南省调整退休人员基本养老金，每人每月增加基本养老金 50 元。三是低保标准上调。城镇方面，从 2020 年 11 月起湖南城市低保最低指导标准和城市低保月人均救助水平增长 10%。农村方面，从 1 月 1 日起，农村最低生活保障指导标准提高到 4300 元/年。

5. 拓宽的收入来源为财产净收入增长增加潜力

一是存款稳步提高。年末全省金融机构本外币存款余额增长 8.6%，两年平均增长 9.3%。二是民间投资增速持续加快。2021 年，全省民间投资比上年增长 9.6%，增幅比上年扩大 6.6 个百分点。三是持续推动土地承包经营权流转。全省稳步开展第二轮土地承包到期后延包试点，宁远县列入国家试点县；稳定推进农村宅基地制度改革试点，试点范围扩大到 4 个县市，农村宅基地和集体建设用地房地一体确权登记工作任务已完成过半。

二　居民人均生活消费支出逐步回升

2021 年，湖南统筹疫情防控和经济社会发展，“三个高地”建设全面铺开，社会经济运行稳中有进，居民人均生活消费支出保持回升态势，实现了“十四五”良好开局。

（一）全体居民人均生活消费支出总体回暖

2021 年，全体居民人均生活消费支出 22798 元，居全国第 12 位，居中部六省的第 2 位，较上年增长 8.6%，增幅较上年扩大 6.1 个百分点。与 2019 年相比增长 11.3%，两年平均增长 5.5%。分类来看，八大类消费中教育文化娱乐消费增速超过 10%，达到 18.3%。生活用品及服务、居住、食品烟酒、衣着、交通通信、其他用品和服务、医疗保健消费分别增长 9.5%、8.5%、7.8%、7.5%、5.3%、4.5%、4.3%。

（二）城镇居民消费支出稳健增长

按常住地分，2021 年城镇居民人均生活消费支出 28294 元，增长 5.6%，增幅较上年扩大 6.1 个百分点；与 2019 年相比增长 5.1%，两年平均增长 2.5%。分类来看，八大类消费全部增长。其中，教育文化娱乐消费增长最快，增长 14.8%；生活用品及服务、居住、衣着、食品烟酒、其他用品和服务消费、交通通信、医疗保健分别增长 7.1%、6.0%、4.4%、4.1%、2.8%、2.2%、2.1%。

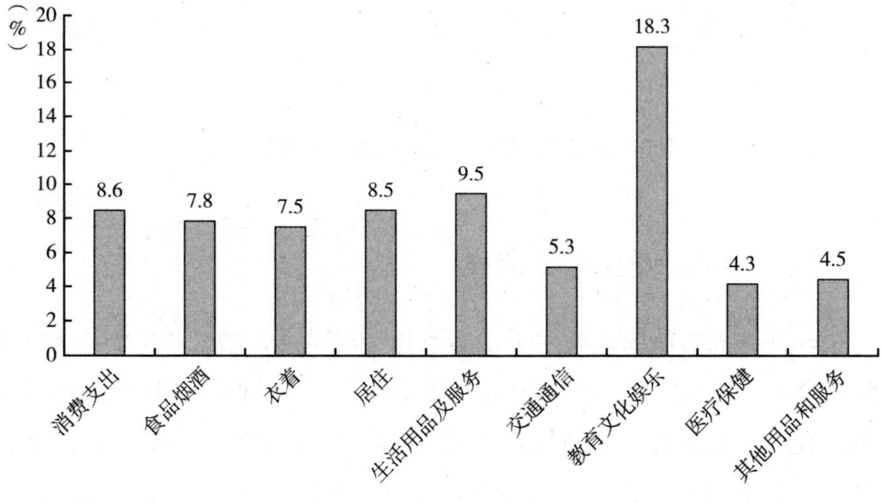

图 7　湖南全体居民八大类消费支出增速对比

表 4　2021 年湖南城镇居民消费支出及构成

指标名称	金额(元)	比上年增加(元)	名义增速(%)	贡献率(%)	占比(%)
消费支出	28294	1497	5.6	—	—
其中:食品烟酒	8130	323	4.1	21.5	28.7
衣着	1857	79	4.4	5.2	6.6
居住	5796	330	6.0	22.1	20.5
生活用品及服务	1830	121	7.1	8.1	6.5
交通通信	3803	80	2.2	5.4	13.4
教育文化娱乐	3859	499	14.8	33.3	13.6
医疗保健	2399	49	2.1	3.1	8.5
其他用品和服务	620	17	2.8	1.1	2.2

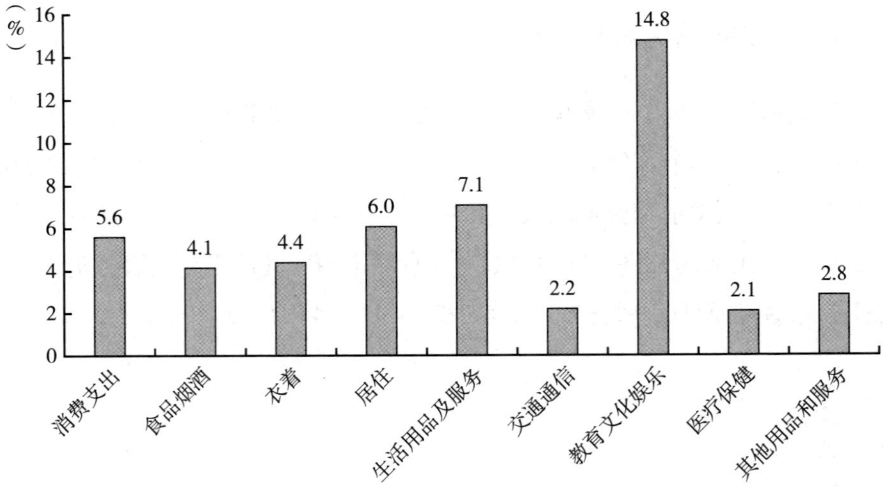

图 8　湖南城镇居民八大类消费支出增速对比

（三）农村居民消费快速增长

2021 年，农村居民人均生活消费支出 16951 元，增长 13.2%，增幅较上年扩大 6.0 个百分点；与 2019 年相比增长 21.3%，两年平均增长 10.2%。分类来看，八大类消费全面快速增长，有六个大类增速超过 10%。其中，教育文化娱乐消费增长达到 24.0%；衣着、食品烟酒、生活用品及服务、居住、交通通信、医疗保健、其他用品和服务分别增长 13.9%、13.3%、13.2%、11.8%、11.0%、7.1%、7.0%。

表 5　2021 年湖南农村居民消费支出及构成

指标名称	金额(元)	比上年增加(元)	名义增速(%)	贡献率(%)	占比(%)
消费支出	16951	1977	13.2	—	—
其中:食品烟酒	5254	618	13.3	31.3	31.0
衣着	768	93	13.9	4.7	4.5
居住	3764	397	11.8	20.1	22.2
生活用品及服务	965	112	13.2	5.7	5.7

续表

指标名称	金额(元)	比上年增加(元)	名义增速(%)	贡献率(%)	占比(%)
交通通信	1921	190	11.0	9.6	11.3
教育文化娱乐	2212	428	24.0	21.7	13.1
医疗保健	1827	121	7.1	6.1	10.8
其他用品和服务	238	16	7.0	0.8	1.4

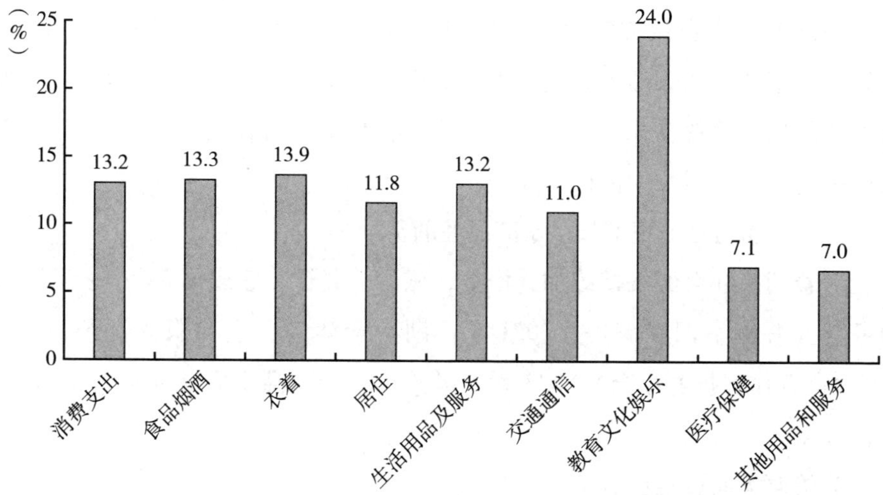

图9　湖南农村居民八大类消费支出增速对比

（四）城乡居民消费差距不断缩小

2021年，湖南农村居民人均生活消费支出增速高于城镇7.6个百分点。城乡居民人均生活消费支出比为1.67（以农村居民消费为1），较上年的1.79缩小了0.12。

（五）居民消费支出增长的四个主要特点

1. 居民教育文化娱乐消费恢复性增长

教育方面，随着下半年义务教育阶段“双减”政策的出台，居民的校外青少年学科培训支出有所减少，但在省内各院校全面复课的大环境下，叠加校外素质教育成为消费新热点等因素，居民教育消费支出较上年仍保持较大幅度增长态势。2021 年，湖南全体居民人均教育消费支出 2318 元，增长 24.5%。文化娱乐方面，由于下半年少数地区散发新冠疫情，居民文化娱乐消费支出增速有所下滑，但年内旅游行业、电影行业回暖的总体趋势没有改变。2021 年，湖南全体居民人均文化娱乐支出 744 元，较上年增长 2.4%。

2. 食品烟酒消费支出是居民消费支出增长的主要支撑因素

2021 年，受自然灾害频发和原材料价格上涨等多重因素影响，蔬菜、水果、食用油、调味品、酒类等食品烟酒价格持续上涨。全年湖南全体居民人均食品烟酒消费支出 6737 元，对居民消费支出增长的贡献率为 26.9%，在居民消费支出增长中占比最高。

3. 居民服务性消费增长高于商品性消费

随着湖南社会经济持续加速恢复，旅游、餐饮、家庭服务、医疗服务等服务行业总体呈回暖态势。2021 年，湖南全体居民人均服务性消费支出（不含自有住房折算租金）6833 元，增长 12.4%，高于商品性消费支出 5.3 个百分点。

4. 能源类消费稳步增长

一方面，全球原油市场供应紧张导致国内汽油柴油价格不断上涨，叠加居民出行需求和机动车持有量的持续增长，居民交通工具燃料消费支出增加。2021 年，湖南全体居民人均交通工具燃料消费支出 635 元，增长 23.8%。另一方面，2021 年水、电价格调整，天然气国际价格不断走高，带动居民水电燃料消费支出不断上升，湖南全体居民人均水电燃料消费及其他支出为 927 元，增长 10.8%。

三　2022年居民收入和消费情况展望

展望 2022 年，湖南将继续以习近平新时代中国特色社会主义思想为指导，坚持稳中求进工作总基调，统筹疫情防控和经济社会发展，“三个高地”建设全面铺开，区域经济格局持续优化，民生持续改善，省内社会经济发展长期向好的基本面稳固坚实，为居民收入、消费的持续增长奠定了良好的基础。但是，现阶段世界经济形势依然复杂严峻，世纪疫情仍在持续，世界形势所面临的百年变局加速演进，外部环境仍然存在诸多不安定因素，省内经济社会发展也面临前所未有的困难和挑战。综合各方面情况，在省内疫情防控态势稳定的前提下，预计 2022 年湖南居民人均可支配收入、人均生活消费支出都将保持稳步增长的态势，居民人均可支配收入增长与 GDP 保持基本同步。

B.15

2021年湖南信访工作发展情况及2022年展望*

湖南省信访局课题组**

摘　要： 近年来，全省信访系统坚持以习近平新时代中国特色社会主义思想为指引，深入学习贯彻习近平总书记关于加强和改进人民信访工作的重要思想，认真贯彻落实党中央和省委省政府关于信访工作的决策部署，牢记为民解难、为党分忧的政治责任，提高效率，转变作风，在化解信访突出问题、治理重复信访、保障重大活动等方面下功夫，努力维护群众合法权益和社会大局稳定，在奋力实现“三高四新”战略定位和使命任务中彰显信访担当，信访群众的获得感、幸福感、安全感更加充实、更有保障、更可持续。

关键词： 信访　枫桥经验　社会稳定

一　2021年湖南信访工作情况

2021年，全省信访形势继续保持平稳可控，全省信访总量、信访纯案数都大幅下降，全年平时和重点时期信访秩序均好于以往，群众对信访工作的综合满意率明显提高，主要体现在以下几个方面。

---

* 2020年因疫情关系，信访场所曾较长时间关闭，信访总量较2019年下降明显。

** 课题组组长：陈雪楚，湖南省政府副秘书长，湖南省信访局党组书记、局长。副组长：林中柱，湖南省信访局二级巡视员。成员：文少亮，湖南省信访局综合调研处处长；彭智勇，湖南省信访局综合调研处二级主任科员。

（一）加强源头预防，推动新时代“枫桥经验”在湖南落地见效、开花结果

一是推动开展社会稳定风险评估。发挥信访联席会议机制作用，推动各地各有关部门针对重大决策、重大项目、重大活动等及时进行综合研判。信访部门注重从信访渠道了解群众诉求，及时提出建议，从源头预防和减少信访问题。二是积极开展矛盾纠纷排查化解。把矛盾纠纷排查化解工作重心转移到事前预防上来，在全国及全省两会、建党100周年、党的十九届六中全会、省第十二次党代会等重要时间节点，及时在全省部署信访矛盾风险大排查。对排查出来的突出问题建立清单，严格落实领导包案责任，动态化解销号，防止信访问题产生、激发和上行。三是坚持源头综合治理形成长效。全力推进新时代“枫桥经验”在湖南落地见效，各地创新实践形成了怀化市的“溆浦经验”、常德市的“三级治理、四调联动”融合建设、永州市的信访“三端治理”、娄底市“村（居）民议事会”及衡南县的“屋场恳谈会”等信访工作经验，源头治理成效明显。提请省“两办”出台《关于坚持和发展新时代“枫桥经验”推动预防和化解信访问题的意见》，于2021年12月6日正式出台了文件，并在12月28日召开了全省视频推进会以部署工作。同时，以“无到京非接待场所登记和超额进京越级上访、无到省进京规模集体上访、无超额的初信初访按期办结后和积案交办件化解后重复信访”为目标，聚力打造信访“三无”县市区，全省有45个县市区（含开发区、管理区）达到省“三无”标准。宁乡市、株洲市渌口区、桂东县、慈利县被评为首批全国信访工作示范县。

（二）坚持事心双解，深入化解重复信访积案和突出问题

一是开展重复信访积案攻坚。连续五年先后开展信访“千案攻坚”“积案清零”和重点领域、重点群体、重点问题、重点人员“四重攻坚”工作。特别是2020年9月以来，根据中央信访联席办的集中部署，全省启动“治理重复信访、化解信访积案”三年攻坚行动，截至2021年底，中央第一批

交办的重复信访积案，湖南化解进度和质量均高于全国平均水平。2021 年 10 月 19 日，中央信访联席办、国家信访局向湖南省交办第二批信访积案，截至 12 月 31 日第二批完成上报，化解量超过一半。二是聚焦重点领域问题化解。从群众反映强烈的房地产“办证难”问题入手，联合省自然资源厅等部门在全省继续开展为期 2 年的集中化解专项行动，为 72.49 万购房户解决办证难题，发放不动产权证 58.59 万本。坚持快接快办快处原则，督促责任单位解决涉农民工工资信访问题，对全省受理的此类案件均做到了第一时间交办督办。以政法队伍教育整顿为契机，由各级信访联席会议涉法涉诉工作组牵头，信访部门安排专人参与，集中对涉法涉诉信访问题进行集中评查、分类交办、跟踪化解。认真落实习近平总书记“守护好一江碧水”的指示，开展环洞庭湖周边造纸企业退出补偿问题专题调研，提出对策建议，做好有关信访工作，确保该信访群体整体稳定。三是发扬钉钉子精神跟踪调度。省信访联席会议 6 次召开会议、进行部署调度，3 次派出督导组下沉各市州和部分县市区实地督查。各级信访联席会议工作专班加强统筹协调，日调度、周通报、月总结，层层传导压力、级级落实责任，推动了一大批“骨头案”的有效化解。

（三）强调问题导向、目标导向、结果导向相统一，系统谋划和推进信访制度改革

一是打造“阳光信访”。推动全面实行网上受理信访，推动微信公众号、手机 App 等移动端信访普及使用，建立完善网下办理、网上流转的信访事项办理程序，实现办理过程和结果可查询、可跟踪、可督办、可评价。目前，正全力推进湖南省智慧信访系统建设。二是打造“责任信访”。推动落实省“两办”出台的《湖南省信访工作责任追究办法》及其实施细则等工作规定，继续实行省级领导联系督办信访工作、领导干部接访下访、包案督访和包案化解信访积案等一系列责任制度，并将其纳入年度信访工作目标管理和平安建设分类考核。继续启动信访事项“回访核实”工作，特别是对群众不满意的信访事项全部进行回访，不断提高群众满意率。新华社

《内参选编》介绍了湖南省开展第三方回访、促信访事项真办实结的做法。三是打造“法治信访”。推动信访工作和信访行为“双向规范”，加强信访干部法治思维培育，提升依法按政策化解矛盾能力。落实诉访分离和分类处理制度，推动建立依法分类处理信访诉求清单制度，引导群众依法理性表达诉求，确保信访问题在法治轨道上解决。

（四）加强风险研判，积极发挥信访部门的参谋助手作用

突出信访工作了解民情、集中民智、维护民利、凝聚民心的优势和社情民意直通车的作用。建立信访形势定期分析制度，及时梳理政策性、群体性问题，提出有针对性的建议。对热点信访情况和敏感问题进行专题分析，及时呈报省委省政府。2021 年就野生动物退养、长江十年禁渔、环洞庭湖造纸厂关闭、住建领域等类案信访问题呈报《信访要情》20 期。全面做好来信来访受理办理工作，对典型性信访案件进行个案分析；对扬言类、苗头性、行动性信息，通过交办函、交办会等形式及时通报给属地做好稳控化解工作。全年先后就全省集体访、损害营商环境等方面信访情况起草专题研判材料 30 件次。在重点特护期调度省信访联席会议 12 个专项工作成员单位，实行 24 小时值班。强化工作协同，加强信息通报，健全应急预案，及时稳妥处理各类涉稳敏感信息，最大限度避免了信访极端行为和大规模聚集事件发生。

（五）坚持底线思维，全力保障重大活动和节点信访秩序

坚持把做好特护期的信访保障作为重要政治任务来抓。特别是全国两会、庆祝建党 100 周年等重大活动节点，提前调度信访工作任务较重的省直部门和各市州信访工作专班，做好劝返工作。全省各级各部门对标省领导联系督办信访工作机制要求，部署开展领导干部接访下访和包案并通过视频加强督查，特别是在重点时期要求增加频次、提前公示，每天安排党政领导接待群众来访、到矛盾突出的地方下访，采取得力措施有效化解矛盾。实行特护期“零报告”机制，及时通报、随时交办、动态跟踪各类预警、行动性信息，责任单位和属地迅速跟进、及时处置，实现了全国及全省两会、建党 100 周年、党

的十九届六中全会和省第十二次党代会等重大活动和重点时期“三个不发生”的目标，省委省政府主要领导和分管领导多次作出批示，对此予以充分肯定。

（六）强化创先争优，加强信访干部的作风和能力建设

一是注重对标对表。自觉经常与习近平总书记关于信访工作的系列重要指示重要批示对标，紧扣党中央和省委省政府关于信访工作的决策部署，逐项对照国家信访局的考核要求，不折不扣地抓好落实。二是敢于创先争优。坚持以信访工作先进省份为标杆，经常性地将重点工作、重要指标与其做对比，查找差距，完善措施。同时，引导各地各有关部门向省内信访工作先进看齐。三是强化依法依规。认真落实习近平总书记“运用法律预防化解社会矛盾，最具权威性，也最少后遗症”和“三到位一处理”的要求，强化和提高运用法治思维和法治方式开展信访工作的意识和能力。建立法律、政策和心理专家库，及时对复杂疑难信访问题进行论证听证评估。四是用心用情用力。带着感情和责任认真办好每一封群众来信、认真接待每一次群众来访，对信访人的权益受损依法及时救济弥补，对极少数信访人的不当行为更多地给予包容宽容和采用教育、疏导等办法，对信访人的现实困难千方百计帮扶解决，努力让信访人带着希望来、带着满意回，带着疑惑来、带着明白回，带着怨气来、带着平和回。五是力求精准精细。要求无论是信访部门的现场接访、交办督办还是责任单位的化解，都必须搞清来龙去脉，了解问题症结，做到精准精细。同时坚决避免为了解决一时一地的问题，随意乱开口子、乱表态，甚至无原则迁就，引发新的矛盾和问题。建立类案信访问题处理工作机制，组织专门力量加强政策关联性信访矛盾问题研究，推动从政策层面一揽子化解。

二　2022年湖南信访工作展望

2022 年，全省信访系统将在省委省政府的坚强领导下，认真落实习近平总书记的重要指示批示精神，牢记为民解难、为党分忧的政治责任，运用好

党史学习教育成果，永葆“闯”的精神、“创”的劲头、“干”的作风，干在实处，走在前列，以优异成绩迎接党的二十大胜利召开。重点从六个方面着力。

一是进一步强化政治引领。将“两个维护”体现在坚决贯彻落实党中央和省委决策部署的行动上，体现在履职尽责、做好本职工作的实效上，体现在日常言行上。把“两个确立”转化为做到“两个维护”的思想自觉、政治自觉、行动自觉。

二是坚持人民至上，解决群众急难愁盼问题。坚守人民情怀，以“事不在小、关键在办”的态度，深入推进“治理重复信访、化解信访突出问题攻坚年”行动，持续深化“我为群众办实事”实践活动，不断提高为民服务的精准度和满意度。

三是坚持稳字当头，全力服务大局。时刻紧绷风险防范这根弦，谋划做好北京冬奥会和冬残奥会、全国两会、党的二十大等信访保障工作。加强对省委省政府重大决策部署贯彻落实情况的分析研判，积极反映新动向新变化新特点，不断提高动向预测、风险预警、矛盾预防的能力水平。

四是强化问题导向，扎实有效抓好矛盾源头预防化解。充分运用转办交办、通报约谈、督查问责等方式，压实属地管理责任。坚持和发展新时代“枫桥经验”，健全完善矛盾纠纷多元预防调处化解综合机制。深入推进“全国信访工作示范县”和“全省信访工作示范县”创建活动，持续提升基层信访工作治理能力水平。

五是积极主动作为，进一步探索建立控增量、减存量、防变量的长效机制。推动落实各级党政领导信访工作“一岗双责”和联系督办信访工作机制。以《信访工作条例》出台为契机，继续在推进信访工作改革创新上下功夫，充分发挥信访联席会议的协调作用，形成上下联动、左右协调、运转高效的信访处理机制。

六是坚持作风与能力并重，进一步强化信访干部队伍建设。以“最美信访干部”为标杆，以建设高素质信访工作队伍为目标，强化向先进看齐、用心用情用力、精准精细的作风要求，坚决克服形式主义官僚主义，坚决反对不担当不作为，加强法律、政策、群众工作等多元解纷能力建设。

B.16
2021年湖南乡村振兴发展情况及2022年展望

湖南省乡村振兴局课题组*

摘　要： 2021年，湖南深入学习贯彻习近平总书记系列重要讲话精神，认真落实中央决策部署，将巩固拓展脱贫攻坚成果同乡村振兴有效衔接摆在突出位置，坚决守住不发生规模性返贫的底线，各项工作稳步推进、成效明显。全省先后在全国乡村振兴系统建设和工作推进会，乡村振兴考核工作会，及抓党建促乡村振兴、驻村帮扶、就业帮扶等工作推进会议上作典型发言。

关键词： 乡村振兴　防止返贫　乡村建设　乡村治理

一　2021年乡村振兴工作成效

2021年，湖南坚持以习近平新时代中国特色社会主义思想为根本遵循，乘势而上、接续奋斗，坚持把巩固拓展脱贫攻坚成果同乡村振兴有效衔接工作摆在突出位置，按照"四个不摘"要求，切实做到力量不减、力度不减、投入不减，坚决守住不发生规模性返贫的底线，各项工作取得了新成效。全省脱贫人口人均纯收入达到13553元，增长13.5%；脱贫县农村人均可支配收入达到13345元，增长11%，高出全省平均水平2个百分点。全省先后在

* 课题组组长：赵成新，湖南省乡村振兴局党组成员、副局长；副组长：廖红兵，湖南省乡村振兴局政策法规处处长；成员：肖坤林，湖南省乡村振兴局政策法规处一级主任科员。

全国乡村振兴系统建设和工作推进会，乡村振兴考核工作会，及抓党建促乡村振兴、驻村帮扶、就业帮扶等工作推进会上作了典型发言。

（一）保持战略定力，自觉扛牢抓好有效衔接工作的政治责任

严格落实“省负总责、市县乡抓落实”的要求，压紧压实各级各部门巩固脱贫攻坚成果责任，扎实做好有效衔接各项工作。一是坚持对标对表。省委、省政府召开30余次会议，深入学习贯彻习近平总书记关于巩固拓展脱贫攻坚成果、全面推进乡村振兴重要指示批示和中央有关会议文件精神。年初召开省委农村工作会、全省有效衔接专题会。全国脱贫攻坚总结表彰大会后，相继召开省委实施乡村振兴战略领导小组会、全省脱贫攻坚总结表彰大会，以及防范脱贫后风险、乡村振兴系统建设、重点帮扶和示范创建、防止返贫监测与帮扶等专题推进会，省委理论中心组集中到十八洞村重温习近平总书记的重要指示。在全国率先选派3.37万名干部组成1.28万支工作队进村到岗，做到脱贫村、易地扶贫搬迁集中安置村（社区）、乡村振兴任务重的村、党组织软弱涣散村等驻村第一书记和工作队全覆盖。全年分级分类培训乡村振兴干部近20万人次，实现对县市区和乡镇新任党政正职、新一届村“两委”班子、乡村振兴系统和驻村工作队全覆盖。二是坚持率先垂范。省委、省政府主要领导多次在省委全会、省委常委会会议、省政府常务会议、市州委书记视频会、市州长视频会等多个场合对有效衔接工作进行部署推进。庆伟书记到湖南工作后，第一次调研就是深入湘西自治州考察巩固拓展脱贫攻坚成果、全面推进乡村振兴工作，之后又就防范因病返贫致贫、巩固教育脱贫成果等重点工作多次作出指示批示；伟明省长多次深入脱贫地区调研，并走访省乡村振兴局，研究解决精准监测、稳岗就业、防范因疫返贫等重点问题。省委、省政府分管领导狠抓工作调度，召开全省巩固拓展脱贫攻坚成果工作推进会等会议，推动重点工作落实落地；省委常委等23名省级领导联系指导乡村振兴重点帮扶县和示范创建县，相关省级领导履职尽责、形成合力，为全省各级党委和政府扛牢巩固脱贫成果和乡村振兴责任发挥了示范带动效应。三是坚持有序衔接。按照有序调整、平稳过渡的原则，

切实加强有效衔接，实现政策不留空白、工作不留空档。在政策上，结合湖南实际，出台关于实现巩固拓展脱贫攻坚成果同乡村振兴有效衔接的实施意见，明确行业部门责任分工。科学编制全省“十四五”农业农村现代化规划、有效衔接规划以及湘西地区产业发展规划，做到规划实施和项目建设有效衔接。各部门配套制定 80 多个操作性文件和工作方案。在工作上，按照“抓两头、促中间”思路，认定 15 个重点帮扶县、2307 个重点帮扶村和 1 个示范创建市、14 个示范创建县、2371 个示范创建村。在罗霄山片区打造湘赣边乡村振兴先行示范区，在武陵山片区打造环十八洞村大湘西巩固脱贫成果示范区，相继开通韶山至井冈山红色旅游专列、张吉怀高铁。在机构上，在全国率先完成省、市、县三级扶贫机构重组和挂牌运行。机构重组完成后，干部职工思想稳定，各项工作有序推进，顺利实现平稳转型。四是坚持统筹推进。充分发挥省委农村工作领导小组牵头抓总、统筹协调、督促各方的作用，完善省委实施乡村振兴战略领导小组机构职能，由省委书记担任组长，省长担任第一副组长，相关分管省领导担任副组长，建立了党委农办牵头、农业农村部门统筹、乡村振兴部门抓具体工作的运转机制。将巩固拓展脱贫攻坚成果纳入乡村振兴战略实绩考核，3 次开展重点工作明察暗访，涉及 14 个市州的 78 个县市区。五是坚持加大投入。2021 年，中央财政投入湖南衔接推进乡村振兴补助资金 64.1 亿元，省本级投入 51.3 亿元，市县投入 24 亿元，均继续保持增长态势。湖南及时安排 1.12 亿元应对疫情灾情影响，对疫情较重的张家界市和 13 个重点帮扶县每个单独支持 3000 万元，筹措 1 亿元资金用于张家界市、湘西州等地文旅产业纾困解难。全省共储备巩固拓展脱贫攻坚成果和乡村振兴项目 11.89 万个，涉及投资 648.1 亿元；共摸排登记扶贫项目资产 1332.25 亿元，已确权 1332.18 亿元、占比 99.99%，并出台有关文件，加强分类后续管护运营；财政衔补资金支出进度达到 92.87%。落实土地出让收入使用范围调整政策，2021 年全省土地出让收益计提用于农业农村的资金占比达到 30%以上。出台金融支持巩固拓展脱贫攻坚成果、全面推进乡村振兴“30 条”等政策举措，全省涉农贷款余额 1.64 万亿元，同比增长 13.9%。六是坚持机制创新。健全了扶贫项目资产长效运行管护机制；建立了摸底排查、部门筛查、风险防范、精准帮扶"四位一体"防返贫监测帮扶机制，在全国防返贫监测系统基础上，建立全省防返贫监测与帮扶管理平台，扎实开展两轮无遗漏、全覆盖的集中排查整改，把排查、比对、核实、认定等工作环节进一步规范化、常态化；健全了省级领导联县、省内对口支援、部门驻村帮扶、干部联系帮扶、社会参与帮扶"五位一体"帮扶体系；建立了乡村振兴重点帮扶和示范创建相结合的梯次推进机制；在探索出"首厕过关制"的基础上，开展分类型改厕以及厕所粪污和生活污水同步治理试点，积累了"宜统则统、宜联则联、宜分则分"经验，得到春华副总理肯定。7 月 23 日，全国农村厕所革命现场会在湖南衡阳市召开。

（二）突出巩固成果，坚守防止规模性返贫的底线

保持主要帮扶政策总体稳定，优化细化工作举措，确保把来之不易的成果巩固住、拓展好。一是突出"应纳尽纳、应帮尽帮"。建立健全防止返贫动态监测和帮扶机制，切实做到早发现、早干预、早帮扶。在全国率先建成省级防返贫监测与帮扶信息管理平台，归集了 12 个行业部门的 23 类数据。紧抓突发性汛情、阶段性疫情等关键节点，7 批次开展行业部门数据比对，及时核实各类风险预警信息。明确从出现返贫风险到纳入监测，时长控制在 1 个月以内，坚决杜绝体外循环、应纳未纳；每一户脱贫户都有干部结对联系，每一户监测户都有得力干部结对帮扶，跟进强化"缺什么、补什么"的帮扶措施。全省累计识别监测对象 13. 8 万户 32. 7 万人。二是突出巩固"两不愁三保障"成果。坚持"三帮一"劝返复学机制，对 79. 76 万义务教育阶段经济困难家庭学生资助全覆盖，实现失学辍学问题动态清零。合理确定困难群众资助参保政策和农村居民医疗保障水平，夯实分类医疗救助托底保障，对脱贫人口参保情况实行半月一调度，确保脱贫人口和监测对象全员参保。继续实行脱贫人口县域内定点医疗机构"先诊疗后付费"和"一站式"结算服务，持续做好了家庭医生签约服务和 33 种大病专项救治。将农村住房保障对象由 4 类扩大到 6 类，加强规范建房和质量监管，及时解决

1480户因灾住房安全问题，年内完成农村危房改造2.8万户。全面开展农村饮水安全监测排查，加强集中供水工程养护，解决了1.66万人供水不稳定问题。三是突出产业就业稳增收。以“六大强农”行动为引领，推动脱贫地区产业融入全省百千亿级特色主导产业发展，出台《关于持续推进“六大强农”行动促进乡村产业兴旺的实施意见》等系列政策文件。继续安排省级重点产业项目资金5亿元，新增发放小额信贷36.35亿元，逾期率始终控制在1%以内。在脱贫地区新建（续建）4个省级现代农业产业园，打造11个农业特色产业强镇和一批“一村一品”特色产业村，全省农产品产地冷藏保鲜设施项目60%安排在脱贫地区，在30个县实施“互联网+”农产品出村进城示范工程，通过线上线下累计帮助脱贫地区销售农产品126.46亿元。持续加大脱贫人口稳岗就业力度，继续实施整合资源对接、发展就业载体吸纳、创新创业模式带动、因地制宜就地安置“四个一批”。全省建立了一套比较完善的劳务协作对接机制，建成就业帮扶车间、帮扶基地等载体7210个，开发公益性岗位和临时性过渡岗位15.28万个；脱贫人口务工人数达到244.23万人，为上年底的105%。四是突出易地搬迁后扶和管理。强化搬迁人口就业和产业帮扶，以大中型集中安置点为重点，开展就业协作帮扶专项活动，推广实施一批投资规模小、技术门槛低、前期工作简单、务工技能要求不高的“以工代赈”项目；对搬迁户参与度高的特色农林产业项目、搬迁群众自主创办的实体经济项目以及吸纳搬迁户就业的经营主体奖补1.95亿元。易地搬迁有就业意愿劳动力已就业29.31万人，就业率99.49%。加快推进补短板项目投入使用，进一步完善集中安置区基础设施和公共服务配套设施，累计建成环境卫生设施2390个、市政公用设施1029个、公共服务设施1456个，搬迁群众就学、就医、购物、出行等条件稳步提升。进一步健全社区组织管理服务架构，优化基层党组织和村民自治组织制度，指导800人以上集中安置社区设立“一站式”服务窗口，为搬迁群众提供户籍、民政、医保、养老、住房等服务事项。全面完成易地搬迁安置住房不动产登记工作任务，实现不动产权证“应发尽发”。五是突出农村低收入人口帮扶。制定农村低收入家庭认定和救助帮扶办法，规范认定程序，健全救助体系，扎实分类帮扶，确保应保尽保。将提高城乡低保标准和残疾人“两项补贴”、新增“特困人员供养服务床位 5000 张”纳入省政府年度重点民生实事。2021 年全省共兜底保障 180.55 万农村低保和特困供养人口；农村平均低保标准达到 5228 元/年，困难残疾人生活补贴和重度残疾人护理补贴平均达到 80.6 元/月、74.8 元/月。六是突出从严排查整改问题。5~6 月和 9~10 月，在全省两次集中开展防返贫监测帮扶排查整改行动，有效化解了一批潜在风险矛盾。11 月 19 日全国乡村振兴局长视频会议后，迅速以中办督查调研、中纪委专题调研、国务院第八次大督查发现的六类问题为主线，结合省级督查发现的问题，细化梳理成七个方面 25 项，交给市县及相关省直部门办理，推动举一反三、全面排查整改清零。

（三）坚持稳步推进，积极实施乡村建设行动

坚持稳扎稳打、久久为功，注重分类指导、因地制宜，努力打造宜居宜业宜游美丽乡村，确保把好事办好、实事办实。一是强化先规划后建设。成立省国土空间规划委员会，基本完成县级国土空间总体规划编制，按照五种类型明确村庄规划“时间表”“路线图”，确保到 2023 年全面完成村庄规划编制。省级财政专项保障规划编制基础支撑工程，全省坚持统一底图底数、规划编制流程、标准制作和规范成图、规划成果入库、技术培训指导。完成 6763 个村庄规划编制，主要包括重点帮扶村、示范创建村、骨干交通沿线村等，并在长株潭结合部规划建设绿心中央公园，打造生态文明展示区。二是强化人居环境改善。扎实推进农村人居环境整治，召开全省农村人居环境整治暨厕所革命现场推进会。认真落实习近平总书记关于农村厕所革命重要指示精神，坚持数量服从质量、进度服从实效，完成农村户厕建设 70 万余户，新建农村公厕 1024 座。全面开展农村户厕摸排整改，对发现的问题目前已基本整改到位。加强农村生活垃圾和污水治理，新建乡镇垃圾中转站 103 座，拆除农村小型垃圾焚烧设施 231 座；新建乡镇污水处理设施 280 个，全省建制镇污水处理设施覆盖率达到 76%，完成 600 个村的生活污水治理任务。开展“一市十县百镇”全域美丽乡村建设及示范村创建，累计创

建美丽乡村示范村6757个、省级同心美丽乡村1608个，全省村庄（建制村）绿化覆盖率达64.2%。三是强化公共服务水平提升。新建或改扩建农村供水工程1269处，受益人口284万人；完成农村集中供水工程维修养护项目4089处，服务农村人口1614万人。完成乡镇通三级路638公里，建设农村旅游路、资源路和产业路3941公里。开展农村客货邮融合发展试点，全省通快递村达到16388个、覆盖率68.4%。持续改善农村就医条件，新建社区卫生服务中心和乡镇卫生院中医馆386个。以面向51个脱贫县为主建设的101所芙蓉学校全面建成并投入使用。

（四）强化组织保障，深入推动各项举措落地见效

坚持五级书记抓乡村振兴，落实“四个优先”要求，确保巩固脱贫攻坚成果同乡村振兴有效衔接举措落地见效。一是强化党建引领，加快推动乡村治理能力现代化。将抓党建促乡村振兴纳入绩效考核、政治建设考察、基层党建述职评议考核重要内容。圆满完成村“两委”换届，新一届村干部平均年龄42.6岁、较上届下降6岁，具有大专以上学历的近50%、较上届提高18.1%；排查整顿软弱涣散村社区党组织680个。全面铺开新时代文明实践中心建设，举办“精准扶贫三湘巨变”脱贫攻坚大型成就展，开展“知党恩、感党恩、听党话、跟党走”和“湘‘约’我的村——寻找最美村规”等活动，推广积分制、网格化、屋场会、门前“三小”和“乡贤助乡”等有效治理模式，创建了178个国家级、1093个省级民主法治示范村。出台发展壮大农村集体经济21条政策举措。二是强化组织动员，广泛凝聚乡村振兴合力。深化东西协作机制，安排省文资委、国资委、工商联及省内10个经济较发达市县区对口支援重点帮扶县，累计向被帮扶地区投入财政援助、项目支持和社会帮扶资金3.5亿元，支持项目建设200多个，引进落地企业43个，实际投资额4.2亿元。深入推进“万企兴万村”行动，组织动员1800多家民营企业、商协会结对帮扶1500多个村。三是强化纪律监督，从严整治形式主义官僚主义。全面梳理贯彻“四个不摘”政策、返贫动态监测机制、易地搬迁后扶等工作中存在的突出问题，在全省部署开展有

效衔接问题“一县一清单”专项监督和作风整治行动。在全省纪委监委系统组织开展“纪委为您来解难”带件走基层活动，挂牌督办 100 件乡村振兴等领域问题线索。开展惠民惠农财政补贴资金“一卡通”问题专项监督检查，保障乡村振兴帮扶资金规范使用管理。深入清理扶贫项目“两拖欠”问题，保证群众的合法利益不受损害。持续为基层群众性自治组织明责减负，推动“三个清单”落实落地。四是强化关心关爱，持续激发干部干事创业激情。年初共认定 153 名脱贫攻坚殉职人员并进行一次性补偿，建立对其家属慰问长效机制。4 月份隆重表彰脱贫攻坚 800 个先进集体、1296 名先进个人，各级主流媒体跟进报道、深度宣传，社会反响良好。51 个脱贫县党政正职提拔 25 人，重用 29 人，全省共提拔、晋升、重用、交流市县乡村振兴局局长 67 人。同时，落实乡村振兴一线干部津贴补贴、健康体检、休假等政策，健全容错纠错机制，为担当干事者撑腰鼓劲。

二　2022年的基本思路和重点工作

2022 年是党的二十大召开之年，也是巩固拓展脱贫攻坚成果同乡村振兴有效衔接的关键一年。总的思路是：以习近平新时代中国特色社会主义思想为指导，深入贯彻党的十九大和十九届历次全会、中央经济工作会议、中央农村工作会议精神，全面落实省第十二次党代会、省委经济工作会议、省委农村工作会议精神，坚持稳中求进工作总基调，立足新发展阶段，贯彻新发展理念，构建新发展格局，推动高质量发展，扎实促进共同富裕。聚焦“守底线、抓发展、促振兴”，坚决防止发生规模性返贫，务实推进乡村建设、乡村治理和农村社会事业发展，确保过渡期内脱贫人口收入增速高于当地农民收入增速，努力实现湖南巩固拓展脱贫攻坚成果和乡村振兴工作继续走在中部前列。

（一）坚定不移固成果

坚定不移巩固拓展脱贫攻坚成果，继续强化责任、政策和工作落实，在总结2021年的经验和存在问题的基础上，进一步强化“应纳尽纳、应帮尽帮”的工作要求，坚决守住防止规模性返贫底线。

（二）全力以赴促发展

围绕农业增效、农民增收，聚焦脱贫地区和脱贫人口，继续加强产业、就业、易地搬迁后扶等措施，有针对性地解决发展不平衡、不充分问题，确保脱贫群众收入增速高于当地农民收入增速，确保脱贫地区农民收入增速高于全省农民收入增速。

（三）统筹推进抓建设

全面实施乡村建设行动，加强制度设计，坚持规划引领，提升人居环境，完善基础设施，优化公共服务，加快促进农村社会事业发展，进一步提升群众对乡村振兴的获得感和认同感。

（四）多措并举强治理

坚持塑形铸魂结合，统筹实施基层党建引领、村民自治完善、乡村法治提升、乡村德治善化、乡村文化传承、集体经济增效“六大工程”，深入推进移风易俗，强化群众在乡村振兴中的主体地位。

（五）驰而不息优作风

认真落实全面从严治党要求，加强乡村振兴系统干部和驻村帮扶工作队管理，建立分层分类常态化轮训机制，着力打造一支政治过硬、本领过硬、作风过硬的乡村振兴干部队伍。

B.17

2021年湖南医疗保障事业发展情况及2022年展望

湖南省医疗保障局课题组*

摘　要： 2021年，湖南医保部门以“制度建设年”为主线，坚持以人民为中心，改革发展任务有了重大突破，服务管理继续提质增效，群众待遇逐步改善，统筹疫情防控和医保事业，实现了“十四五”良好开局。2022年，全省医保系统将统筹完善医保制度体系，深化两项改革，打赢三场硬仗，狠抓六个落实，努力打造“治理能力提升年”，以优异成绩向党的二十大献礼。

关键词： 医疗保障　制度建设　治理能力　新冠疫苗　集采

2021年，湖南医保部门以“制度建设年”为主线，坚持以人民为中心，全面落实上级决策部署，改革发展任务有了重大突破，服务管理继续提质增效，群众待遇逐步改善，统筹疫情防控和医保事业，实现了“十四五”良好开局。

一　2021年医保改革发展成效

2021年，全省基本医疗保险参保6748.66万人，整体参保率达到

* 课题组组长：湖南省医疗保障局党组书记、局长王运柏。副组长：湖南省医疗保障局党组成员、副局长张棉长。成员：湖南省医疗保障局办公室主任成智勇，湖南省医疗保障局办公室一级主任科员欧阳振华，湖南省医疗保障局办公室一级主任科员蒋冉。

101.91%。全省城镇职工医保基金总收入（不含上解、下拨收入，支出同）453.22亿元，同比增长8.89%；总支出347.92亿元（含生育待遇支出20.25亿元），同比增长2.37%；当期结余105.30亿元，累计结余767.39亿元。全省城乡居民医保基金总收入（不含上解、下拨收入，支出同）502.80亿元，同比增长5.04%；总支出458.30亿元，同比减少0.43%；当期结余44.50亿元，累计结余293.10亿元。

（一）完善多层次医疗保障体系，医保待遇更加惠民

以巩固拓展医保脱贫攻坚成果助力乡村振兴战略实施。实现由集中资源支持脱贫攻坚，向统筹三重制度保障平稳过渡。清理过度保障政策，加强因病返贫致贫风险监测，全省防返贫监测对象13.66万户32.34万人，全部参加基本医疗保险。进一步提高大病保险保障能力。统一大病保险合规医疗费用范围，适当提高大病保险支付比例，将年度补偿限额从30万元提高到40万元，对困难群众实施起付线降低50%、报销比例提高5个百分点、取消封顶线等政策倾斜。夯实医疗救助托底保障功能。统一规范全省医疗救助政策，对救助对象进行分类，实行参保资助、住院医疗救助、门诊医疗救助，建立再救助制度，防止发生因病返贫致贫。安排医保基金保障群众免费接种新冠肺炎疫苗。在保持基金收支平衡的同时，扎实做好新冠肺炎救治医疗保障工作和新冠病毒疫苗及接种费用保障。2021年全省医保系统累计结算疫苗费用47.05亿元，接种费用11.98亿元，两项合计59.03亿元。推动基本医保与商业健康保险的有效衔接。鼓励商业保险公司开发普惠型健康保险产品，鼓励将医保目录外的合理医疗费用纳入保障范围，推进多层次医疗保障体系建设。开展长期护理保险制度试点。湘潭市建立了170余人的评估专家库，确定了36家长护险护理服务定点机构，享受待遇1100余人，基金支付600余万元。强化“两病”门诊用药保障。开展深化“两病”门诊用药保障和健康管理专项行动，扩大城乡居民“两病”参保患者受益面。自开展专项保障至2021年底，全省参保患者“两病”就诊人数705.94万人，就诊1981.95万人次，共支出基金

24.39 亿元，综合实际报销比例 67.84%。株洲、郴州被国家医保局确定为“两病”门诊用药保障专项行动示范城市。

（二）深化医药供给侧改革，医药价格更加利民

把更多药品纳入医保报销。将 119 种国家谈判药品调入目录，平均降价 50.64%。出台双通道药品使用管理办法，将 97 种国谈药品纳入湖南省医保“双通道”管理范围，让参保患者更方便地买到降价后的救命药。全面落实国家集采。国家集采五批药品 218 个，平均降价 53%，全省如期落地执行并完成约定采购量。国家集采冠脉支架平均降价 93%，全省执行中选结果顺利，已完成约定采购量的 185.87%。推动全省带量采购常态化运行。圆满完成部分高值耗材带量采购。吻合器类 46 个中选产品价格平均降幅 90.51%，最高降幅 96.05%，最高降价 5520 元；冠脉球囊类 14 个中选产品价格平均降幅 77.17%，最高降幅 94.06%，最高降价 2963 元。实施抗菌药物专项集采第二周期续约，104 个中选产品，平均降价 15.9%，最高降幅 60.98%。积极参与组建省际联盟药品耗材带量采购。分别与重庆、陕西、河南、江苏、广东等联合开展 8 批次带量采购。其中，参加重庆等 5 省份和陕西等 11 省份联采药品 35 个 2 批次，平均降价 50%；参与陕西人工晶体联采 2 批次，50 个产品平均降价 50%；参与河南等 12 省份骨科创伤类耗材采购联盟 1 批次，骨科耗材 20751 个产品（区分规格、型号），平均降幅 88.65%；参加江苏等 12 省份联采 1 批次，冠脉药物涂层球囊产品平均降价 69.9%；参加广东等 11 省份新冠病毒检测耗材联采 2 批次，试剂最低中选价仅 5.38 元/人份。分类实施药品挂网和价格联动。对 3.6 万个挂网药品进行规范清理和省际价格联动，把挂网药品数量精简到 1.5 万个，其中新增了 1700 个通过一致性评价的优质药品，挂网药品总体降价 25.15%；对 912 个带量采购非中选药品实施限价挂网，平均降价 31%，全面实现挂网药品结构优化、价格整体下降。

（三）夯实医保制度建设，医保管理机制更加健全

建立了医疗保障待遇清单制度。落实国家统一部署，依法设立基本制度，严格决策权限，明确全省医疗保障待遇清单范围和决策层级。建立了医疗服务价格动态调整机制和监测评估制度。通过监测医疗机构人均门诊费用、人均住院费用、医疗收入增长、职工薪酬增长情况和医疗服务项目定价成本变化，建立了医疗服务价格是否调整、如何调整，用量化数据说话的机制。2021 年，对在长（沙）部省属医院的 350 个基础医疗服务价格项目进行调整，其中下调大型设备检验类项目 284 个，上调诊查、护理、注射、治疗类项目 66 个，价格上调幅度为 40% ~ 55%。在全国率先出台特需医疗服务项目价格管理政策。按照“总量控制，备案管理”的思路，简化审核程序，实行项目价格市场调节，充分发挥临床学科专业优势，实现项目准入的专业化、标准化。开展第一批特需项目评估，新增 22 个特需医疗服务项目。建立了医药价格和招采信息评价制度。对拒绝作出信用承诺的 1727 家配送企业，实施注销平台交易账号、取消产品挂网资格等处理，共涉及 111 个药品、6279 个耗材；将存在“不正当价格行为”的 13 家企业纳入了失信记录，进行警示约谈和取消产品挂网资格处理。建立了国家集采药品医保资金结余留用制度。对医疗机构使用国家集采产品节省的医保基金，按不高于 50% 留用给医疗机构。全省已向医疗机构结算第一批 25 个国家集采药品结余留用资金 7400 万元。建立了医疗保障基金监管飞行检查规程。遵循依法依规、相对独立、客观公正、程序严谨的原则开展飞行检查，就飞行检查的启动条件、检查过程、现场复核、专家论证、结果处理等作出制度性规定。深入推进医保支付方式改革试点。湘潭、郴州于 2021 年 6 月 1 日起实现 DRG 实际付费。湘潭在全国医保支付改革推进会上作典型经验介绍，顺利通过国家评估验收，被评为优秀。通过运行数据分析，湘潭 8 家试点医疗机构平均住院床日减少 1.31 天，药占比和耗材占比同比下降 1.44% 和 2.96%。常德、益阳、邵阳 3 个国家 DIP 试点城市于

2021 年 10 月份实际付费；长沙在全国率先启动以“价值医疗”为导向的三级康复治疗医保支付方式改革，建立医、康、护一体的全病程管理体系；怀化、岳阳启动了 DIP 付费；衡阳启动了 DRG 付费，全省支付方式改革大踏步前进。

（四）巩固监管高压态势，医保基金更加安全

全力开展打击欺诈骗保套保挪用贪占医保基金集中整治。联合发改、财政、卫健等十六个单位，紧紧围绕定点医疗机构、定点零售药店、医药企业、参保人、经办机构、政府部门等六大整治重点，全面摸清经办机构、定点医药机构及参保人底数；对自医保部门成立以来飞检、审计、巡视（巡察）、信访、案件 5 个方面 13576 个问题进行全面起底，移送问题线索 667 条；检查定点医药机构 21472 家，处理 7135 家，追回（含处罚）基金 2.58 亿元；查处参保人违法违规 1978 例，处理 255 人，追回（含处罚）医保基金 452.55 万元；发现经办机构问题 1189 个，完成整改 930 个，涉及违法违规 8 例，移送纪检监察机关 1 人，追回（含处罚）基金 179.42 万元；排查出三角债问题 85.98 亿元，已经清欠 49.16 亿元。发现集采政策落实不到位问题 1186 个，已整改 1065 个。发现医疗救助问题线索 16 个，已全部整改到位，追回资金 130.25 万元。查处医疗购销领域不正当利益案件 48 件，涉及医疗机构 16 家、154 人，移送纪检监察机关 32 人，涉及金额 471.26 万元。针对集中整治发现的风险和问题，在立行立改的基础上，把整改成效固化到制度建设上来，通过建章立制进一步防风险堵漏洞，全省新建制度 207 个，完善制度 214 个。创新医保基金监管方式。深入推进基金监管两试点一示范，全省三个国家试点城市在国家局总结评估中获得两个“优秀”。长沙市医保局联合公安、第三方信息公司以大数据分析等手段，全面实时排查医疗机构涉嫌欺诈问题。湘潭大力推进医保智能监控国家示范点建设，实现对定点医疗机构智能审核、远程查房全覆盖，医院在床率明显提高，杜绝冒名顶替就医购药现象。

（五）多措并举提升服务水平，医保服务更加便民

推动新的医保信息系统如期上线。2021 年 6 月 16 日，核心经办系统在永州首先实现平台切换上线，11 月 12 日，全省全面上线，实现了职工医保和居民医保的信息系统整合、数据全省实时集中、定点医药机构一点接入。进一步扩大医保电子凭证激活应用规模。激活量达到 2000 万人，试点应用医药机构已有 2 万多家。依托医保电子凭证和移动支付平台，开展长株潭和省直医保个人账户异地药店消费清算试点，推进医保个人账户电子凭证“全省通用”。推动经办服务提质增效。对全省医保经办业务事项进行了细化拆分，形成了全省统一的 45 个业务办理项，推进政务服务“三化”攻坚行动，全面提升全省医保政务服务标准化、规范化和便利化水平。稳步推进门诊费用跨省结算。按照国家统一部署，出台了《湖南省门诊费用跨省直接结算管理办法（试行）》，明确了服务范围、备案管理、就医管理、门诊费用结算、稽核监督等具体细则。全省 15 个统筹区全部实现了门诊费用跨省直接结算，12 个统筹区提前实现了每个县至少一家定点医疗机构实行普通门诊跨省直接结算。

二　医保改革发展面临的挑战和困难

2021 年，医保发展的质量进一步提高，但是发展不平衡不充分的问题也存在，影响制度可持续发展的结构性、机制性、功能性问题逐渐凸显。

一是医保基金运行形势严峻复杂。医保基金是医保制度体系运行的基础。基础不牢，地动山摇。全省基金运行总体平稳，但个别地方基金风险比较突出，有的统筹区基金可支付月数逼近甚至低于 3 个月的预警线。二是制度标准还没有完全统一。三重保障制度框架基本成型，统一性、规范性方面还存在不足。待遇清单制度尚未全面实施，全省还没有形成统一政策标准和基准。三是医保多层次保障发展还不够均衡。一方面，基本医疗保障作为主体制度安排，在覆盖范围、保障功能等方面都承担了更多责任，逐渐出现了

政府“无限责任”的倾向，多元化诉求都寄希望于社会保险解决。另一方面，商业健康保险发展缓慢，慈善捐助等多元补充保障没有发挥应有的作用。2021 年，省内有关商业保险公司推出了补充医疗保险产品，免赔额普遍在 1 万~2 万元，相比全省 6700 万基本医疗参保对象和几百元的门槛费，商业医疗保险的保障范围小、保障能力弱、普惠性不强。四是基金监管压倒性优势还没有形成。监管的高压态势还比较弱，医疗机构运行机制还没有转变，监管稍有松懈就会死灰复燃。比如，民营医院骗保手段花样翻新，公立医院违规现象依然严重。

三　2022年医保重点工作和思路

2022 年，全省医保系统要以习近平新时代中国特色社会主义思想为指导，坚持稳字当头、稳中求进工作总基调，继续以推动医疗保障事业高质量发展为主题，以有效防范和化解医保系统性风险为重点，统筹完善医保制度体系，深化两项改革，打赢三场硬仗，狠抓六个落实，努力打造“治理能力提升年”，以优异成绩向党的二十大献礼。

（一）深化“两项改革”

一是全面深入推进医保支付方式改革。各市州按照省医保局 DRG/DIP 支付方式改革三年行动安排部署，围绕实现四个全面覆盖、建立完善四个工作机制、加强四项基础性建设、推进医疗机构协同改革等四项重点任务，认真谋划推进路径，确保按计划高质量完成改革任务。湘潭、郴州、常德、益阳、邵阳要认真总结试点经验和成绩，研究分析问题，推动先期试点工作做实做细做精，不断完善 DRG/DIP 付费工作机制，把改革试点范围扩大到全市所有医疗机构，提高支付方式改革绩效，做好示范引领和推广工作。二是深入推进长期护理保险制度试点。鼓励有条件的市州，按照国家统一规范，开展先期调研和数据测算，为将来扩大试点范围做好准备。要坚持“互助共济、责任共担”的理念，保基本、低水平起步，先城市后农村，先职工后居民，起步阶段突出重点保障重度失能老年人。湘潭市长期护理保险政策要全面向国家文件的要求和标准过渡，年内要实施全国统一的长期护理失能等级评定标准。

（二）打赢“三场硬仗”

一是打赢基金监管“持久战”。深入开展打击欺诈骗保套保挪用贪占医保基金集中整治“回头看”，推动实现“标本兼治”的目标。通过问题整改，找准症结、举一反三，建立完善一批管用、长效的制度机制，防范类似问题重复发生。保持打击欺诈骗保高压态势，实施监管检查全覆盖，完成国家医保局规定的监管检查任务，组织集中宣传月活动。按照双随机一公开方式，结合举报线索，确定重点监管检查对象，面向省本级和 14 个市州开展飞行检查。二是打赢经办服务提质增效“攻坚战”。进一步深化“放管服”改革，依托新的医保系统，提升“互联网+医保”服务水平。做好医保服务热线与“12345”政务服务便民热线有序衔接。全面开展医保政务服务事项线上线下办理同源同质，实现同一经办事项全省“无差别受理、同标准办理”。加强服务窗口建设，开展标准化窗口和示范点建设，以点带面促进全省医保经办服务窗口效能提升。加快异地就医结算备案和门诊费用跨省直接结算，实现省内所有区县普通门诊跨省直接结算全覆盖，全省所有统筹地区开通 5 个门诊慢特病种跨省直接结算。三是打赢医保信息化建设“阵地战”。完善新医保系统功能，解决系统缺陷问题，实现由“能用”向“好用”转变。不断完善平台功能模块，充分发挥新平台对医保事业发展的支撑作用，提升医保决策的科学性、医保监管的靶向性、医保服务的便捷性。加强医保信息安全体系建设，夯实网络安全基础防护，确保满足相关网络安全等级保护要求。

（三）狠抓“六个落实”

打造“治理能力提升年”，解决制度落地“最后一公里”问题，让人民群众切身感受到医保改革发展的红利。一是全面落实医疗保障待遇清单制度。在进一步完善基本医保市级统筹的基础上，规范基本医疗保障政策，在2022年底前完成三重保障制度项目设置和名称统一规范，实现以基准为参照的全省基本医疗保险筹资和待遇基本均衡。二是落实重特大疾病医疗保险和医疗救助制度。优化大病保险减负功能，落实《湖南省城乡居民大病保险实施办法》，建立大病保险承保公司考核评估机制，提高资金使用效益，优化大病保险服务。聚焦医疗救助托底保障，落实《湖南省医疗救助办法》，妥善解决政策碎片化、保障不均衡问题。在全省范围内推进基本医保、大病保险、医疗救助“一站式”结算，简化优化工作流程，规范经办管理服务。指导商业补充医疗保险有序发展，促进三重制度综合保障与慈善救助、商业健康保险等协同发展、有效衔接，健全政府主导、多方参与的多层次医疗保障体系。做实医疗保障政策与乡村振兴战略有效衔接，重点抓好监测预警、信息共享和综合帮扶，动态识别返贫致贫风险，落实好救助政策。三是健全并落实职工医保门诊保障机制。主要分普通门诊和特殊门诊两个方面。全面建成职工门诊共济保障机制。出台《关于建立健全职工基本医疗保险门诊共济保障机制的实施意见》，通过“一提”（即提高门诊保障待遇）、“一降”（即减少单位缴费划入个人账户部分）、“一转”（即从自我保障向共济保障转变）组合拳来腾笼换鸟，转换制度机制，提高保障绩效。各地结合本地实际，细化政策措施，确保在2022年底前全面建成职工医保门诊共济保障机制。出台管理办法统一职工慢特病门诊保障政策，在做好高血压、糖尿病等群众负担较重的门诊慢性病、特殊疾病医疗保障的基础上，逐步将多发病、常见病的普通门诊费用纳入统筹基金支付范围。改进个人账户计入办法，规范个人账户使用范围，完善与普通门诊共济保障相适应的付费机制。四是落实医保目录管理制度。做好执行国家统一的医保医用耗材目录准备，制定全省的支付标准。建立并落实医疗服务项目管理办法，明确基本医疗服务项目的新增和调出标准，把医疗服务项目的修订、支付、管理、监督等以制度文件的形式确定下来。在此基础上，统筹医疗服务项目立项、定价和医保支付，适时启动基本医疗服务项目调整工作，把更多临床必需的医疗服务项目纳入医保报销。拓展完善药品目录，把符合条件的省增中药饮片纳入支付范围。开展双通道药品目录和医院制剂目录遴选，扩大双通道管理药品目录范围，让群众用上更多质优价廉的药品。继续落实好国家药品目录，完成消化期药品调出工作。五是落实药品和医用耗材集中带量采购机制。扩大集中带量采购覆盖面。落实好国家药品耗材集采中标结果，分批分类做好国家集采、省集采和省际联盟带量采购药品耗材到期续约工作，积极参与组建省际联盟集采。根据国家统一要求，持续做好医药价格和招标采购信用评价，规范操作标准和裁量基准，完善信用修复办法，定期公示通报失信企业名单。做好药品价格监测应对和预期管理，全面推进医药价格指数编制。加强药品医用耗材挂网采购管理，进一步优化药品挂网采购规范和价格联动机制，发挥市场机制，推动实现药品价格整体回归合理。制定医用耗材挂网采购管理办法，确定耗材挂网范围和目录分类，建立挂网规则与价格机制，规范采购交易与配送服务行为，全面实施公立医疗机构医用耗材在省平台阳光采购，推动药品耗材挂网采购与集中带量采购更好协同联动。依托国家医保信息平台药品和耗材招采子系统，建成集招标、采购、交易、结算、监督于一体的省招标采购平台，做好原医药集中采购平台数据切换迁移。依托全省统一的集采平台，开展医保基金直接支付医药货款试点。六是落实医疗服务价格改革制度。加快落实调价评估指标体系和数据库建设，开展年度调价监测评估，完善价格调整“调不调，何时调，怎么调，调多少”、用量化数据说话的工作机制和闭环管理模式。对照启动条件和约束标准开展评估和实施价格调整，逐步优化医疗价格结构，理顺医疗服务比价关系。根据国家发布的医疗服务价格项目规范和立项指南，分类分批梳理规范和修订完善全省医疗服务价格项目。完善全省新增项目管理规范和审核程序，加快新增项目审核，完善特需医疗服务价格项目管理，落实项目数量及医疗服务收入的双总量控制。

B.18
2021年湖南省妇女事业发展情况及2022年展望

湖南省妇女联合会课题组*

摘　要： 2021年，湖南省妇女事业发展坚持党的全面领导，坚持以人民为中心，聚力服务大局、服务妇女、服务基层，切实维护妇女合法权益，妇女群众的获得感幸福感安全感稳步提升。2022年，湖南省妇女事业发展将以迎接宣传党的二十大为主线，学思想、建新功、办实事，团结动员广大妇女为建设富强民主文明和谐美丽的社会主义现代化新湖南贡献巾帼力量。

关键词： 妇女发展　妇联工作　湖南

一　2021年湖南省妇女事业发展情况

2021年，湖南省妇女事业发展坚决贯彻省委省政府决策部署，着力服务中心大局，统筹推进妇女发展、妇女维权、家庭建设、妇联改革等工作，引领广大妇女群众紧密团结在党的周围，为建设现代化新湖南做出新贡献。“出手吧，姐姐”系列消费扶贫直播带货活动入选国家发改委全国消费帮扶助力乡村振兴典型案例。“潇湘巾帼心向党”大型群众性朗读比赛活动获中央网信办、全国妇联“十大争做巾帼好网民优秀案例”。推动女性进村（社

---

* 课题组组长：黄芳，湖南省妇联党组书记、主席。副组长：张媛媛，湖南省妇联党组成员、副主席；卢妹香，湖南省妇联副主席；钟斌，湖南省妇联党组成员、副主席。组员：熊望衡，湖南省妇联办公室主任。徐文，湖南省妇联办公室副主任。

区）“两委”和村（社区）妇联换届工作得到全国人大常委会副委员长、全国妇联主席沈跃跃同志批示肯定。作为湖南省党史学习教育七个访谈单位之一，工作经验得到中央党史学习教育巡回指导组的肯定。

1. 政治引领呈现新气象

一是加强政治机关建设。坚持“第一议题”学习制度，发挥“关键少数”作用，带动各级妇联干部学习习近平总书记重要讲话和中央、省委、全国妇联重要文件会议精神，对标对表抓好工作落实。全年开展党组理论学习中心组学习、党组会学习、集中学习研讨 59 次，深入领会党的十九届六中全会和省第十二次党代会精神，自觉把党的领导贯穿妇联工作全过程各方面，坚定捍卫“两个确立”，坚决做到“两个维护”。二是深化党史学习教育。坚持将学党史、悟思想、办实事、开新局贯通起来，举办专题读书班、集中辅导 11 次，党员领导干部带头讲专题党课 5 次，深入学习习近平总书记在党史学习教育动员大会上的重要讲话、“七一”重要讲话和党史学习教育指定书目。开展“我为妇女群众办实事”，征集意见建议 4.7 万条，办好送技能培训、建儿童之家等 38 件实事。发起“出手吧，姐姐——温暖2021”关爱困境母亲公益项目，发动 34 万人参与捐赠，募集善款 1627.92 万元，省委党史学习教育简报第 75 期专题推介省妇联经验。三是隆重庆祝建党百年。《今日女报》全媒体开设“潇湘巾帼学党史”“湖湘妇运百年”专栏，持续推出党史知识、重点文章、言论评论，阅读量 500 多万人次。开展“百千万巾帼大宣讲”，组织百名妇女先进典型、千名妇联干部深入城乡村（社区），开展党史学习教育宣讲上万场。组织“潇湘巾帼心向党”群众性朗读比赛，在广大妇女和家庭中厚植爱国主义情怀，视频推送和新闻报道阅读量上亿人次。举办“百年湘女梦”全省纪念“三八”国际妇女节主题晚会、“永远跟党走——潇湘巾帼颂党恩”全省妇联系统庆祝中国共产党成立 100 周年主题晚会，引领广大妇女坚定不移听党话、跟党走。

2. 服务大局彰显新作为

一是巩固脱贫攻坚成果。牵头实施全省农村适龄和城镇低保适龄妇女“两癌”免费检查民生实事，103 万人接受检查。争取中央财政 2570 万元救助金，救助2570名贫困“两癌”患病妇女。联合17家省级医疗机构组建湘女健康医联盟，联合中国人寿、太平洋保险推广女性健康和家庭安康保险，构建“小病不出村、大病有通道、保障有保险”的妇女和家庭健康保障模式，助力健康湖南行动。二是实施乡村振兴巾帼行动。实施湘女素质提升工程，开展“湘女@家”妇女职业技能培训，举办家政、手工、种养殖等培训班5700期，培训妇女19万人。评选全国、省级巾帼现代农业科技示范基地15个。实施湘妹子能量家园工程，建设数字化App平台，推行积分制管理，在全省115个村（社区）试点，近20万群众注册使用平台。开展“出手吧，姐姐”全省冬季村庄清洁大行动，组织广大妇女建设美丽乡村。选派优秀干部驻村帮扶慈利县东岳观镇北平村。三是助力“三高四新”战略定位和使命任务。举办全省第三届巾帼创业创新大赛暨育婴员、保育员职业技能竞赛。开展百千万职业女性风采宣传展示故事征集活动，广泛宣传“最美巾帼文明岗、最美巾帼建功标兵、最美巾帼工匠”的先进事迹，充分发挥女科技工作者、女教师、女工匠、女企业家等各界妇女作用，为湖南高质量发展贡献巾帼力量。

3. 妇女维权取得新成效

一是实施妇女儿童发展规划。发挥省政府妇儿工委办公室职能作用，推动妇女儿童发展和家庭建设重点内容纳入省“十四五”规划。召开2021年省政府妇儿工委全会，科学编制并推动《湖南省妇女儿童发展规划（2021-2025年）》颁布实施。开展《湖南省妇女儿童发展规划（2016-2020年）》终期评估，妇女发展规划指标达标率75.5%，儿童发展规划指标达标率91%。二是持续推进未成年人保护。联合省检察院制定《湖南省侵害未成年人案件强制报告制度联席会议及工作协商机制》《湖南省关于落实密切接触未成年人单位工作人员从业查询制度的工作衔接机制》。实施“青春期性教育安全保护权益直通车”项目，培训性教育公益讲师2532人。开展“女童权益保护宣讲三年行动”，全省开展进学校、进乡村、进社区宣讲2.2万场，建立女童权益“一站式”保护中心44个。三是推动解决妇女维权难点问题。开展促进育龄妇女发展专题调研，提出的生理健康服务、职场福利、平等就业等建议，被修订的《湖南省人口与计划生育条例》采纳。全省妇联系统接待和处理群众来信来访来电 9680 件次。开展“讲述身边的妈妈禁毒故事”视频征集大赛，视频点击量 3000 多万人次。开展婚姻家庭矛盾纠纷、重点儿童和家庭情况摸查行动，摸排婚姻家庭矛盾纠纷 1.08 万件，化解 8100 件，化解率 75%；摸底重点儿童 22.5 万人、重点家庭 1.47 万户，发现报告案件 231 件。

4. 家庭建设实现新突破

一是加强家庭教育指导。推动《湖南省家庭教育促进条例》颁布实施。开展条例解读宣讲进党校、进机关、进学校、进社区、进乡村。举办第五届新家庭教育文化节，推动湖南省网上家长学校进中小学、幼儿园。组织百名家庭教育金牌讲师、千名家庭教育志愿者开展家庭教育公益讲座、家庭教育实践活动。指导衡南县构建家校共育“12345 模式”，湖南省妇联在全国未成年人保护工作经验推进会上作经验交流。二是深化家庭文明建设。开展寻找“最美家庭”活动，评选 100 户省级“最美家庭”，其中 33 户获评全国“最美家庭”。打造红色家风故事巷，开展童心向党微宣讲和“书香飘万家”亲子阅读活动，推进红色家风进社区、进校园、进家庭。开展“美家美妇新时尚·垃圾分类巾帼行”主题活动，引导广大妇女和家庭倡导文明新风。三是开展关爱服务活动。发挥妇联执委、巾帼志愿者作用，开展送家风故事、送家教服务、送法治安全、送社会关爱等寒假“四送”活动和暑假防溺水专项行动。开展“童心向党·薪火湘传”系列活动，举办孩子笔下的建党百年书画作品展。实施“知心屋”项目，开展“舞蹈公益百校行”，均获第四届湖南慈善奖。开展“春蕾计划梦想未来——湖南在行动”系列活动，募集资金物资 460 万元，帮助千名困境女童实现求学梦。

5. 妇联改革激发新活力

一是深化基层妇联改革破难试点。完成全省妇联改革五年总结评估，开展妇联改革破难试点，株洲市聚焦女性社会组织发展，湘西州探索执委能力发挥，桃江县打造党建带妇建模式，其经验被在《中国妇女》《中国妇运》推介。召开全省深化妇联系统改革现场推进会，部署“十四五”时期全省深化妇联系统改革工作。实施“基层妇联领头雁培训计划”，全省举办基层妇联组织成员培训班3069期，培训乡镇（街道）妇联执委3.28万人次，村（社区）妇联执委16.77万人次。争取省委组织部、省民政厅支持，推进村（社区）妇联与村（社区）“两委”同步换届，在全省换届文件中明确“四个确保、两个力争”的工作目标。村（社区）“两委”班子成员中女性占37.38%，村（社区）党组织书记中女性占13.35%，分别比上届提高5.31个、2.57个百分点，实现女村党组织书记、女村委会主任双双超10%的目标。《全国妇联简报》专题推介湖南经验。二是推进网上妇联阵地建设。以创建“星级网上妇女之家”为引领，打造“湘女e家”新媒体联盟，各级妇联建成新媒体平台200余个，粉丝总数超450万个，有效促进全省各级妇联建强平台、提升影响、创新工作，实现网上妇联以点带面的整体突破、从平台搭建到内容深耕的转变跨越。三是拓展新领域妇联组织覆盖。制定《湖南省妇联团体会员管理办法》，实施“团体会员倍增计划”，全省县以上建立团体会员394个。建设省级女性社会组织服务中心，在社会组织、新领域中建立妇女组织842个，新建妇女之家850个，建立妇女微家1198个，推动妇联组织和妇女工作实现“有效覆盖”。5月19~21日，全国妇联党组书记、副主席、书记处第一书记黄晓薇来湘调研，充分肯定湖南妇联改革经验。

二　2022年工作思路

2022年是党的二十大召开之年，是落实省第十二次党代会精神的第一年，是实施新周期妇女儿童发展规划的起步之年。全省妇女事业发展的总体思路是：坚持以习近平新时代中国特色社会主义思想为指导，深入贯彻落实党的十九届六中全会、省第十二次党代会精神，紧紧围绕省委省政府决策部署，学思想、建新功、办实事，团结动员广大妇女为建设富强民主文明和谐美丽的社会主义现代化新湖南贡献巾帼力量，以优异成绩迎接党的二十大胜利召开。

1. 坚持用党的创新理论武装头脑、指导实践

在学原文、读原著、悟原理上久久为功，在学用结合、知行合一上笃行不怠，在服务大局、服务妇女上持续发力，学深悟透习近平新时代中国特色社会主义思想，迎接学习贯彻党的二十大，贯彻落实党的十九届六中全会、省第十二次党代会精神。召开党史学习教育总结会，巩固拓展党史学习教育成果，建立常态化、长效化制度机制。抓实基层党建，坚持正风肃纪，深化"三表率一模范"机关建设。注重统筹谋划，制定实施《湖南省妇联事业发展三年行动计划（2022-2024年）》。贯彻落实习近平总书记在中非合作论坛第八届部长级会议上的讲话精神，推动湖南省人民政府与全国妇联在湖南共同筹办中非妇女论坛，省妇联负责承办并抓好具体工作落实。

2. 凝聚广大妇女听党话、跟党走的强大正能量

实施《今日女报》全媒体"头条工程"，做优"巾帼初心耀三湘"品牌，深化"百千万巾帼大宣讲"活动，建强巾帼宣讲员队伍，推动党的创新理论走近妇女群众身边、走进妇女群众心里。聚焦"强国复兴有我"主题，广泛开展"巾帼心向党·喜迎二十大"群众性宣传教育活动，大力宣传中国特色社会主义进入新时代的历史性成就和历史性变革，生动展现在党的领导下妇女儿童事业和妇联工作新进步新气象。坚持底线思维，强化政治安全，落实意识形态工作责任制，做好舆论引导工作，为党的二十大胜利召开营造良好氛围。传承红色基因，推动建立湖南妇女运动史馆，编撰《湖南省妇联工作七十年》。

3. 动员广大妇女为建设现代化新湖南建功立业

实施乡村振兴巾帼行动，继续开展"出手吧姐姐"消费助农系列行动，牵头实施全省农村适龄和城镇低保适龄妇女"两癌"免费检查民生实事，打造"湘女@家"培训品牌，创建湘女新农人联盟，助力粮食安全，为推进乡村振兴、基层数字化建设贡献巾帼力量。实施创业创新巾帼行动，举办全省妇女创业创新大赛，开展巾帼创业创新宣讲，加强对女大学生、脱贫妇女、低收入妇女的就业创业服务，引领更多妇女在新经济新业态中灵活就业创业。实施科技创新巾帼行动，成立湖南省女科技工作者协会，助力女科技工作者在高水平科技发展中再立新功。以纪念“三八”国际妇女节为节点，举办三八红旗手先进典型事迹报告会，启动全省首届妇女运动会，开展“出手吧姐姐”“湘妹子来植树”等系列活动，充分展现新时代女性健康向上的时代风采。

4. 切实维护妇女儿童合法权益

召开《湖南省妇女儿童发展规划（2021-2025年）》新闻发布会，筹备第七次全省妇女儿童工作会议。落实全国妇联妇女儿童维权五项机制，联合政法、民政等部门出台《关于在深入推进全省基层社会治理体系建设中进一步发挥妇联组织作用的意见》《关于加强新时代婚姻家庭辅导教育工作的指导意见》。实施女童权益保护直通车师资培训计划，推进未成年人“一站式”保护中心建设。坚持维权与维稳相结合，完善12338妇女维权热线网络，关注妇女儿童领域网络舆情，提高线上发声能力，跟进做好线下维权服务。开展“建设法治湖南·巾帼在行动”普法宣传活动，大力宣传《民法典》《反家庭暴力法》《家庭教育促进法》等法律法规。

5. 深入推进家教家风工作

以社会主义核心价值观为统领，聚焦推进移风易俗，分类别不间断寻找“最美家庭”，深化五好家庭创建。开展“传承红色基因·弘扬清廉家风”活动，以好的家风滋养好的社会风气。建好省级家庭教育指导服务中心，推进市州、县市区建设家庭教育指导服务中心，推动建立家校社协同育人机制，构建覆盖城乡的家庭教育指导服务体系，推动《家庭教育促进法》《湖南省家庭教育促进条例》落地见效。开展以社区为中心的托育托幼试点，推动落实“三孩”生育政策配套支持措施。开展寒暑假儿童关爱专项行动，深化“春蕾计划梦想未来”等公益慈善品牌，把党的关怀送到妇女儿童心坎上。发挥家庭家教家风在基层社会治理中的重要作用，引导广大家庭积极参与村居治理，做好自身健康防护，筑牢疫情防控家庭防线。

6. 推动妇联改革向纵深发展

继续开展妇联组织改革试点，推动改革向基层延伸，改革成果落地见效。引导村（社区）建立妇女小组、妇女微家。打造省妇联执委与团体会员交流服务中心，培育引领女性社会组织。与教育系统合作，共同在妇女、儿童集中的中小学校、高校成立妇女组织。推广税务系统经验，在女性集中的国资、医院等系统建立妇联组织。加强动态管理、评价激励，建立发挥基层妇联执委作用的长效机制。建设全省妇联系统培训师资库，实施“基层妇联领头雁培训计划”，构建适应新时代要求的妇联干部和执委培训体系，建设高素质专业化妇联干部队伍。推进“春风化雨”行动，创新开展统战工作。加强互动交流，做好援藏援疆工作。加快妇联工作网上网下一体化发展，推进湘妹子能量家园工程，推进潇湘女性网迭代升级，运营好湘女 e 家新媒体联盟，进一步做大做强全系统平台矩阵，努力把互联网建成妇联工作的坚强阵地。

B.19

2021年湖南残疾人事业发展情况及2022年展望

肖红林*

摘　要： 2021年，湖南省残联系统深入学党史、悟思想，使残疾人保障水平逐步提高，民生福祉更加殷实。全省残联系统传承光荣传统，勇于开拓创新，凝心聚力办成了一系列大事、要事，推动“十四五”全省残疾人事业发展实现良好开局。2022年，全省残疾人工作将坚持稳中求进工作总基调，完整、准确、全面贯彻新发展理念，推动《湖南省“十四五”残疾人保障和发展规划》全面实施，加快推进全省残疾人事业高质量发展。

关键词： 残疾人保障　民生福祉　共同富裕

一　2021年工作回顾

（一）突出抓好党建工作

始终把党的政治建设摆在首位，树牢政治机关意识，增强“四个意识”，坚定“四个自信”，做到“两个维护”。切实抓好习近平总书记“七一”重要讲话精神的学习。制定省残联学习宣传贯彻习近平总书记“七一”重要讲话精神工作方案。围绕“七一”重要讲话，开展6次集中学习研讨，

* 肖红林，湖南省残疾人联合会党组书记、理事长。

举办1次专题读书班、1次军转干部座谈会。举行“红心向党，致敬百年”歌咏比赛。扎实推进党史学习教育。坚持“规定动作+自选动作”相结合，以中心组学习带动青年理论学习小组，向残疾人、助残机构和社会群众拓展，开展党史学习教育“四个专题”和“七一”重要讲话等交流研讨，学习效果得到了省委巡回指导组的充分肯定。制定“我为残疾人办实事”实践活动方案，明确了5大方面11项任务和28条具体措施，残疾人获得感、幸福感、安全感得到增强。深入学习贯彻党的十九届六中全会精神和省第十二次党代会精神。举办党的十九届六中全会精神专题培训班。省委宣讲团成员来省残联宣讲党的十九届六中全会精神，省残联党组书记、理事长肖红林深入乡村振兴帮扶村铜梁村等地开展专题宣讲。机关各支部依托主题党日、支部理论学习，开展20余次活动，学习省第十二次党代会精神，推动学习走深走实。

（二）认真编制湖南省“十四五”残疾人保障和发展规划（以下简称“《规划》”）

《规划》坚持以习近平新时代中国特色社会主义思想为指导，贯彻落实习近平总书记考察湖南关于残疾人工作重要指示精神。省委省政府高度重视《规划》编制工作，毛伟明省长专门作出批示，分管副省长三次召开会议专题调度。省残联先后征求相关单位、基层残联、残疾人代表意见20余次，收集意见建议100余条。11月15日，省政府常务会议审议通过《规划》，11月23日，省人民政府印发《规划》（湘政发〔2021〕13号）。

（三）切实保障残疾人兴业增收

一是注重建立机制。出台省残联系统巩固拓展脱贫攻坚成果助力乡村振兴工作方案。全省建立152个残疾人防返贫致贫监测点，进行动态监测，开展针对性帮扶。健全残疾人跟踪访视机制。撰写《着力破解“脱贫不解困”难题，推动湖南省新时期残疾人照护和就业再上新台阶》调研论文，提出相关建议。二是注重部门联动。加强省直部门常态化数据比对，确保数据共享、口径一致。与省乡村振兴局对接，开设“防返贫监测与帮扶管理平台”关于残疾人的单独模块，及时了解残疾人监测和帮扶情况。做好省内残疾人工作对口帮扶，省残联本级联系13个乡村振兴重点县，多措并举落实帮扶资金近千万元，得到中国残联副主席、副理事长程凯同志肯定性批示。三是注重人才培训。与省农业农村厅联合下发家庭农场经营者培育、乡村人才培育等两个专门通知。省本级举办两期培训班，下达市州1000名专门人才培训任务。四是注重技能培训。实施阳光增收计划。按照人均2000元的标准，下达12000名农村残疾人实用技术培训任务。采取“培训+扶持”的方式，帮助残疾人熟练掌握1~2门实用技术。开展电商就业创业技能培训和残疾人电商孵化服务。举办残疾人主播直播带货实战赛。

（四）加快推进无障碍环境建设

出台《湖南省无障碍环境建设五年行动计划（2021-2025年）》，制定《关于进一步规范提升困难残疾人家庭无障碍改造的意见》。实施省重点民生实事项目12000户重度贫困残疾人家庭无障碍改造，已完成12663户，完成率105%。湖南省精准认识、精准谋划、精准操作、精准保障的做法得到中国残联肯定。全国“十四五”困难重度残疾人家庭无障碍改造部署推进现场会在湖南益阳市桃江县召开。省残联应邀参加9月17日“奋斗践行无障碍”主题活动，向全国同行推介湖南经验。省残联配合检察机关开展无障碍公益诉讼专项监督行动取得实效。开展省残联门户网站无障碍整改升级。郴州莽山实现全程旅游无障碍。省市电视台安装“人工智能”手语电视播报系统。

（五）精准帮扶残疾人就业创业

湖南省荣获全国残疾人岗位精英职业技能竞赛团体总分第二名、优秀组织奖。举办湖南省第四届残疾人岗位精英职业技能竞赛。省残联向省人大专题汇报残疾人就业促进“一法一办法”实施情况。省本级对349家单位开展了用人单位按比例安排残疾人就业年审，其中安排残疾人就业1853名。省残联开展残疾人按比例就业“跨省通办”工作。继续实施“点亮万家灯火”托底帮扶残疾人就业专项行动。举办2021年就业援助月系列活动，组织56场招聘会，帮助730人实现就业。开展残疾人大学生就业托底服务。建设省残疾人就业创业网络服务平台。全省共投入1200万元对1340名残疾人实施创业扶持。组织2021年度全国盲医考湖南辖区考试。举办湖南省第三届盲人保健按摩技能比武活动。全省分别有9908名、11067名残疾人接受托底帮扶、职业技能培训。

（六）持续提升残疾人康复服务质量

坚持目标导向，完善残疾人康复政策，增强康复服务能力，提升康复救助水平。一是以制度建设为基础，出台进一步规范残疾儿童康复救助工作的规范性文件，完善康复服务机构星级评定管理办法，印发湖南省“十四五”残疾儿童早期干预试点实施方案。全省8个市州提高了救助标准，5个市州扩大了救助范围，7个市州提供了生活或交通补助。二是以优质服务为根本，将“11000名残疾儿童康复救助”纳入2021年省政府重点民生实事项目，已有18088名残疾儿童在接受康复训练；有需求的持证残疾人接受基本康复服务率和辅具器具适配服务率分别达到95.38%、97.09%；全省完成22376名残疾儿童康复救助线上申请审核；开展第三方监测，残疾人满意度保持在高位。三是以人才培养为保障，选配31名订单班学生到定点康复服务机构工作；省本级举办15期培训班，培训2000名康复骨干专业人才，选送20名康复人才参加国家级规范化培训；举办第三届全省智力与孤独症康复教师技能大赛；选派省级康复专家，开展两期“情系基层”蹲点帮扶康复机构服务活动。四是以改革创新为引领，出台《多功能残疾人社区康复综合服务站管理与服务指南》，支持建设50个多功能残疾人社区康复综合服务示范站；为137个康复机构和12836名0~14岁在训残疾儿童等购买责任保险与人身意外伤害保险；开展残疾儿童康复机构星级评定。五是以宣传活动为载体，开展“助残日”“爱耳日”等残疾预防主题活动；《湖南日报》刊发《湖南残疾人康复事业转型升级发展纪实》；参加中国残联残疾预防宣传优秀案例评选，湖南省4个案例获评优秀。

（七）着力推进基本公共服务均等化

聚焦残疾人“急难愁盼”问题，提高基本公共服务水平。一是开展教育帮扶。对6~15岁适龄残疾儿童开展数据比对，55447名正在接受教育，入学率97%以上。全省残联系统共投入5000余万元开展大学、高中阶段残疾学生和贫困残疾人家庭子女资助工作。投入325万元实施中央彩票公益金助学项目。与省教育厅座谈共商“十四五”残疾人教育并开展调研。配合完成残疾学生高考工作，为138名高考残疾学生提供合理便利支持，有1405名残疾学生顺利被录取。举办8期国家通用手语培训。二是加强托养服务。全省投入8400万元为22537名残疾人提供居家、寄宿、日间照料托养服务。省本级出台托养服务管理办法、修订托养服务规范，评选5A级托养机构5家、4A级7家。对40个县市区开展托养服务情况巡查。选定18家助残服务机构为湖南省首批党建助残活动基地。三是做实权益保障。每季度进行一次梳理排查，全年信访形势稳定。坚持“坚守底线，依法处访”原则，发挥调解作用，全年立案17起，调解90余次，全部调解成功并予以司法确认。四是注重宣传文化体育。湖南省在东京残奥会获10金3银1铜、全国残运会获42金39银23铜，金牌数和奖牌数分别位列全国第四位、第十位。省残联门户网站共编发稿件4959篇，发布《新湖南》残联频道宣传报道1215篇。五是深化志愿助残。推动湘助残App2.0版上线。组织“学史崇德助残有礼”暨湖南省第一届感恩助残志愿者活动。开展助残研学夏令营第二季活动。举办第二届助残志愿者骨干培训班。六是强化典型示范。推荐8个残工委单位、16名个人获评全国残疾人工作先进工作单位和个人。评选产生50名“全省自强模范”、30个“全省助残先进集体”、40名“全省助残先进个人”。通过评选，残疾人工作先进典型示范作用不断增强，残疾人工作影响力日益增强。

（八）全面加强残联自身建设

加强制度建设，夯实组织基础，推进“三表率一模范”机关建设。一是严选任培训。出台2个有关人事管理文件，规范15个方面问题。开展基层选拔任用、职级晋级、驻村帮扶、党校进修68人次。组织开展4个专题培训班。二是重基础管理。动态更新信息，全年完成对全省198万残疾人和2.9万个社区的调查，入户采集率96.47%，App采集率99.71%。撰写《湖南省残疾人基本服务状况和需求信息动态更新数据分析报告》。开展残疾人证新版三代证首发、到期换发等工作，各地组织上门评残办证服务1900余次，服务残疾人6.7万人次。做好残疾人证“跨省通办”工作。协调解决“评残难、评残贵”问题。新增15家评残医院，全省评残医院总数达到220家。推进无纸化办公。公开发布《湖南省残疾人事业发展统计公报（2020年度）》。开展全省残联系统政务服务事项标准化、规范化、便利化工作。筹备“十四五”信息化规划与“智慧残联”建设。省残联机关宣文基部荣获全国群众体育先进集体称号；机关办公室被授予“湖南省节约型机关建设先进集体”荣誉称号，为省直单位受表彰的8个先进集体之一；机关工会儿童托管营被评为省直单位9个示范托管班之一。三是强党风廉政。召开全省残联系统党风廉政建设工作会议。开展1次落实中央八项规定精神情况“回头看”、3次纠“四风”专项督查、4次警示教育。开展廉政提醒谈话。落实10项措施，杜绝形式主义官僚主义。省残联未发生违纪违规行为，“五化”建设全部达标。

二　2022年工作安排

（一）坚定不移把党的政治建设摆在首位

坚持把学习贯彻习近平新时代中国特色社会主义思想作为首要政治任务，推动学习贯彻持续走深走实。深入学习贯彻党的十九届六中全会精神，深刻领会“两个确立”的决定性意义，不断增强“四个意识”，坚定“四个自信”，做到“两个维护”，始终在思想上政治上行动上同以习近平同志为核心的党中央保持高度一致，不断提高政治判断力、政治领悟力、政治执行力。巩固拓展党史学习教育成果，持续将学习效果转化为解决残疾人急难愁盼问题的能力和水平。紧紧围绕迎接、宣传党的二十大，结合推进“学听跟”专项活动，开展形式多样的宣传教育活动，团结引领全省广大残疾人听党话、感党恩、跟党走。常态化开展习近平总书记关于残疾人事业重要指示批示精神和总书记考察湖南重要讲话精神贯彻落实情况“回头看”。全面落实党中央、国务院决策部署和省委、省政府工作要求，推动《湖南省“十四五”残疾人保障和发展规划》7 个方面 33 项重点任务和举措全面落地实施，加快推进残疾人事业高质量发展。

（二）进一步巩固拓展残疾人脱贫攻坚成果

落实《助力巩固拓展残疾人脱贫攻坚成果同乡村振兴有效衔接的若干措施》。加强农村残疾人防返贫监测，制定预警标准，开展专项调查和常态化筛查。发挥助残社会组织和村（社区）作用，结合数据比对和走访探视，及时将符合条件的残疾人纳入监测和帮扶范围，精准落实各项惠残政策和帮扶措施。组织对乡村振兴重点县开展残疾人工作对口帮扶。扎实做好乡村振兴驻村帮扶工作。持续深化“联村联户、四帮四促”行动。加快乡村振兴人才培育，建立省、市、县三级分层培训制度，开展培训师资建设，逐步为每个乡镇至少培育 1 名残疾人乡村振兴人才。全年对 8000 名农村残疾人开展实用技术培训和生产扶持，培训 510 名残疾人乡村振兴带头人。推动建立残疾人电商就业创业实训基地和残疾人电商创业孵化基地（园），开展电商就业创业技能培训。组织参加农业农村部门举办的 2022 年双创大赛。协调开设销售专区，组织参加各类平台展示展销，助力助残农副产品上行，促进残疾人兴业增收。

（三）兜住兜牢残疾人民生保障底线

配合做好残疾人“两项补贴”提标、残疾人社会救助等工作。配合医保部门全面落实社会保险政府代缴和补贴政策，确保残疾人城乡居民基本医疗保险和城乡居民养老保险参保率分别达到95%和90%以上。联合民政部门共同推动重度残疾人照护服务工作。着力提升残疾人托养服务规范化、专业化、社会化水平。制定托养服务地方标准和服务对象评估标准，推动市县出台托养服务补贴及管理办法，开展托养机构等级评定，组织托养服务督导和培训。继续做实托养机构党建，拓展党建助残基地建设范围。

（四）大力促进残疾人就业创业

推动《机关、事业单位、国有企业带头安排残疾人就业办法》在全省的贯彻落实和《湖南省残疾人就业保障金征收使用管理办法》的修订，组织开展残疾人就业保障金使用情况专项调研。推动将残疾人就业纳入有关部门促进就业工作大局，完善残疾人就业支持政策体系，指导市州出台本地促进残疾人灵活就业和自主创业的政策措施，成立残疾人就业创业省级专家委员会，开展就业创业促进活动。全年扶持2500名残疾人自主创业。组织开展职业技能提升、盲人按摩、非遗项目等各类残疾人就业培训，提升残疾人就业能力。继续举办“残疾人就业援助月”活动，积极为盲人按摩门店“送管理、送技术”，一人一策帮扶残疾人大学生就业。充分发挥就业服务网络平台作用，加强服务机构人员队伍建设，持续改进残疾人就业服务。举办第七届全省残疾人职业技能竞赛，承办全国残疾人岗位精英职业技能竞赛。

（五）持续提升残疾人康复服务质量

完善康复服务政策体系。牵头编制《湖南省“十四五”残疾人康复服务实施方案》，推动出台《湖南省残疾预防行动计划（2022—2025年）》和民办康复机构扶持政策。完善残疾儿童康复救助制度相关细则，落实好省重点民生实事“1.1万名残疾儿童康复救助”项目。加强康复服务体系建设。发挥省级康复机构人才、技术、资源中心作用，带动市级康复服务机构规范发展，推动县市区普遍建立残疾人康复服务设施，支持社区开展适宜性康复服务，组织开展残疾人康复机构规范化建设评估。持续推进精准康复服务行动，确保2022年底全省有需求的持证残疾人接受基本康复服务率和辅具适配服务率均达到85%以上。实施“启聪振兴计划”、成人助听器、肢体矫治手术等残疾人康复重点项目。做好残疾人健康服务。以重度残疾人和低收入残疾人为重点，深化残疾人家庭医生签约服务，实现“应签尽签”。开展低收入残疾人城乡基本医疗保险参保、家庭医生签约等情况核查。深化康复工作改革创新。开展第二批残疾人康复服务综合改革试点。支持50个多功能残疾人社区康复综合服务站建设和升级。继续为残疾儿童康复机构购买责任保险，为在训残疾儿童购买意外伤害保险。加快“互联网+康复”综合管理与服务平台的开发应用。强化康复人才培养培训。全年规范化培训康复专业技术人员1500名，继续开展订单式康复人才培养和康复人才在职教育。举办第三届长沙康复辅助器具暨康养产业博览会、第二届全省残疾人康复与辅助器具服务技能大赛。

（六）稳步提高残疾人受教育水平

配合教育部门制定《湖南省第三期特殊教育提升计划》。会同教育部门开展数据比对及核查，确保全省适龄残疾儿童少年入学率不低于95%。实施中央彩票公益金助学项目，支持长沙职业技术学院和省特教中专建设，加快发展残疾人中高职教育。支持残疾人接受高等教育，协调落实残疾考生高考合理便利政策。实施高中及大学阶段残疾学生和困难残疾人子女教育资助项目。大力推广国家通用手语和通用盲文，制定《湖南省第二期国家通用手语和盲文推广工作方案》。

（七）深入推进无障碍环境的标准化、规范化建设

贯彻《湖南省无障碍环境建设管理办法》，推动《湖南省无障碍环境建设五年行动计划（2021-2025年）》全面实施。协调有关部门制定重点公共场所无障碍设施地方标准和行业规范。结合城市更新、老旧小区改造、农村人居环境整治等工作，统筹开展城乡无障碍环境建设。逐步推广手语视频

交流在公共服务中的应用，推动出台更加优惠的惠残信息消费政策，推进“无障碍旅游服务圈”“无障碍综合服务区”建设。配合各级检察机关推进无障碍公益诉讼。试点建立无障碍督导员队伍。牵头组织开展“无障碍宣传周”活动。高标准实施省重点民生实事“1.2万户困难残疾人家庭无障碍改造”项目。建立全省困难重度残疾人家庭无障碍改造需求库，落实“一户一案”设计要求，推广“五部位改造法”，着力提升残疾人家庭无障碍改造质量和水平。

（八）积极丰富残疾人精神文化活动

举办第十一届湖南省残疾人运动会。组织开展全国残疾人事业好新闻作品推选工作。举办全省残疾人文化周、残疾少年儿童艺术基本功比赛、特殊艺术人才培训等残疾人文化艺术活动，建设一批残疾人文化活动场所。建设自强健身示范点，组织开展多形式的残疾人群众体育活动，打造省有常训队伍、市州有集训项目、县市区有特训苗子的残疾人运动员培育机制。选拔优秀运动员参加第四届杭州亚残运会。

（九）切实保障残疾人合法权益

落实“谁执法谁普法”责任制，以宪法、民法典、残疾人保障法等法律法规为重点，开展残疾人尊法学法守法用法专项行动。协助省人大开展《中华人民共和国残疾人保障法》和《湖南省实施〈中华人民共和国残疾人保障法〉办法》执法调研。提高涉残建议提案的办理质量。加强残疾人法律援助服务，推进残疾人法律救助工作站标准化建设。建立12385热线知识库，发挥热线服务平台作用，提高残疾人信访工作的专业化、法制化、信息化水平。严格做好残疾人机动轮椅车燃油补贴发放工作。

（十）着力提升残疾人事业治理效能

创新残疾人事业宣传。围绕第五次全省自强模范和助残先进表彰，推出一系列先进典型报道。深入开展志愿助残服务。完善“湘助残”服务平台运行管理机制，培育壮大助残志愿者队伍，丰富志愿助残服务形式。统筹做实基础数据和信息安全。继续开展持证残疾人基本状况调查，提升数据质量，推动数据调查利用与促进服务供给相结合。维护好利用好全省残疾人共享共用数据平台，升级完善省残联门户网站，逐步推进“智慧残联”建设。加快推进残疾人证“跨省通办”，继续推进第三代（智能化）残疾人证换发，做好残疾人证电子证照申领工作，持续开展违规持证核查清理，鼓励开展上门评残等便民服务。以残疾人服务机构为重点，毫不松懈抓好常态化疫情防控，做好对隔离残疾人的关心帮扶。

（十一）不断加强残联组织自身建设

加快完成残联改革各项任务，指导市县残联完成换届，优化残联班子配备和队伍力量。加强和改进村（社区）残疾人协会工作，推动实现村（社区）残协建设全覆盖。提高残疾人专职委员履职能力，举办全省残疾人专职委员知识竞赛。支持省级残疾人专门协会通过社会化方式开展活动，推动市级残疾人专门协会规范化建设。加强队伍建设，强化教育培训，传承优良传统，提高履职能力，着力打造一支高素质残疾人工作者队伍。坚持严的主基调不动摇，一以贯之推进残联系统全面从严治党。深化运用政治建设考察成果，做好审计整改“后半篇”文章。深入开展党风廉政建设和反腐败斗争，坚决纠治涉残民生领域的腐败和不正之风。以钉钉子精神加强作风建设，严格落实中央八项规定及实施细则精神和省委实施办法，锲而不舍纠“四风”树新风，坚决杜绝形式主义、官僚主义，大力营造残联系统风清气正的政治生态。

专 题 篇

Special Reports

· 社会治理创新 ·

B.20
以打击整治"三贷三霸"为牵引 常态化推进全省公安扫黑除恶斗争

湖南省公安厅扫黑办课题组*

摘　要： 近年来，湖南省公安机关以严打整治"三贷三霸"专项行动为抓手，坚持以打开路、统筹标本兼治，有效铲除了盘踞在重点行业领域的黑恶势力及其滋生土壤。2022年，根据任务形势的变化，坚持以贯彻实施《反有组织犯罪法》为重点，接续深化对"村霸"、"沙霸"、"矿霸"、涉网突出黑恶犯罪、涉娱乐场所黑恶犯罪等的打击整治工作，纵深推进常态化扫黑除恶斗争，同时有效服务保障乡村振兴、生态环境保护、净化网络空间等中心大局工作，以优异成绩迎接党的二十大胜利召开。

* 课题组成员：毛志兵，湖南省公安厅刑侦总队副总队长；唐敏，湖南省公安厅刑侦总队副总队长；王军锋，湖南省公安厅刑侦总队支队长；李零，湖南省公安厅刑侦总队副主任；潘长春，湖南省公安厅刑侦总队二级警长。

关键词： 扫黑除恶　专项警务　社会治安　社会治理

为期三年的扫黑除恶专项斗争期间，湖南省公安机关以习近平新时代中国特色社会主义思想为指导，贯彻落实习近平法治思想，坚持人民至上，保持严打高压，聚焦人民群众最烦最怨最恨的黑恶犯罪，以“六大”专项行动（“洞庭风雷”、打击整治“三贷三霸”、“清网风暴”、命案积案攻坚、整肃毒黄赌、“集打斗争”）为牵引，以大要案件侦破为龙头，全力打击整治黑恶犯罪。其中部署开展的集中打击整治“三贷三霸”专项行动，向“套路贷”、“校园贷”、非法高利放贷、“村霸”、“市霸”、“行霸”违法犯罪发起凌厉攻势，取得显著战果，得到党和人民高度赞誉，打击整治“三贷三霸”成为湖南扫黑除恶工作的亮丽品牌。

2021 年，湖南省公安厅结合中央部署和湖南实际，不断拓展“三贷三霸”内涵和外延，打击整治重点转向“非法放贷”、“非法催贷”、“套路贷”、“沙霸”、“矿霸”、“路霸”、突出的涉网黑恶犯罪，开展新一轮集中打击整治“三贷三霸”专项行动，以打开路、惩防并举，统筹推动重点行业领域整治，取得显著成效。全年共打掉涉黑恶团伙 218 个，破案 1173 起，刑拘 1688 名，查处涉案资产 28.49 亿元，打掉的涉黑组织和涉恶犯罪集团数在全国分别排名第 5、第 3，其中打掉“沙霸”“矿霸”等自然资源领域黑恶团伙 14 个，战果数据全国第 2。全年打击质效持续保持在全国第一方阵。

一　打击整治“三贷三霸”的做法和成效

1. 提高政治站位，加强组织领导

全省公安机关深入学习贯彻习近平总书记重要批示指示精神，统一思想认识，将打击整治“三贷三霸”专项行动作为常态化扫黑除恶斗争的重中之重，全力构建“组织领导有力、任务目标清晰、责任举措压实”工作格

局，强力推进专项行动深入开展。一是“一把手”紧抓。副省长、公安厅厅长许显辉亲自谋划推动专项行动，组织召开厅党委会议研究审定《湖南省公安机关新一轮集中打击整治“三贷三霸”专项行动方案》，定期听取重大专案情况汇报、调度工作进度，21 次作出批示指示为专项行动把关定向。实行“三贷三霸”重点案件线索市县公安机关“一把手”包案负责、全程参与制，高位传导责任压力为专项行动凝心聚力。二是“一盘棋”推进。厅党委副书记、常务副厅长周赛保深化警种部门统筹协调，厅党委委员、分管副厅长李介德牵头推进日常工作，厅党委成员亲自包案 4 起，带头攻坚，刑侦、经侦、治安、交警、森林等 10 个警种部门紧密结合工作职责齐抓共管，推动工作持续升温。三是“一竿子”到底。将专项行动作为常态化推动扫黑除恶斗争和政法队伍教育整顿“我为群众办实事”的重要举措，纳入全省公安机关重点专项警务和绩效评估考核。省公安厅扫黑办实行周调度、月通报制度，派出 4 个工作组对各市州面上工作推动、线索核查和案件侦办开展实地巡回督办指导，落细落实各项工作，持续营造你追我赶的争先创优氛围。

2. 坚持以打开路，确保打净打透

“三贷三霸”犯罪涉及领域广、案件多，特别是非法讨债、涉网黑恶等金融网络领域黑恶犯罪，识别、打处难度大，全省公安机关依法全面打击、深度打击，确保除恶务尽。一是严格线索摸排。推动出台湖南省《扫黑除恶斗争举报线索办理规程》，对收集摸排的线索，一律采取厅（局）领导把关、多部门研判、专班办理、深化经营的模式，逐一深挖背后黑恶犯罪和利益链条。省市县三级公安机关通过召开新闻发布会，联合党委扫黑办、纪委监委等部门发布《“三贷三霸”线索征集通告》，积极兑现举报奖励，融合反诈“五进”宣传活动等，大力提升群众感知度、积极性，共收集群众举报 208 条；充分发挥湖南省“一村一辅警”“城市快警”警务机制，对重点行业领域进行地毯式滚动排查。全面开展“三贷三霸”线索“回头看”，逐级下发重点线索，开展倒查，不断过筛子、清底子，省厅共倒查线索 54 条，确保打准打实打主动。深挖一个群众举报件，并打掉一个以“软暴力”滋扰司机、驱赶乘客，拉拢运管公职人员打压异己，非法控制客运线路的杨某光涉黑组织，抓获犯罪嫌疑人 17 名，破获各类刑事案件 19 起，查处涉案资产 1022 万元。二是强力破案攻坚。紧盯大案要案不放松，对重大复杂案件，坚持省公安厅统一指挥调度，采取异地管辖、成建制抽调扫黑专班参与、省公安厅派员蹲案等手段措施，全力组织开展专案侦查，做到循线深挖、追根溯源，坚决摧毁团伙、斩断链条。成功打掉公司化经营、大肆围猎公职人员、垄断控制耒阳煤炭资源的肖某武等人涉黑犯罪组织，抓获犯罪嫌疑人 26 名，破获各类刑事案件 20 起，查处涉案资产 5.2 亿余元。三是提升办案质量。省市两级公安机关坚持用好省公检法司联合制定的《扫黑除恶工作协作配合机制》，定期召开例会，互通情况信息，研究解决困难问题，指导监督案件办理。省公安厅组织专题培训，下发典型案例、涉网黑恶犯罪操作规程。动真碰硬对重点案件线索开展集中倒查整改，切实提高执法办案水平。罗某中等人的涉恶犯罪集团，在益阳市大肆通过虚假仲裁诉讼和暴力威胁手段非法放贷讨债，严重影响当地经济社会秩序，省级公检法机关充分用好监督配合工作机制，高频次联合开展督办指导，案件得以高质效办理，抓获犯罪嫌疑人 33 名，破获各类刑事案件 42 起，为群众挽损 2.1 亿元，移送公职人员违法违纪线索 65 条，有力地维护了司法公信力和社会公平正义。

3. 统筹标本兼治，铲除滋生土壤

针对黑恶势力违法犯罪再生能力强、复制发展迅速、极易“死灰复燃”的特点，在严厉打击的基础上，强力推进综合治理，从源头铲除犯罪滋生土壤。一是凝聚围剿合力。将公安机关刑侦、治安、经侦、交警、森林等警种部门纳入专项行动，由省公安厅扫黑办对各业务条线的打击整治工作进行定期调度和年终考评督导。各相关警种结合“洞庭清波”“昆仑行动”、打击“长江非法采砂”等专项行动，依法严打重点行业领域各类突出违法犯罪，为行业领域恢复健康生态创造良好环境。二是紧盯重点领域。各市州公安机关聚焦本地重点地区、重点行业领域的“三贷三霸”突出问题，部署开展了一系列专项打击整治行动。长沙持续部署开展集中打击网络裸聊敲诈“百人百案”和整治“黄赌”管控顽瘴痼疾等专项行动。湘潭部署开展严厉打击整治涉工程领域的围标串标违法犯罪。衡阳部署开展打击非法采矿采砂违法犯罪“霹雳”行动。岳阳成立打击整治“网络贷”专项领导小组，严打“套路贷”违法犯罪。怀化市公安局与市城管局联合开展侵占城区道路涉黑涉恶犯罪专项打击行动，有效打击和震慑了各类涉黑涉恶违法犯罪。三是深化协作整治。推动出台《湖南省四大行业领域整治子方案》，明确各部门职责任务，压实综合治理责任。出台《湖南省涉黑涉恶问题线索移送反馈办法》，畅通部门间线索流转，压实线索问题通报反馈责任。省公安厅主动与自然资源、交通运输部门衔接，联合组织对矿产资源、道路交通重点地区开展集中整治，强化刑行执法同步推进。向省地方金融管理局派驻专业民警，固化形成打击处置“一非三贷”的协作联动机制，确保联手整治一批突出问题。四是堵塞行业漏洞。以打击成效指导精准防范，在执法办案系统对黑恶案件增设《公安提示函》填报审批项，严格落实“一案一整治”要求，及时梳理打击工作中凸显的行业领域监管问题，向有关重点行业领域主管部门发放提示函 178 件，并强化跟踪问效，会同省扫黑办严格审核整改工作情况，督促补齐短板漏洞，有效助推提升了行业监管水平。

二 “三贷三霸”黑恶犯罪影响和打击必要性

1. “三贷三霸”黑恶犯罪严重危害政治社会大局

从涉及领域看。“三贷三霸”犯罪涉及金融网络、建筑工程、交通运输、矿产资源、仓储物流、文化旅游、医疗卫生等重点行业，侵害校园医院周边、商贸集市、批发市场、娱乐场所、车站码头等重点区域，危害波及农村和与人民群众息息相关的衣、食、住、行、教育、医疗等方方面面，影响群众安全感和是社会治安状况。从危害程度看。“三贷三霸”犯罪不仅直接侵害人民群众利益，而且极易衍生其他违法犯罪，甚至造成严重危害后果，特别是“套路贷”犯罪。如长沙市公安机关侦办的“11 · 07”套路贷涉黑恶系列专案，这些团伙通过佳丽贷、美容贷等“套路贷”方式，引诱涉世未深的女性上钩，故意制造违约使其无力偿还高额利息后，通过暴力胁迫等方式非法控制这些女性，强迫她们从事卖淫等违法活动以偿还债务。因无力偿还“套路贷”，被债务催讨威胁、滋扰以致产生巨大精神压力而轻生、犯罪的案例时有发生。从表现形式看。“三贷三霸”在黑恶犯罪从低级到高级的各个发展阶段均有体现，既有为非作恶、称霸一方的黑社会性质犯罪组织，也有惹是生非、蛮横霸道、大错不犯、小恶不断的“地痞”“混混”，还有一些软暴力、隐蔽性、网络化的新型黑恶犯罪。对小恶不及时打击，小恶容易坐大成势，由恶向黑发展升级，造成严重社会危害。

2. “三贷三霸”黑恶犯罪是常态化扫黑除恶斗争的重点

党中央有要求。2021 年 4 月份，习近平总书记在视察广西桂林漓江阳朔段时对打击整治“沙霸”“矿霸”等问题作出重要指示。从 2021 年 7 月底开始，全国扫黑办部署开展工程建设、自然资源、交通运输、信息网络四大行业领域整治，公安部组织开展打击整治“沙霸”“矿霸”等自然资源领域黑恶犯罪专项行动，这是回应党中央关切，落实总书记重要指示精神的务实举措。现实斗争有需要。三年扫黑除恶专项斗争取得显著成效，但实践证明，黑恶势力并未见底，且极易反弹。2021 年全省共立九类涉恶刑事犯罪案件 10164 起，虽同比下降了 7.4%，但仍处于高位。涉网络黑恶犯罪突出，特别是“裸聊”敲诈案件持续高发，“套路贷”犯罪手法进一步升级变异，隐蔽性更强，打击难度更大。人民群众有期盼。“三贷三霸”等行业领域违法犯罪乱象是严重侵害社会民生的顽瘴痼疾。从 2021 年公安机关收到的群众举报来看，群众“最恨最怨最烦”的黑恶犯罪和行业乱象屡打屡犯，特别是放贷讨债、毒黄赌、矿产资源等方面的问题尤为突出，占到总数的 39.9%。专项斗争结束后，人民群众最担心的是打击整治一阵风、雨过地皮湿，最盼望的是持续打击、深入整治。

三 打击整治“三贷三霸”黑恶犯罪工作展望

2022 年将召开党的二十大，各方面工作都要紧紧围绕迎接二十大、开好二十大、贯彻好二十大精神来谋划和开展。全省公安机关常态化扫黑除恶斗争的总体思路是：坚持以习近平新时代中国特色社会主义思想为指导，进一步提升政治站位，切实加强组织领导，紧扣党的二十大安保维稳这条主线，围绕贯彻党中央和公安部关于常态化开展扫黑除恶斗争的意见，学习贯彻《反有组织犯罪法》，准确运用法治思维和法治方式，以打击整治“三贷三霸”专项行动为牵引，深挖铲除潜藏蛰伏和滋生变异的黑恶势力，持续加强重点行业领域整治，不断提升扫黑除恶工作制度化、规范化、法治化水平，为维护社会安全稳定做出应有贡献，以优异成绩迎接党的二十大胜利召开。主要抓好以下几项工作。

1. 以宣贯《反有组织犯罪法》为契机，提升扫黑除恶斗争法治化水平

将学习宣传贯彻《反有组织犯罪法》作为2022年及今后一个时期的重要任务抓实抓好。抓好学习培训，分层分级开展系统化、专业化培训，确保全面掌握条文主要内容，深刻理解条文内涵精髓，在法治轨道上常态化、机制化开展扫黑除恶斗争。广泛宣传教育，通过普法宣传、以案释法等方式，深入社会各界开展宣传教育，提高群众知晓度，汇聚全社会共防共治的强大力量。加强实战应用，切实落实公安机关预防和治理黑恶犯罪各项法定职责，不断提升运用法律武器打击防范黑恶犯罪的能力水平。

2. 以打击“村霸”等黑恶势力为抓手，大力服务乡村振兴

紧盯农村黑恶势力犯罪活动，坚持打早打小、除恶务尽，坚决维护农村地区社会治安稳定，不断巩固党的执政根基，助力乡村振兴战略。聚焦工程项目、征地拆迁、土地流转、换届选举、村民议事、矛盾纠纷等突出部位、关键节点、重点人员，持续开展摸排打击。公安机关积极配合组织、民政等部门建立健全村“两委”人选资格联审机制，在村“两委”换届和日常调整时，严防犯罪前科人员、黑恶势力进入村“两委”班子。积极开展“枫桥式派出所”创建活动，落实“一村一辅警”制度，抓实农村社会治安防控，不断压缩黑恶犯罪生存空间。

3. 以打击“沙霸”“矿霸”等黑恶势力为重点，不断加强生态环境保护

结合打击破坏生态环境犯罪“生态三湘”专项行动，严厉打击涉自然资源领域违法犯罪活动。公安内部相关警种部门加强协作配合，建立自然资源领域重点案件定期通报制度，突出面上打击和深挖黑恶同步推进，形成打击整治合力。对近年来非法采矿、破坏性采矿、非法占用农地及群众举报线索和警情案件进行“回头看”，研判梳理一批重点线索，督促市州开展核查，力争再打掉一批“沙霸”“矿霸”黑恶犯罪组织。

4. 以打击“裸聊”敲诈等黑恶势力为突破，持续净化网络空间

部署对网络“裸聊”敲诈、网络“套路贷”、恶意索赔等突出涉网黑恶犯罪开展集中打击整治，切实加大打击力度、提升打防效能，坚决遏制涉网黑恶犯罪蔓延态势，净化网络空间。公安机关加强与网信、工信、人民银行、银保监会等部门协作联动，建立线索互通、案件查办协作等工作机制，切实形成打击整治合力。加强与检、法部门的交流，研究制定打防对策。加强公安民警专业培训，提高对新型网络涉黑恶犯罪的应对打击能力。广泛动员人民群众检举揭发，深入重点群体开展精准宣传，公布典型案例、揭露犯罪手法，提高群众防范意识。

5. 以打击娱乐场所黑恶犯罪为牵引，全力清除社会治安乱源

全面开展摸底排查，对各类问题娱乐场所和重点区域内的娱乐场所，逐一进行重点排查，精准发现一批娱乐场所涉黑涉恶问题。深入开展回溯倒查，对近年来涉娱乐场所案件线索，逐案逐件组织交叉复查、提级核查，回头打掉一批“漏网之鱼”。常态开展循线深挖，对新发涉娱乐场所案件，杜绝就案办案，逐一查深查透背后是否存在操纵、经营行为，深挖铲除一批幕后操纵的黑恶势力。重点开展“打伞破网”，对新立案侦办的涉娱乐场所黑恶案件，坚持提级侦办、专案专办和“双专班办案”，坚决清理一批为娱乐场所黑恶势力站台撑腰、提供庇护的“保护伞”。

6. 以完善常态化扫黑除恶机制为基础，纵深推进社会治理

坚持不懈加强常态化机制建设，健全完善组织领导机制，严格落实组织部署、队伍建设、督导考评等工作责任，确保劲头不松、力度不减。健全完善大案侦办机制，对各地侦办的重大涉黑涉恶案件，综合运用异地用警、专家支援、挂牌督办、“双专班”办案、提请检察机关提前介入等举措，准确适用《反有组织犯罪法》等法律规定，全力组织开展专案侦查，确保深挖彻查、除恶务尽。健全完善线索核查机制，加快建设扫黑除恶工作平台，强化涉黑恶线索全流程管理和常态研判分析工作，严格落实线索搜集、落地核查、抽查复核等工作，确保打早打小、露头就打。健全完善行业治理机制，严格落实与行业领域主管部门情况通报、案件线索协查、联合执法、“三书一函”发放和跟踪问效等工作责任，确保缩小犯罪空间、铲除黑恶土壤。

B.21
实施“党建聚合力”工程 完善“街道吹哨、部门报到”工作机制研究

中共长沙市委宣传部课题组*

市第十四次党代会明确提出，要推动“党建聚合力”工程走深走实，形成以高质量党建引领基层治理现代化的新格局，并强调要“不断完善‘吹哨报到’机制”。近年来特别是2021年以来，长沙学习借鉴北京经验，围绕建立“街道吹哨、部门报到”工作机制进行了积极探索。本课题组对此认真开展调研，供决策参考。

一 北京市“街乡吹哨、部门报到”主要做法及经验启示

（一）主要做法

2017年，为了根治金矿盗采难题，北京市平谷区金海湖镇探索联动工作机制。根据该机制，谁发现谁负责“吹哨”，各执法部门在半小时内到现场综合执法。北京市委提炼这一做法，开展党建引领“街乡吹哨、部门报到”改革。次年初，在全市选取169个街乡（占所有街乡的51%）试点。北京“街乡吹哨、部门报到”改革经过几年探索完善，形成了一套较为完善、运转流畅的体制机制。

1.厘清权责，增强街乡“吹哨”本领。一是明责减负，为“吹哨”创造条件

根据街道主责主业，聚焦为基层“瘦体强身”，制定职责清单，将街道

---

* 课题组组长：唐曙光；副组长：赵景利；成员：齐泊熊、黄志军、谷萍、林展翅、庹新岗。

职责系统梳理成党群工作、城市管理、社区建设、民生保障、平安建设、综合保障等6个板块111项职责（其中街道作为责任主体的仅有24%，其他均为协助、参与）。同时取消街道招商引资、协税护税等职能。二是赋权扩权，为“吹哨”提供支撑。明确街乡三大权力：对有关职能部门和其派出机构的考核权（权重高达1/3）；对辖区内多部门协同配合的综合性事项的协调督办权；对有关职能部门派出机构负责人奖惩任免的建议权等。三是提质增效，为“吹哨”优化配置。依照“六办+一纪工委+一综合执法队+三中心”（见图1）规格设置，整合内设机构，街乡机构数量精简一半，同时职能得到优化，运行效率显著提高。

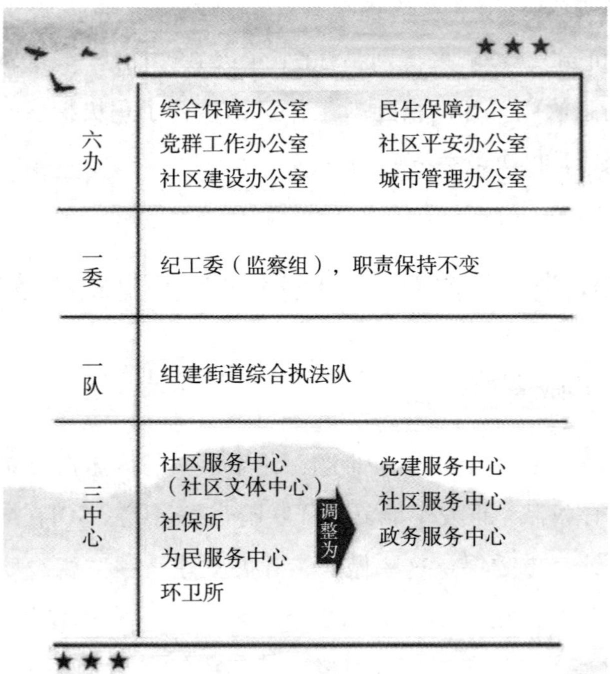

图1　六办+一委+一队+三中心

2. 建立实体化综合执法中心，提升部门“报到”效能

随着治理体系和治理能力现代化深入推进，近年来基层执法力量得到增

强，但同时存在力量分散、“九龙治水”等问题。针对此，北京“街乡吹哨、部门报到”改革的做法是整合执法力量，推广“1+5+N”模式（见图 2），即在街乡建立实体化综合执法中心，以城管执法队为主体，公安、交通、消防、食药、工商等 5 个部门各派驻 1~2 人，其他部门明确专人随时待命。

图 2　“1+5+N”模式

实体化综合执法中心有固定的办公场所、职责。在人员配置管理上，由街乡主要领导担任中心主任，街乡负责相关职能部门派驻人员日常管理和考核。中心建立党组织，全体党员组织关系转入中心。街乡吹哨后，遇到需要多部门协同解决的难题矛盾，由执法中心调派人员，赶赴现场执法。对于街乡层面不能解决的，上报区级指挥管理系统，限时办结。

3. 调动各方力量，织密“吹哨报到”网络

一是推广街巷长、专职社区专员等制度，推动街乡力量下沉。街巷长主

要负责解决街巷环境整治等工作，由街道或驻地站所干部兼任，并通过街巷理事会推动工作。专职社区专员主要负责指导社区建设，从街道干部中选任。二是发挥驻区单位、社会力量作用，构建共建共享机制。城市街乡往往企事业单位、社会团体众多，为聚合各方力量，北京“吹哨报到”改革一大创举是建立区、街乡、社区三级党建协调委员会，有的地方还增设网格层级党建协调委员会。委员会既有区、街乡党员领导干部，又广泛吸纳辖区内机关企事业单位和新兴经济社会组织的党组织负责人，就一些重要事项进行研究，推动解决共同关心的问题。建立“三项清单”“四个双向”（资源、需求、项目清单，属地与驻区单位双向需求征集、双向提供服务、双向沟通反馈、双向考核评价）机制，精准对接，调动企事业单位参与社会治理的主动性积极性。拓宽共建渠道。通过政府购买服务等方式，发挥新兴经济和社会组织作用。三是优化社区服务，打通“吹哨报到”最后一百米。街乡职能“瘦身强体”，社区减负增效。依法取消 150 项市直部门下派社区工作事项、31 项评比达标和示范创建项目，社区开具证明的事项减至 5 项，将政务、社会、市场等服务集中整合到社区服务站，实行“一窗受理、集成服务”，推动社区功能从重管理向重服务转变。社区力量再下沉。推广“离案式”、走动式工作法，确保社区工作者年入户率达到 90%以上。完善居民自治。在党组织领导下，探索建立居民参与基层治理平台，推广“小巷管家”社会动员机制，培育一批如“朝阳群众”“西城大妈”“石景山老街坊”等有影响力、认可度高的志愿服务品牌和群众组织。

值得注意的是，北京推进“吹哨报到”除了总的方案外，还出台了一系列配套文件。比如，密云区出台 1 个“办法”（《密云区“街乡吹哨、部门报到”工作办法》）及 4 个配套文件（《北京市密云区基层治理重点问题清单》《北京市密云区街道党工委办事处职责清单》《密云区关于落实镇街（地区）相关职权的实施意见（试行）》《密云区关于进一步加强镇街（地区）实体化综合执法平台建设的实施方案》），“五箭齐发”为“街乡吹哨、部门报到”量体裁衣。

（二）经验启示

基层是社会治理的末梢、服务群众的前沿。提高基层治理水平，关键在加强党的领导。北京市“吹哨报到”改革，以党建引领基层治理，给我们以下启示。

——顶层设计是基础。作为北京市委确定的“一号改革课题”，“吹哨报到”改革从制定方案到铺排重点任务，始终坚持高位推动。市委书记亲自谋划指挥、调研指导，各区委主要领导同志明确分工担责，各部门协同配合推动工作。

——以民为本是核心。民心是最大的政治。北京“吹哨报到”改革取得显著成效，就是因为抓住了市民堵点难点痛点问题，有效解决了群众的急难愁盼问题。哨声从群众中来，报到向群众报到，真正践行了党的群众路线，真正做到了群众的需求在哪里，工作就延伸到哪里。这是“吹哨报到”改革的出发点和落脚点，也为我们找到诉求、解决诉求提供根本遵循。

——体制机制是保障。北京“吹哨报到”改革主要围绕厘清街道权责、推动职能部门力量尤其是执法力量向街乡聚合、统筹各方力量参与共建等三方面展开。在梳理整合集成上下了功夫，在提升系统效能上费了心思，在打破条块思维、破除行政壁垒上有实质性进展。从近几年的运行效果来看，北京的做法，明显切中要害，其具体工作体制机制以及背后的系统思维值得借鉴。

——有序推进是关键。北京“吹哨报到”改革历时多年，且仍在不断完善中，科学稳妥有序，应该是最基本的方法论。始终坚持“两点论”和“重点论”相统一，在前期通过试点打开局面，变化为群众亲眼所见、成果被群众亲身感受；此后及时推广铺开，推动面上工作提升，树立党建引领基层治理品牌。既解决实际问题又考虑长远，既尽力而为又量力而行，充分贯彻新发展理念，特别是创新、协调、共享理念，为长沙推进该项改革、把握改革节奏提供了有益经验。

二　长沙市“街道吹哨、部门报到”现状分析和存在的问题

（一）现状分析

长沙市探索“街道吹哨、部门报到”可分为两个阶段：以 2019 年开福区开始探索为起点，以 2020 年 8 月市委办公厅印发《关于推行党建引领“街道吹哨、部门报到”工作的实施方案（试行）》（长发〔2020〕19 号）为标志，主要为前期试点探索阶段；2021 年 4 月市委办公厅印发《关于深入实施“党建聚合力”工程，以高质量党建引领高质量发展的意见（试行）》（长发〔2021〕15 号），“街道吹哨、部门报到”作为“党建聚合力”工程的重要组成部分，在全市全面铺开阶段。主要做法如下。

1. 关口前移，广辟“哨源”

一是下沉力量访民情。推行社区“全岗通”“全科社工”工作制度，通过设置综合服务窗口和实行轮班制，释放社区工作力量下沉到一线，主动上门入户。组织基层力量加强入户走访，量化入户考核指标，面对面、零距离问需于民。二是多元参与察民意。完善基层治理服务组织架构，依托全市已建立的 2951 个小区党组织、1932 个邻里中心和 578 个零距离服务点，充分发挥小区党组织引领作用，统筹业委会、物业等多元治理力量，建立社会组织工作联席会议制度，常态化收集民生诉求。三是扩大渠道听民声。依托 12345 市民服务热线、群众来信来访、新闻媒体等渠道，多途径收集群众诉求。建立群众诉求筛选机制，对收集的诉求科学分类，梳理民生诉求清单，为基层吹好哨、吹准哨提供指南。自启动“吹哨报到”机制以来，全市共收集大大小小的民生问题及建议 23. 34 万余条。

2. 赋能基层，敏捷“应哨”

区县（市）职能部门主要负责同志为本部门“总应哨人”，将发改、教育、民政、人社、住建、公安、自然资源、生态环境、交通运输、卫健、应

急管理、市场监管、城管、市政、园林、环卫等重点民生部门工作人员分片联系到各街道，确定为“应哨人”。社区掌握群众诉求后，能解决的迅速解决，力争大部分问题、诉求在社区解决；对超出社区职权、需街道支持解决的问题，由社区向街道联点班子成员或中层干部、相关办公室（中心、队）吹“日常哨”；对街道社区不能解决、属于区县（市）职能部门职责范围内的应急处置方面的问题，由街道社区向区县（市）职能部口吹“应急哨”；属于重难点问题或多部门协同处置的问题，由街道深入研究后，向相关区县（市）职能部门吹“攻坚哨”。

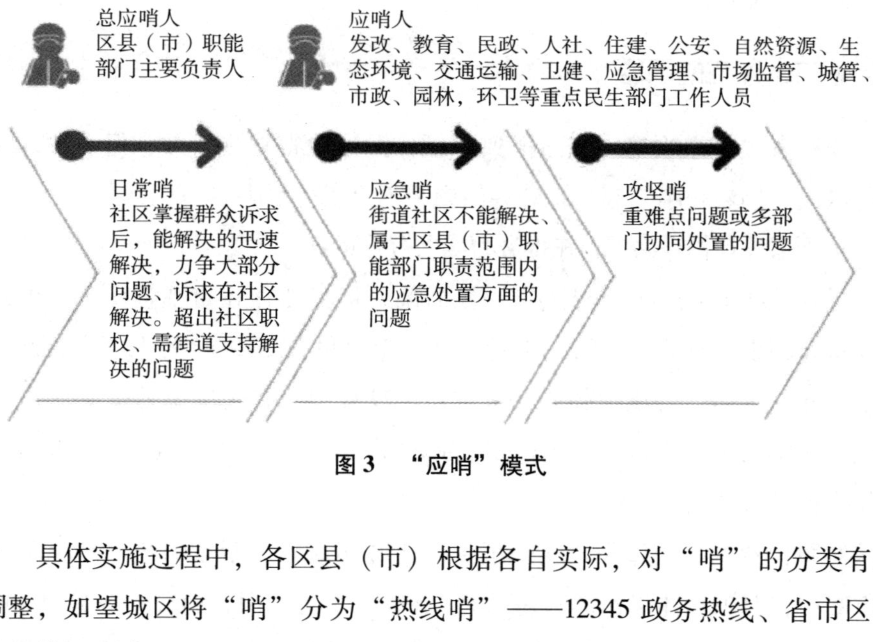

图 3 “应哨”模式

具体实施过程中，各区县（市）根据各自实际，对“哨”的分类有所调整，如望城区将“哨”分为“热线哨”——12345 政务热线、省市区长信箱等问题事项，“雷锋哨”——网格工作人员巡查上报的问题事项，并专门建立“雷锋哨”App。

2020 年以来，全市各街道社区共“吹哨”1.32 万余次，其中“攻坚哨”5685 个，先后统筹协调 50 个区直部门“应哨”，解决湘江世纪城交通微循环、檀木岭小微水体治理、四方坪旧货市场整治等基层治理难题 1829 个，解决左岸春天小区房产证办理、百善台小区天然气入户、清水塘省公路局小区水压不够等重点民生诉求 3000 多件。

3. 健全考核，优化“评哨”

将“街道吹哨、部门报到”工作纳入区县（市）对职能部门的绩效考核和各级党组织书记抓基层党建工作述职评议考核的重要内容，以严考实评推动形成主动“应哨”、积极“领哨”的氛围。如开福区芙蓉北路街道、通泰街街道积极探索“吹哨报到”机制，解决了一批基层治理难题，工作成效好、群众评价高，在绩效考核中分别得到加分。同时建立负面清单。针对“应急哨”，明确将部门不“报到”或“报到”不作为、互相推诿的行为，纳入负面清单，加强执纪问责，对贻误工作、造成不良后果的责任部门及其责任人严肃追责。

（二）存在的问题

长沙市“街道吹哨、部门报到”工作虽然取得初步成效，但对比北京市的做法，仍然是刚刚起步，一些问题和不足亟待解决。

1. 顶层设计相对滞后，在推进力度上有差距

尽管长沙市的改革已经进行一段时间，但仍然存在重视程度不够的现象。从课题组了解的初步情况来看，虽然市里早在2020年就下了文，之后并未就此项工作进行集中部署和督查，也没有设立和明确统筹牵头“吹哨报到”工作的专门机构，一定程度上造成了资源共享不够、力量协调不够、工作推进不够的问题。

对照长沙与北京部署“吹哨报到”工作可以很明显地看出：北京的实施方案中，每项具体工作都明确了责任单位、实施期限，而长沙缺少相关内容；北京的实施方案中，在工作要求部分明确将此项工作纳入市委、市政府重点督查项目，作为地方党政领导班子和领导干部考核评价重要内容，长沙对此没有规定；北京除了总体方案外，还有其他配套文件，而长沙目前尚停留在落实总体方案层面，缺少相应配套政策措施。

究其原因，有客观因素。长沙的实施方案制定于2020年，而“党建聚合力”工程整体方案出台于2021年。在此之前，“吹哨报到”工作只是一般改革项目，推进力度有限。

2. 体制机制尚未健全，在创新落实上有差距

党建引领基层治理，构建简约高效的基层管理体制和共建共治机制是根本。通过积极发挥街道社区党组织领导核心作用，充分激发各个方面的力量，不断增强整体效应，来实现治理效能最大化。

回顾长沙实践，除少数区县（市）主动进行探索外，其他区县（市）大多以落实市级方案为主。而市级现有方案对构建简约、高效的指挥管理架构并无整体安排，仅规定了“吹哨人”“总吹哨人”和街道联系社区、职能部门联系街道，对解决“吹什么、怎么吹，谁来吹、谁来响，谁来接、接了办得好不好”等体制机制问题，缺乏因地制宜的首创精神和落实落细的具体举措，个别地方甚至存在“旧瓶装新酒”“换汤不换药”问题。

当然，作为首都，北京市在机构设置上拥有更大权限，其“吹哨报到”改革正赶上全国基层政府机构调整。长沙要在基层设置专门机构，对体制机制进行较大调整，有一定的难度，但总的来说，在贯彻落实湖南全面加强基层建设“1+5”文件的过程中，还是给基层厘清权责利、推动“吹哨报到”改革留有工作空间，需要对照文件精神和基层需求认真研判，推动创新落实。

3. “哨件”甄别不够准确，在精准施策上有差距

从总量上看，实施“吹哨报到”一段时间后，“哨件”不少，但没有构建起“北京式”的“哨源”研判机制，以至于把一些街道能够自己解决和工作职责范围内的问题笼统进行上报，出现“乱吹”现象，不仅增加部门工作量，更减低了吹哨报到施行的“含金量”。同时，对“吹哨”是否能解决实际问题缺少评价标准，导致“哨声”的数量和质量不对称，上报的数据跟群众感受存在差距。

从基层治理内容看，长沙市各街道尚未建立统一的吹哨报到清单，相应导致一些工作缺乏有效抓手，“用文件落实文件、用会议落实会议”的情况在一定程度上仍然存在。基层在碰到棘手难题时，有的也是沿用过去模式，由多部门统筹，街道（社区）配合采取“联合行动”方式解决，没有将“吹哨报到”作为主要工作方式之一推进。有的区县将“吹哨报到”改革简

单等同于联合执法，在工作推进、成效考核上出现单一化、片面化倾向。

客观来说，“吹哨报到”需要“吹哨”前街道充分调研，处置中部门配合联动，结案后长期监控，这也是下一步加强和改进吹哨报到工作的发力方向。

4. 监督激励保障不够，在参与热情上有差距

课题组初步调研发现，在一些街道（社区）、职能部门，一些党员干部中出现了怕“吹哨”、不愿“吹哨”的情绪，怕麻烦、图方便，懈怠思想有所抬头。群众对“吹哨报到”有关程序和情况了解不多，很多群众还不知道这项工作，社会知晓度不高。

这一状况产生，从基层角度来分析，一是监督考核机制不到位。比如，同样是赋予街道对相关职能部门考核权，长沙规定街道对区县（市）职能部门的评价占该部门绩效考核分值权重不低于5%；北京则规定街乡对相关职能部门及其派出机构的考核结果占该部门绩效权重的1/3。比重不同，重视程度自然不同。二是正向激励缺力度。北京配足经费人员，长沙在编制、经费保障、激励政策上对推进“吹哨报到”没有明显倾斜。从群众参与度来分析，北京基层治理动员能力强，涌现了“朝阳群众”“西城大妈”等闪亮品牌。长沙虽然一直以来致力于推动共建共享共治社会治理模式，但总体停留在分散用力层面，议事平台、群众自治组织数量多但规模小、影响小，缺乏有效整合与引导。同时，由于“吹哨报到”机制不够完善，成效不够明显，一定程度上让群众的获得感、满意度打了折扣，也相应影响改革的深入推进。

三　长沙市完善“街道吹哨、部门报到”工作机制的对策建议

长沙市第十四次党代会擘画了未来5年的美好前景，提出“要建设治理高效的现代化新长沙”的目标。长沙已经迈过千万人口门槛成为特大城市，在城市治理上只有坚持问题导向、目标导向和价值导向，紧紧围绕提升

组织力、强化政治功能的主题主线，着眼把工作延伸到基层一线，不断创新、完善、夯实“吹哨报到”制度，才能全新提升基层治理的现代化水平。

（一）贯穿“一根红线”，夯实工作基础

坚持“党建统领活的灵魂，一根红线贯穿始终”，把党的政治引领优势转化为治理优势。一是坚持党委总揽统筹。不断健全完善党委领导社会治理体制机制，坚持把基层治理纳入市域发展战略体系，以市委层面专题部署“吹哨报到”相关工作，区委书记会议定期就工作落实情况进行点评，进一步加大对工作情况的督查力度，以“钉钉子”“啄木鸟”精神推动工作落实。二是抓好顶层系统设计。坚持以系统融合思维推进社会基层治理，进一步强化“吹哨报到”工作的顶层设计、系统设计、制度设计。坚持将以基层党建工程为核心、市区街乡三级纵向治理架构为关键、人民当家做主为最高标准的“党建统领+基层治理”治理理念融入“吹哨报到”工作之中。三是加强党建与治理融合。深化市域社会治理现代化试点工作，把党建网格、自治单元、城市管理网格融合在一起，通过推进“支部建在网格上”工作，发挥党员在网格中的先锋模范作用。针对“在职党员社区报到”工作，制定实施对党员报到和党员的管理、回社区服务形式和内容、考核的相关办法。搭建县乡村三级协商议事平台，不断完善区域化党建机制，把区域内机关、企事业单位及代表性强、影响力大的“两新”组织党组织纳入进来，与“街道吹哨、部门报到”有机结合，进一步发挥统筹协调、整合资源作用。市级层面提供更多指导，帮助基层丰富党建带工建、带团建、带妇建的方式和路径。

（二）覆盖“一张网格”，激发工作活力

坚持把街道网格作为基层治理的最小单元，科学整理分配基层治理力量，激发工作活力。一是建立市级统筹指挥机构。建议市委党建工作领导小组办公室（设市委办公厅）牵头，依托市城管局原有城市管理机构作为市级指挥室，以“12345 政务热线”为指挥系统，统筹各方资源，做好系统设计，突出制度管理，实现部门联动，推动工作举措系统集成、资源优化集

约，提高指挥的系统性、耦合性、高效性。二是构建精准管理体系。创新建立以街道为主体、重点聚焦网格单元、让街巷长为主负责的基层管理体系，将街巷长、网格员、协管员、社区工作者、志愿者等基层力量聚合统筹，实现“一体化”和“组团式”管理，统一调度和安排。瞄准管理服务制度化、规范化、程序化，完善、优化管理服务事项标准和流程，建立市级统筹、区级总体负责、街道集中管理使用的“三级协管”体制机制，规范、科学管理各类协管员队伍，授权街道社区统筹管理并开展考核。三是推进执法权限力量下沉。强化街道统一指挥和统筹协调职责，建立市场监督、城市管理、自然资源等执法力量与乡镇（街道）执法队伍综合检查、联合执法配合机制，逐步实现“一支队伍管执法”。依法授予乡镇（街道）党（工）委对各执法队伍的考核权，将派驻人员日常考核、相关重要人事任免听取所在街道党工委意见等作为明确指标。加强指导和培训，提高街道综合行政执法机构、执法人员的综合能力，严格落实行政执法责任和责任追究机制，做到执法全过程记录、动态阳光公示执法情况。

（三）构建“一套机制”，强化工作保障

一是构建简约高效的基层工作机制。建立区级综合指挥平台，制定系统方案，明确“发现责任在属地、解决责任在部门、稳控责任在属地、服务责任在部门”的原则，实现推进“部门报到”的标准化和规范化。建立每月调度机制，对工作推进情况及遇到的重点、难点进行安排、研究、督促。建立常态汇报机制，加强信息动态报送，对区级无法解决的问题，要及时向上级汇报，争取指导和支持。建立督导评价机制，对实施方案确定的任务实行常态化督导，对工作推进不力的要问责。建立宣传激励机制，将成熟的做法和经验及时总结，提供给各区县、街乡参考，推动具体工作逐步向政策文件、指标体系等长效机制转化。二是构建科学细致的考核评价机制。区委、区政府要加强对职能部门的督查，特别是把落实“街乡吹哨、部门报到”工作情况纳入绩效考核。街道定期邀请、组织由相关单位、居民代表组成的考评小组，重点围绕“街乡吹哨、部门报到”工作进行考核评价，定期通

报排名靠后的街道和工作不力部门单位。建立由区县统一组织，重点以考察辖区居民满意度为主、职能部门和社区等单位评价为辅，与第三方评估结合联动的街道工作考核评价机制。改革区政府职能部门对街乡的考评工作，取消专项工作考评。在区政府职能部门考核结果中，街乡话语权占30%以上。积极运用大数据等方式开展第三方评估，完善群众满意度考核评价方式。三是构建完善有效的激励保障机制。加大对基层的人财物支持，统筹各类补助、经费、政策，使人往基层走、钱往基层投、政策往基层倾斜成为常态，使基层有人有职有权。年度财政预算中逐步强化街乡自主经费保障，灵活用于文体、教育、治安、精神文明、应急等事业发展。解决好基层一线任务重、人手少、权限不足等实际问题，为基层开展工作创造良好条件。加强街道社区干部队伍建设，对“吹哨报到”中表现突出、年富力强的优秀干部，优先选配到街道乡镇任职。选拔街道领导干部，要重点关注培养“吹哨报到”关键岗位的街道事业编制人员，要从优秀社区党组织书记、社区“两委”成员中定向招录、遴选一批公务员和事业编制人员。

（四）联结“一片网络”，提高工作效率

加快智慧城市建设，坚持把大数据、人工智能与“吹哨报到”工作深度融合，以“智慧+”优化治理形态、提高治理效率，切实发挥科技支撑作用。聚焦城市基层党建、智慧城市管理需求，借助互联网、物联网、大数据、云计算等新技术，建设“互联网+”智慧城市基层党建平台，构建“街道吹哨、部门报到”云服务体系。统筹推进城市管理、社会服务管理、社会治安、城管综合执法、应急指挥等方面的“多功能”聚合、“多网”融合、一体化运行。建设智慧物业，推动“街巷吹哨、部门报到”工作的数据化、智能化和协调化，实现全过程标准化的流转、记录和考核。统筹城市管理数据资源和社会数据资源，整合12345政务热线、市政政风行风热线、政府热线、舆情监测系统、政府政务微博公众号、市长信箱、人民网地方领导留言板等，建立全市统一的群众咨询服务平台，开启“一号通”服务模式，全面为群众提供事项咨询、建议、举报、投诉等服务。

B.22
加快湖南知识产权强省建设的若干建议

汤建军　彭培根　姜芳蕊　李珍珍*

摘　要： 习近平总书记指出的“我国正在从知识产权引进大国向知识产权创造大国转变，知识产权工作正在从追求数量向提高质量转变”这一重要科学论断，为湖南加快知识产权强省建设提供了根本遵循。对此，要坚守“‘三高四新’靠产业发展，产业发展靠知识产权”的理念，加快实施知识产权强省战略，在总结知识产权成效的基础上，优化知识产权高标准保护、高效益运用、高质量创造、高水平开放、高效能治理、高品质环境，为全面落实“三高四新”战略定位和使命任务、建设现代化新湖南贡献知识产权应有力量。

关键词： 知识产权　高质量发展　湖南

知识产权是激励创新创造的“火种”，事关长远发展。2021年1月，习近平总书记在《求是》杂志第3期发表知识产权主题文章时强调，“当前，我国正在从知识产权引进大国向知识产权创造大国转变，知识产权工作正在从追求数量向提高质量转变”。“两个转变”这一重要科学论断，为湖南加快知识产权强省建设指明了前进方向。近年来，我们认真研读习近平总书记关于知识产权的重要论述，结合全面落实“三高四新”战略定位和使命任

---

* 汤建军，湖南省社会科学院党组成员、副院长、研究员；彭培根，湖南省社科联科普办副主任、副研究员；姜芳蕊，中南大学马克思主义学院副教授；李珍珍，湖南省社科联助理研究员。

务实际情况，采取实地调研、对比研究、专家座谈、个别访谈等方式，对加快知识产权强省建设提出若干具体建议。

一　强化知识产权成效

只有摸清了湖南省知识产权“家底”，才能更好地推动工作向前发展。党的十九大以来，湖南省知识产权意识进一步增强，知识产权保护、运用、管理及服务全链条服务进一步完善，知识产权治理能力进一步提升，区域知识产权竞争优势明显增强，有力支撑了创新引领开放崛起战略实施和经济高质量发展。

1. 知识产权政策体系不断完善

湖南省以提升知识产权治理能力为抓手，出台一批稳基础、管长远规章制度。中共湖南省委办公厅出台《关于强化知识产权保护的实施意见》（2020 年），湖南省人民政府办公厅印发《关于加快推进知识产权强省建设的实施意见》（2017 年），湖南省知识产权局与省高院联合出台《关于建立知识产权纠纷诉调对接机制的意见》（2018 年），修订出台《湖南省专利奖励办法》（2018 年），制定《湖南省知识产权维权援助三年行动计划（2018-2020 年）》（2017 年）、《湖南省知识产权密集型产业培育工作方案》（2017 年）等。这些政策，进一步建立健全知识产权“四梁八柱”，为湖南省知识产权工作提供了有效的指引和保障。

2. 知识产权保护环境明显优化

建立线上排查、源头追溯、协同查处知识产权行政执法机制，推进了线上线下一体化执法。加强与海关等部门和长三角 11 省市的执法协作，强化电商领域专利执法维权协作，形成了全覆盖、跨区域、跨部门执法协作工作格局。发挥湖南省综合执法优势，关注重点市场和侵权事件频发多发领域，开展知识产权“护航”“铁拳”“雷霆”“春雷”等一系列专项行动，特别是疫情防控期间全省上下在全力保障企业复工复产的同时，确保不发生重大突发知识产权侵权纠纷和事件。“郴州市永根东来顺酒楼侵犯‘东来顺’注册商标专用权”案入选国家知识产权局2019年度十大商标行政保护典型案例，进一步营造了良好的营商环境。

3. 知识产权运用水平不断提升

加强知识产权运营体系建设，搭建了“1+3+N”（1个中心、3只基金、N家机构）的知识产权运营体系，完善了创新成果产权化机制。面向全省甄选了8所高校开展知识产权中心试点建设，通过许可、转让和作价入股投资等方式，实现知识产权转化运营金额11亿元，中南大学、湖南大学获批国家首批知识产权示范高校。探索出“银行+担保/保险+评估处置机构+政府”四方风险共担的知识产权质押融资新模式，完成质押融资金额125.02亿元，超额完成预定目标。地理标志保护范围覆盖了全省所有贫困县，年产值近700亿元，解决了贫困地区22万人就业，助力139万人脱贫，为精准扶贫、区域高质量发展注入新动能。

4. 知识产权管理及服务能力持续加强

响应党和国家机构改革趋势，理顺专利、商标、地理标志等知识产权管理，推进知识产权“强市”“强县”“强园区”“强机构”“强企业”的“五强”立体布局建设。目前，湖南省拥有国家知识产权试点示范城市、园区8个，国家知识产权强县工程建设试点示范县市区13个，国家知识产权优势示范企业170个，湖南省知识产权强县建设单位30个。为实现知识产权公共服务均等化、可及化，建成1个省级知识产权综合服务平台和32个综合服务中心，在14个市州设立商标申请窗口，同步建设了湖南省知识产权综合服务线上平台，持续推进知识产权便利化改革，建立企业专利联络员网络。在若干产业开发区内，建设立足园区、辐射全市的“代办、信息、维权”服务三合一的知识产权综合服务站点，扎实推动知识产权公共服务下沉。

二　强化知识产权高标准保护

保护知识产权就是保护创新。湖南省新技术新业态蓬勃发展，但相比之下知识产权保护法治化水平还不够，加强知识产权保护对如何进一步激励创新，如何更好地服务和推动“三高四新”战略发展，无疑具有重要现实意义。

1. 完善知识产权法规政策体系

全面加强知识产权保护工作，建立专利与技术标准融合、商标与市场融合、地理标志与乡村振兴融合等方面的知识产权法律保护体系。加快推进湖南知识产权综合立法，围绕“三高四新”战略定位和使命任务，制定适合智能制造、电子商务、中非经贸、自贸试验区等新领域新业态新模式的知识产权保护政策，出台激励知识产权事业高质量发展等配套政策。对知识产权密集型产品加大政府采购支持力度，引导高校、科研院所、企业创新研发中心建立健全知识产权转移转化软硬设施配套，实现知识产权产业转化。推进知识产权要案重案的查办衔接，加大涉罪案件移送力度。加强司法与各方的沟通协调和督促检查，推动解决案件异地执行难问题。

2. 推进知识产权社会监督共治

打造知识产权保护链条，加大知识产权行政保护力度。加强行政、司法与各方的执法衔接，健全行政执法与司法衔接工作制度，建立健全知识产权纠纷非诉调解协议司法确认机制。完善司法审判、刑事司法、行政执法、仲裁调解、人民调解、行业调解、商事调解公证、维权援助多方联动的工作体系。完善行政执法协作，建立版权商务、生态环境、市场监管、农业农村等相关部门知识产权保护工作统筹协调及信息共建共享机制，组织开展常态化制度化联合执法协作。深化知识产权保护的区域协作和国际合作。

3. 提升知识产权保护监管水平

探索知识产权领域以信用为基础的分级分类监管模式，建立严重失信市场主体名单公示制度，将重复侵权企业、失信企业列为监管重点。运用信息技术手段，加大“互联网+”知识产权监管力度，开展互联网知识产权保护行动，建立地理标志产品后续监管制度，实施地理标志产品全过程质量监控。探索建立知识产权保护水平监测评价指标体系，定期组织开展知识产权保护情况评估与保护满意度调查。加强智能执法，发挥人工智能技术在网络盗版鉴定中的作用，探索区块链技术在证据认定及产品溯源中的应用。

三 强化知识产权高质量创造

高质量创造是高质量发展的源头活水。《中国区域创新能力评价报告2021》显示，湖南创新能力位居全国第11位，但湖南基础研究、原始创新投入不足，高质量高价值知识产权偏少，标准必要专利、高价值专利、基础研发专利偏少等问题依然存在，与北上深等全国创新技术高地相比，供给能力差距不小，“提质增量”压力巨大。

1. 加大高质量知识产权奖励引导力度

制定和完善专利、版权、商标、植物新品种、地理标志等知识产权奖补措施，增设知识产权奖补项目，提升知识产权评价在政府各类奖补制度中的权重。加大对中国专利奖、湖南专利奖的奖励力度，充分发挥其激励导向作用。将高价值专利的产出作为科技创新计划项目立项和结项的重要指标。定期评选奖励一批有市场竞争力的商标品牌、彰显区域特色的地理标志、弘扬正能量的优秀作品。定期评选奖励一批高质量知识产权的发明人、创作者。

2. 加强高价值知识产权布局与培育

围绕全省智能制造、食品医药、战略性新兴产业、军民融合、先进装备等关键领域，优化自主知识产权创造和储备布局。聚焦前沿技术，围绕优势产业关键技术实施产业规划和企业运营专利导航项目，运用专利导航推进补齐短板和锻造长板，助力破解关键核心技术“卡脖子”问题，推动“湖南制造”向“湖南智造”转变。培育知识产权密集型产业，打造一批具有国际影响力、拥有核心技术竞争优势的产业集群。着力培育一批高增长、高收益的专利密集型产业。

3. 健全知识产权价值评估体系

探索制定知识产权评估指导意见、准则或实施方案，帮助企业按照企业会计准则相关规定，准确反映知识产权研发费用以及知识产权资产价值。鼓励社会中介机构在知识产权的创造、运用、保护过程中提供更高效、更专业的知识产权价值评估指导服务，有力促进各类创新要素有序自主流动、高效配置利用。推动建立知识产权资产评估机构库，在政府支持的项目以及其他的知识产权评价中，进一步凸显知识产权价值考量。

四　强化知识产权高效益运用

调研发现，知识产权运用是支撑“三高四新”战略实施、推动经济高质量发展的关键。当前湖南省知识产权整体质量效益有待提高，知识产权对产业发展的支撑作用有待增强，知识产权运营机制和知识产权运营体系有待完善，平台数量不足、转化渠道不畅、运营效率和效益不高、民间资本投入较少等问题亟待解决。

1. 促进知识产权转移转化

充分发挥高层次人才队伍作用，大力培育有专业化市场化背景、有知识产权转移转化实力的机构和技术经理人队伍。积极推进国家知识产权试点示范高校和科研机构建设，促进创新要素有序流动、高效配置。引导企业通过知识产权的实施、转让、许可、质押等方式收获知识产权市场价值。进一步加快推动高等院校知识产权运营中心建设使用，依托高等院校建设一批集专业化技术转移和知识产权管理运营于一体的机构，支持高校和科研机构探索市场化运营机制，探索开展技术转化经理人的培养。积极推进专利权益分配和专利开放许可等领域的改革试验，规范和优化科技成果知识产权转化流程。探索国家知识产权转化引导基金支持的湖南模式，带动金融资本和民间投资向知识产权转化聚集。

2. 推动知识产权产业化

实施战略性新兴产业科技攻关与重大科技成果的知识产权产业化，扶持一批优质知识产权项目和产品落地实施。促进专利运用，引导市场主体运用专利制度，提升企业专利创造、运用、保护和管理能力，开展专利导航、专利预警分析，鼓励企业制定专利发展战略，将技术优势转变成产权优势和竞争优势，促进企业转型升级。优化战略性新兴产业发展模式，增强产业集群创新引领力。坚持分类指导、重点突破，积极引导各类市场主体加强商标保护。促进地理标志产业带动农村一二三产业融合发展。打造一批优秀作品和影视节目版权、版权产业链，提升国际传播能力。顺应区块链、人工智能、大数据等新技术以及数字版权的发展，健全新领域新业态版权保护制度，创新版权发展模式，做大做强湖南的版权产业。

3. 健全知识产权运营机制

推动高等院校、科研院所以及民营化、网络化、市场化知识产权运营机构有序规范发展。完善省市县三级优势互补的知识产权质押融资风险补偿资金机制，推动政府、银行、担保等多方共担融资风险，打造知识产权质押贷款的新模式。创新重点产业知识产权运营基金模式，以政府投资为引导，鼓励社会资本加大投入，提高基金运行效率。用好知识产权质押融资风险补偿资金，创新知识产权运营模式和服务产品，加快建设产业知识产权运营中心和知识产权交易机构。探索开发新型金融服务，加强银企对接，支持银行业金融机构开发和完善知识产权质押融资产品。鼓励保险公司开发知识产权保险产品，探索知识产权证券化，引导知识产权评估、交易、代理、法律等服务机构进入知识产权金融服务市场，缓解科技型中小微企业等创新主体融资难矛盾。

五　强化知识产权高水平开放

知识产权是国际竞争力的核心要素，也是国际争端的焦点。在“着力打造内陆地区改革开放高地”背景下，湖南在服务构建新发展格局方面必将大有可为，但是当前技术和品牌全球化布局不足，企业在海外的知识产权保护不到位，市场主体应对海外知识产权纠纷能力存在明显短板，影响了湖南与国内、国际市场的良性互动。

1. 推动融入国内大循环

对接融入国家区域发展战略，在推动中部地区崛起和长江经济带发展中，充分发挥和彰显知识产权在国家重大区域战略中的作用，促进湖南自贸区、长株潭国家自主创新示范区、国家创新型城市、国家高新区，中部地区“一中心四区”等协同发展。聚焦国家重大区域战略做好项目规划布局，加强多类型知识产权综合运用，积极参与国内市场建设，促进资源要素有序自由流动。

2. 促进国内国际双循环

加强知识产权国际合作，探索海外知识产权保护合作机制，推动湖南对外经贸合作向高质量发展。建立健全“一带一路”沿线国家和地区的知识产权国际交流合作机制，有力发挥知识产权在国际交流合作中的促进作用。在尊重和考虑双方知识产权发展阶段和差异的前提下，积极推动双边区域知识产权一体化建设，不断加强双方知识产权政策制度的互通互补，营造有利于高技术和创新合作的发展环境。探索中非经贸合作园区中的知识产权保护机制的建立，对现有经贸合作园区进行升级改造，并新建一批合作园区，设立特殊的知识产权保护合作机制。

3. 加强海外知识产权维权援助

加强事关国家安全的关键核心技术的自主研发和保护，健全涉外知识产权争端应对机制，为“湘字号”企业海外发展提供充分、及时、高效的知识产权指导和帮助。健全跨境知识产权保护协作机制，强化政策协调和信息交流，为企业“走出去”创造有利的外部条件。围绕“五大开放行动”，加强对海外知识产权制度环境研究，收集相关法规政策和典型案例，编制发布一批重点国家知识产权保护国别指南，同时积极对接国家海外知识产权纠纷应对指导中心，强力推进湖南分中心建设运营，加强海外知识产权维权援助，提升企业海外知识产权保护能力。

六　强化知识产权高效能治理

知识产权治理体系和治理能力现代化，是实施知识产权强省战略的集中体现，但从调研情况来看，有的地方还存在一些认识误区和行动偏差，有的地方服务能力和水平还不够高，一定程度上阻碍了知识产权对经济社会等各方面事业发展的促进作用。

1. 高起点完善知识产权顶层设计

配合已经发布的《知识产权强国建设纲要（2021-2035）》和“十四五”规划要求，研究制定落实知识产权强省、强市、强县和强企战略规划，构建新时代知识产权强省“一元多层次”工作体系，加快湖南知识产权强省建设。坚持示范引领、典型引路做法，开展各级试点示范创建工作，提升（扩大）试点示范作用、范围和工作影响力。继续推进湖南知识产权强县和强企建设，探索支撑区域创新发展的知识产权运行机制。建设一批服务于湖南优势产业的知识产权专题数据库。鼓励相关信息服务机构持续创新知识产权信息服务产品，不断推进知识产权信息传播利用标准化和规范化建设。

2. 建立知识产权创新驱动评价体系

进一步优化知识产权考核体系，将知识产权工作纳入创新型经济发展、重要创新载体建设的考核指标体系。探索将高价值发明专利产出作为科技创新计划项目立项结项的重要指标，提高高价值专利在科技计划项目中的评价权重。加强对政府重大产业规划、重大科技和投资项目、创新创业人才引进项目、涉及国家利益的企业并购和技术出口活动，以及重大活动、会务等事务开展的知识产权评议或审议。鼓励市场主体自主对重大经济活动开展知识产权评议。加强对申请上市企业重点实施知识产权评议，对已上市企业重点实施知识产权实时监测。

3. 发展知识产权服务业

支持服务机构开展特色化、高端化的知识产权预警分析、质押融资等业务。引导和支持知识产权服务业依靠新技术促进服务业态和商业模式创新。完善服务机构布局，探索建设知识产权服务集聚区。建立完善服务质量标准和职业胜任评价机制，鼓励行业组织发挥自律作用，加强对服务机构和从业人员的监管和行业自律。

七　优化知识产权高品质环境

知识产权环境是知识产权发展的基石。湖南省在知识产权环境优化方面还存在一些突出问题。比如，在机构调整、轮岗转岗过程中，新进入市州、县市区知识产权部门的干部职工普遍不熟悉业务工作，全省在岗专利行政执法人员数量偏少且身兼数职；受疫情影响，近两年知识产权专项经费财政投入压缩1/3以上。这些问题亟待解决。

1. 优化人才队伍建设

加强专业化、职业化人才队伍建设，将知识产权人才体系建设纳入“芙蓉人才行动计划”，提供定制化的人才培养方案，拓宽培养和引进渠道，提升人才岗位匹配度。加大“急需紧缺”人才供给，充分发挥相关领域人才队伍作用。探索知识产权分层培训，密切联系党校和行政学院，加强地方政府和企业决策者的知识产权意识培训。积极推进智库体系建设，充分发挥知识产权专家的支撑作用，建立良好的信息互动机制，及时回应社会关切的热点问题。

2. 培育知识产权文化

紧扣知识产权中心工作和最新政策，运用新媒体手段，采取多种形式，加大知识产权宣传普及力度，加强知识产权政策解读，让知识产权知识“飞入寻常百姓家”。丰富宣传普及渠道，发挥新媒体的传播作用，挖掘报道知识产权典型人物和案例，不断弘扬正能量。深化知识产权文化与传统文化、创新文化、法治文化的融合，使“尊重知识、崇尚创新、诚信守法”的知识产权文化核心观念深入人心。

3. 加强考核及结果运用

建立以知识产权为重要内容的创新驱动发展评价制度，加强对规划实施情况的动态监测和评估。每年市场监管局会同相关部门对规划各项目标任务落实情况进行监督检查，适时引入第三方机构开展绩效评估。将评估结果纳入创新型经济发展的考核指标体系，科学合理运用考评结果。加强宣传和政策解读，及时总结推广典型经验做法。

B.23

湖南法治乡村建设的现状成效与发展路径研究*

彭　澎**

摘　要：　随着国家和社会治理体系不断完善和治理能力持续提升，乡村法治建设开始呈现从传统到现代的变革与转换的鲜明趋势，法治乡村建设成为顺应基层治理体系和治理能力现代化发展的根本价值追求和重要实施路径。湖南省高度重视和深远谋划法治乡村建设，取得了显著成效，问题和不足在实际建设过程中也开始出现，要求法治乡村建设思路进一步拓展，法治乡村建设路径进一步完善。应当提高认识，以精准的态度来深入把握湖南法治乡村建设的基本成效和困难问题，以系统科学的方法去深度探寻湖南法治乡村建设的推进方法和实施举措，使得湖南法治乡村建设在建设更高水平法治湖南的征程中取得更大的成效。

关键词：　湖南　法治　乡村　基层治理

2021年11月湖南省第十二次党代会召开，明确强调“坚定不移沿着习近平总书记指引的方向前进，牢记嘱托、不负使命，干在实处、走在前列，全面落实‘三高四新’战略定位和使命任务，大力推动高质量发展，为全

* 项目基金：2022年度湖南省社科成果评审重点课题“湖南法治乡村建设标准设计与考核制度研究”（项目编号：XSP22ZDI023）阶段性成果；2020年度湖南省法学研究重点课题“湖南法治乡村建设的实施路径研究”（项目编号：20HNFX-B-002）的阶段性成果。

** 彭澎，中共湖南省委党校（湖南行政学院）法学部教授、法学博士。

面建设社会主义现代化新湖南而努力奋斗”。湖南省第十二次党代会明确强调全面建设富强民主文明和谐美丽的社会主义现代化新湖南，并提出“健全党组织领导的自治法治德治相结合的城乡基层治理体系，构建网格化管理、精细化服务、信息化支撑、开放共享的基层治理平台，推进政府治理和社会调节、居民自治良性互动，不断提高基层治理体系和治理能力现代化水平”。当前，湖南正根据“三高四新”的战略定位和使命任务，紧贴实际，全面建设社会主义现代化新湖南。在这一过程之中，湖南省委高度关注和深入推进法治乡村建设工作，坚持以人民为中心的发展理念，扎扎实实做好乡村基层群众工作，继续坚持和强化乡村基层组织建设、创新乡村基层社会治理、完善乡村基层公共服务、切实为乡村基层减负等行之有效的举措，通过持续不断在民生领域加大建设力度，使得基层群众的生活质量不断提高，基层群众多样化多层次的需求不断得到满足，基层群众在实际生活中有真真切切的获得感，能够真正感受到改革发展所带来的各种福利和优惠。2019 年 7 月 13 日，中共湖南省委制定和出台了《关于全面加强基层建设的若干意见》，在文件中突出强调“推进法治乡村建设，深入开展平安创建和民主法治示范村创建”。2020 年 5 月，中共湖南省委全面依法治省委员会在贯彻落实上述文件的基础上，正式制定了《关于加强法治乡村建设的实施意见》，文件对湖南法治乡村建设作了具体规划，主要是从夯实乡村治理法治基础、健全乡村依法治理机制、营造乡村治理法治氛围、提升法治乡村治理效能、加强法治乡村建设组织实施等五个方面对湖南法治乡村建设提出了明确要求。2021 年 1 月 29 日，湖南省第十三届人民代表大会第四次会议批准《湖南省国民经济和社会发展第十四个五年规划和二〇三五年远景目标纲要》，其中将“建设法治乡村”作为湖南“十四五”时期建设的重要任务。2021 年 7 月，中共湖南省委制定了《湖南省法治社会建设实施方案（2021-2025 年）》，方案中特别强调：“持续开展民主法治示范村（居）创建活动，培育农村学法用法示范户，深入推进法治乡村创建活动。”2021 年 10 月 11 日，中共湖南省委正式印发《法治湖南建设规划（2021—2025 年）》，明确提出：“围绕实施乡村振兴战略，深入推进法治乡村建设，健全自治、法治、德治相结合的乡村治理体系。”湖南省委聚焦法治乡村建设，高层次高密度制定和出台了一系列政策和文件，集中表达了湖南法治乡村建设的决心，阐明了湖南推进法治乡村建设的目标和举措，也完整阐释了湖南建设法治乡村的制度内容和体系框架。《湖南省国民经济和社会发展第十四个五年规划和二〇三五年远景目标纲要》提出要“着力建设社会平安的现代化新湖南”，湖南省第十二次党代会提出要“建设更高水平的平安湖南法治湖南”，这些奋斗目标和发展任务为湖南法治乡村建设创造了更加良好的运行环境和发展机遇。当前，湖南法治乡村建设进入关键的发展阶段，应当牢牢抓住法治乡村建设的时代契机和发展大势，集中力量解决各种问题，将法治湖南建设的各项任务落实落细，实现湖南法治乡村建设向更深入、更广泛的层次推进，取得湖南法治乡村建设的显著成效，完成湖南法治乡村建设的任务、目标。

一　湖南法治乡村建设的总体情况

党的十九大以来，特别是2018年在《中共中央国务院关于实施乡村振兴战略的意见》和《乡村振兴战略规划（2018-2022年）》文件中首次正式提出和明确强调建设法治乡村以来，湖南省委省政府对法治乡村建设高度重视、高位推动、高层次设计，在机制建设、组织领导、推进方法、保障机制等方面采取有效举措，思路清晰、目标明确、组织有力、协同高效，解决了一些全省法治乡村建设中的难点痛点问题，成效显著，亮点突出。

（一）注重顶层设计，法治乡村建设的政策文件相继制定

湖南省委于2019年7月13日发布《关于全面加强基层建设的若干意见》，其中就明确提出要“推进法治乡村建设，深入开展平安创建和民主法治示范村创建”。2020年3月中央全面依法治国委员会制定和印发《关于加强法治乡村建设的意见》、对法治乡村建设提出明确要求和工作任务后，湖南省全面贯彻落实法治乡村建设的文件精神，并进一步结合湖南省实际情

况，在 2020 年 5 月由中共湖南省委全面依法治省委员会正式出台《关于加强法治乡村建设的实施意见》，统筹推进湖南法治乡村建设，推进乡村依法治理，夯实乡村治理基础。该实施意见从夯实乡村治理法治基础、健全乡村依法治理机制、营造乡村治理法治氛围、提升法治乡村治理效能、加强法治乡村建设组织实施等五个方面对湖南省法治乡村建设提出了明确要求。同时，湖南省委省政府于 2021 年 3 月 7 日发布的《关于全面推进乡村振兴加快农业农村现代化的实施意见》对推进乡村振兴的总体要求、目标任务和重点工作、实施步骤和工作保障等进行了系统明确，其中对“建设法治乡村”设定了具体任务。这一系列政策文件构筑了湖南法治乡村建设的制度体系、推进体系和目标体系，勾勒和阐释出湖南法治乡村建设的生动场景：在法治乡村中，人人尊法守法、事事找法用法、干部带头依法；在法治乡村中，小事不出村、大事不出乡、矛盾不上交；在法治乡村中，法治宣传生动活泼、法律服务方便快捷、法治氛围浓厚；在法治乡村中，乡风很文明、治理很有效、生活很幸福；在法治乡村中，法治可信赖、权利可保障、义务需履行、道德能遵守；在法治乡村中，有最高安全感、最低违法犯罪率、最美生活幸福感。

（二）强化工作职责，法治乡村建设的工作职责明确细化

湖南不断强化法治乡村建设的工作职责，湖南省委全面依法治省委员会高位统筹推进，狠抓任务落实；各地州市、县市区很重视，法治乡村建设全面落实到各地方法治建设的整体规划中，各地重点部署、重点推进。特别是，充分发挥乡镇党委政府、村（社区）支两委在法治乡村建设中的领头作用、推进作用和主体作用，明确主体责任，有效激活了乡镇、村（社区）在法治乡村建设、法治乡村示范创建活动中的积极性，主动性显著增强，使得各方力量形成了共识、形成了合力，全省在法治乡村建设中上下互动、职责明确的组织体系已形成。

（三）坚持党建引领，法治乡村建设的组织基础雄厚坚实

中共湖南省委《关于加强法治乡村建设的实施意见》明确要求：“坚持

和加强党对法治乡村建设的统一领导，落实县乡党政主要负责人履行推进法治建设第一责任人职责，发挥农村基层党组织在法治乡村建设中的战斗堡垒作用”。湖南在推进法治乡村建设工作中，始终坚持党建引领，突出抓好基层组织、基础工作、基本能力“三基建设”，基层基础建设不断夯实。在推进法治乡村建设工作中，以认真贯彻执行党支部工作条例和农村基层党组织工作条例为抓手，强化基层党组织在法治乡村建设中的领导作用，持续推进党支部“五化”建设，推进基层党组织达标提质，深入整治基层软弱涣散党组织。如永州市 2020 年“五化”建设达标党支部 11279 个，达标率 99.14%，制定出台《市委党建工作领导小组基层联系点建设工作方案》《全市基层党建工作示范点创建工作方案》，扎实推进 1 个省级、45 个市级基层联系点和 3 个省级、66 个市级、673 个县级基层党建工作示范点建设。在此基础上，通过制定《关于强化农村党建网格化管理的若干措施》，大力推进基层党建网格化建设，构建起“村到组、组到户、户到人”的基层网格化治理模式，推动实现“党员服务在群众中、群众受益在网格内”。

（四）加强科学谋划，法治乡村建设的高效惠民逐步体现

推进法治乡村建设是一项复杂的系统工程，在推进过程中，注重科学谋划和系统设计，实现上下联动、齐抓共管、统筹兼顾，紧紧围绕基层群众办事“难、繁、慢”问题，从基层老百姓急难愁盼问题抓起、从基层群众最关注的事改起，让法治乡村建设的成果更多更公平惠及基层群众。注重把群众所盼与基层所需有机结合起来、把法治乡村建设与乡村经济社会发展有机结合起来、把治标与治本有机结合起来，既对标上层又面向基层，既立足全省又着眼全国，既考虑所需又考虑可行，既全面推进又突出重点，既解决现实问题又建设长效机制。全省涌现出一些法治乡村建设取得突出成效的地方，这些地方法治乡村建设的举措具有开创性，还可复制、可推广，为湖南乃至全国的乡村治理体系和治理能力现代化提供了基层实践的创新经验。如祁阳市以“工作村为主”的乡村法治治理机制改革有效解决了乡村治理末梢不畅

问题；零陵区以“1+N”组团式服务为抓手，构建起完整的乡村网格化服务管理体系，将公共服务下沉到乡村；江华县搭建“心连心”网上群众工作平台，走出了乡村网上多元化矛盾化解的新路径；江永县积极探索“互联网+”基层服务新模式，全方位精准式对乡村基层群众提供服务。

（五）强化协同推进，法治乡村建设的任务举措落实到位

湖南在推进法治乡村建设工作中，强化协同推进举措，确保各项建设任务落地生根，形成了地方分块探索、单位协同推进、整体系统集成的建设思路，坚持省、市、县区、乡镇（街道）、村（社区）五级联动，形成了“多层次、联动化、立体式”的工作格局，既有全省性的整体设计、政策支持，又有县区、乡镇、村社的基层探索，还有责任单位的全程参与，自上而下，实现了省市县乡村五级联动、有机结合，同步、有序、有效推进。一是着眼全局抓统筹。各地党委全面依法治市（县）委员会统一领导各地法治乡村建设工作，司法行政部门具体推动。各地党委全面依法治市（县）委员会进行研究部署，对法治乡村建设思路、方案起草、组织推进等提出明确要求，带头谋思路、定措施、抓落实，形成了一级带着一级干、层层抓落实的工作格局。二是突出问题抓重点。全省各县市区和建设责任单位，紧紧围绕法治乡村建设的重点问题和聚焦人民群众反映强烈、对乡村经济社会发展影响较大的热点难点问题，制定健全乡村法治治理机制的具体工作推进方案，责任单位抓调研指导、审核把关、协调推进，乡镇（街道）、村（社区）抓任务落实、措施落地，确保任务承接到位、工作保障到位、组织推进到位，各县区和责任单位做到了主要领导亲自抓、分管领导具体抓、具体工作专人抓。三是及时跟进抓落实。对法治乡村建设工作实行跟踪作战，坚持“调度、汇总、评价”，做到动态监测、实时跟踪、全程把关。中共湖南省委《关于加强法治乡村建设的实施意见》将“法治乡村建设纳入政府绩效考核、平安建设考核和实施乡村振兴战略考核”，切实考出压力、考出动力，倒逼法治乡村建设工作落到实处。

二 湖南法治乡村建设的主要成效

（一）优化乡村法治机制，乡村治理基础不断夯实

湖南推进法治乡村建设坚持突出重点，抓住基层治理体系、基层治理机制等关键部位，优化体系、理顺机制、明确权责、整合资源，乡村治理基础不断夯实。一是优化乡村治理体制。如祁阳市在推进法治乡村建设、深化农村基层行政体制改革工作中，整合设置乡镇（街道）党政内设机构和直属事业机构，综合设置6个党政机构，划转200名县级事业编制充实到乡镇，每个乡镇增加了5~10名事业编制，明确管辖人口10万人以上的镇和省定经济发达镇在一、二类镇领导班子职数的基础上，增设政府副职2名。二是下沉经济社会管理权限。如祁阳市深化理顺“七站八所”乡镇管理体制，对现行的派驻机构实行下沉财权、下沉考核权、下沉部分人事管理权，将11个县直单位的下属事业站所989人全部下划到乡镇（街道），在省定52项赋权的基础上，县直部门向乡镇（街道）赋予经济社会管理权限118项，强化乡镇（街道）管理和服务职能。同时，健全乡镇（街道）机构的管理体制，实行乡镇（街道）、县直部门双重管理，以乡镇（街道）为主的管理考核、选拔任用机制，从源头上有效解决了“看得见的，管不着；管得着的，看不见”难题和基层权责不匹配、不对等的问题。三是探索乡村法治新机制。如祁阳市深入实施以“党建引领、服务为先、三治融合、以村为主”为主要内涵的“县统筹、镇负责、村为主”的乡村基层治理“工作村为主”新机制，使村民真正回归到乡村治理的主体本位。

表1 关于乡镇行政体制的规模能不能适应当前乡村基层工作需要的调查统计

单位：%

选项	比重
A. 完全能够	35.7
B. 基本能够	64.3

（二）健全乡村基层网格体系，乡村治理“互联网+网格管理”格局总体形成

湖南推进法治乡村建设坚持问题导向，全力突破基层力量薄弱和服务供给不足问题，全面推进“互联网+网格管理”乡村治理体系建设，提升乡村治理智能化、精细化水平，乡村治理“互联网+网格管理”格局总体形成。一是加强网格基础建设。如零陵区在推进健全城乡网格体系改革工作中，完成了区、乡（镇）、村（社区）三级网格管理中心建设，建成了317个村（农村社区）综合服务平台，并完成了社区（村）基础数据采集录入和动态管理，截至2021年1月，全区共采集录入人口信息612370余条，房屋信息389230余条，两型组织等特殊类数据5万余条，矛盾纠纷信息7770余条。二是实现网格化管理。如永州市零陵区在城市郊区建立了“一委一会一办三中心”、在农村建立了“一委两会两中心”，配齐网格员并统一进行规范管理，充分发挥其工作积极性。三是推进智慧乡村建设。如零陵区加快推进智慧乡村（社区）建设，利用科技加强服务管理、提升服务水平、增强服务能力，直接把职能部门的服务事项统一整合和集中归入城乡网格化系统之中，使得各项服务能够实现“一网办理”，同时提供直接办理及代办服务。

（三）完善乡村法治治理体系，乡村治理服务模式逐步成型

湖南推进法治乡村建设坚持目标导向，提升基层服务能力，让乡村基层干部更多地直接服务老百姓，让基层群众享有实实在在的获得感。一是推进乡村基层公共服务（一门式）全覆盖。如永州市出台《关于推进基层公共服务（一门式）全覆盖标准化建设的实施意见》，全面推进乡村基层公共服务（一门式）全覆盖，聚焦18个问题开展村（社区）综合服务平台专项整治，梳理下放基层公共服务“一门式”全覆盖事项清单118项，全市3301个村（社区）政务服务外网全部拉通，村、社区网上可办事项分别为56项和46项。二是创新乡村法律服务新方式。如零陵区通过构建“1+N组团式”服务体系，集中力量，整合资源，提升能力，把公安、城管等22个职

能部门 300 多名工作人员下沉到社区及时处置问题事件，每年发现上报各类问题事件达 7 万多件，成功处置率达到 98%以上，为民解难题、化矛盾。

（四）激发乡村法治治理活力，乡村治理实际效果日益显现

湖南推进法治乡村建设坚持效果导向，法治乡村建设具有创新性，又具有现实性，更具有实效性，提高乡村基层老百姓的满意度，保障和规范老百姓诉求表达通道，建立和完善老百姓利益协调机制，健全和优化老百姓权益保障渠道，通过社会矛盾多元化预防、调处和化解机制建设，尽力在基层化解矛盾，做到“小事不出村、大事不出镇”，实实在在产生法治乡村建设的效果。一是构建“互联网+”乡村基层服务新模式。如江永县依托社会扶贫网、阿里、京东等互联网平台，创新“建好两个中心、推行三大机制、做优五大服务”的“235”模式，“互联网+”基层服务向村级延伸，村民在家门口能办事、办好事。二是构筑网上群众工作平台。如江华县通过信息化手段，借力微信矩阵群建设，将县、乡镇、村（社区）三级紧紧连接在一起，搭建“心连心”网上群众工作平台，受理网民各类留言 14100 余条，解决群众急难愁盼事项 600 余件，化解各类矛盾纠纷，引导各类村级事务讨论 3600 多次，吸引 67000 余名在外群众参与，诉求处理办结率达 95%，群众满意率达 99%。三是构造乡村治理联动新机制。如零陵区探索基层党建、村务监督、民主协商、乡风文明、网格治理的乡村治理“五合一”机制，大力构建“党建大统筹、区域大网格、部门大联动”和“民事民议、民事民办、民事民管”乡村治理的民众参与新机制，创新推行“党务村务民主协商监督月例会”、“五老”调解机制，在乡村治理过程中让群众参与其中并充分发挥作用，基层矛盾得到有效化解。

三　湖南法治乡村建设存在的困难和问题

湖南推进法治乡村建设的时间还不是很长，有些工作还处于起步和初建阶段，在按照中央全面依法治国委员会《关于加强法治乡村建设的意见》

和湖南省委全面依法治省委员会《关于加强法治乡村建设的实施意见》的要求努力建设更大维度、更深层次、更广范围的法治乡村过程中，在具体工作的开展中，一些问题和不足开始出现，需要在下一步建设过程中，有效地加以解决，以建设更高质量的法治乡村。

（一）顶层设计中的问题

1. 乡村法治的共建共治共享机制尚待完善

党的十九大报告提出要“打造共建共治共享的社会治理格局”，党的十九届四中全会强调“完善党委领导、政府负责、民主协商、社会协同、公众参与、法治保障、科技支撑的社会治理体系，建设人人有责、人人尽责、人人享有的社会治理共同体”。法治乡村建设的核心目标是实现基层治理的共建共治共享，由此构建共建共治共享的乡村治理体系，这也是法治乡村建设的主要内容。在法治乡村建设过程中，还存在对法治乡村的内容、主体、方式和任务认识不够深化的情况，对政府、社会和群众三者在法治乡村建设中的角色定位和功能发挥的认识还不够到位，在顶层设计中，各方主体的建设作用发挥不够通畅，政府部门、社会力量和乡村基层群众组织参与法治乡村建设的共享交流、沟通协商、合作互动机制还未完全建立，乡村法治的共建共治共享机制还未完全建立起来，乡村法治的治理能力有待进一步提升。

2. 法治乡村建设与乡村自治、德治有机融合的治理机制有待健全

党的十九届四中全会报告提出“健全党组织领导的自治、法治、德治相结合的城乡基层治理体系”。由此可见，在基层治理的政策体系和制度框架中，乡村治理的根本是自治，乡村治理的基础是法治，乡村治理的目标是德治。自治、法治、德治在基层治理中有机融合和良性互动，三者之间的互促共进和优势互补，才是乡村治理的终极目标，也是基层治理体系和治理能力现代化的重要内容，唯有如此才能形成国家长治久安、牢固的基层根基，这是推进法治乡村建设的具体要求和基本内容。湖南在推进法治乡村建设过程中，对法治乡村与乡村基层治理体系中的自治、德治的作用功能的认识还不够深化，法治乡村建设与乡村基层自治、德治融合的机制建设还有待加

强，建设内容有待突出和均衡。

3.法治乡村建设的公共财政投入多，社会资源投入不够

法治乡村建设存在基层治理对资源的需求较多与政府资源投入有限之间的矛盾，特别是全省各地公共财政情况不一样以及受宏观经济环境变化影响较大，供需之间的矛盾开始出现。同时，社会资源投入不足的问题较为明显。法治乡村建设中有些资源应该更适合由社会投入，实际上却由政府的公共财政先期投入，存在公共财政包揽现象，这影响法治乡村的可持续建设和发展，对市场和社会资源投入有一定的抑制作用。如零陵区的区、乡、村三级综治中心、网格事务中心和智慧社区的建设都以政府公共财政投入为主。如在江永县“互联网+”基层服务新模式等的建设过程中，村级电商冷链仓储建设需上亿元资金，投入成本大，县级财力有限，社会和个人投资没有被充分引导进入。有的乡村政务服务实体大厅、村政务服务中心标准化建设资金筹措困难。有的乡村法律服务供给存在保障不足的问题。

4.法治乡村建设的前期基础性投入较多，后期的运行性投入紧张

对于法治乡村体系而言，它的系统性、连贯性很强，具有持续性和长远性，需要统筹规划、建设、管理等各个环节。在湖南推进法治乡村建设过程中，有的地方对前期的机制建设较为重视，而对建成后乡村法治机制的持续性运行和管理考虑不够、投入不够，长效机制不明确。如江华县“心连心”网上群众工作平台、江永县“互联网+”基层服务新模式等在建设过程中，对如何保障建成后继续运行的人、财、物等长效机制考虑不多。有的乡村法律服务供给短期建设情况较好，但也存在后期如何持续化、常态化运行的问题。

（二）协同推进中的困难和问题

1.组织领导力量需要进一步加强

湖南各地在推进法治乡村建设的领导体系方面存在一些需要完善的地方。一是在有的地市州、县市区层面，法治乡村建设事项由市级或县级部门牵头、部分市级或县级单位参与、乡镇具体实施。在这一组织体系中，体制构建的

时间并不长，相互之间的沟通和协调还不够充分，在建设过程中就较容易产生职责不够清晰、责任不够明确、交流不够顺畅、衔接不够紧密、合力不够强大等一些问题，尤其值得注意的是，作为各地方牵头单位的市直和县直部门，在方案设计、宏观决策、指导实施、统筹协调等方面的作用需要进一步加强，推动从更高层面解决一些制约法治乡村建设进程且乡村基层自身解决不了的问题，加强对法治乡村建设的有效组织和协调。二是县市区和乡镇需要加强乡村法治队伍建设，特别是法治工作人员的培养。法治队伍和法治工作人员是法治乡村建设的主力军，直接影响法治乡村建设的效果，目前，基层工作人员流动性较大、工作队伍稳定性较弱、学习教育培训的针对性不够强、素质和能力等仍需要更大程度的提升，这些问题都制约法治乡村建设的质量和效果。三是有些乡镇机构有待健全完善，如祁阳市在推进法治乡村建设、深化农村基层行政体制改革工作中，整合设置乡镇（街道）党政内设机构和直属事业机构，有的乡镇“六办四中心一大队”虽然都挂了牌，但相应的财权事权没有下放、职责职能没有下沉，改革后机构的上下、内外协调需要加强，机构改革本身需要不断完善优化，以使改革后的职能作用能更好地发挥。

2. 乡村法治的信息化建设需要进一步加强

在法治乡村建设和基层治理体系中，信息是较为重要的治理要素，特别是在现代信息化社会，信息对基层治理来说，作用越来越重要。湖南特别重视发挥信息在基层治理中的作用，特别注重在法治乡村建设中发挥现代科技的支撑作用，如利用“网格化”“互联网+”“微信”等现代信息技术来构建农村社会治安防控体系、公共安全体系等，但目前基层的信息体系建设、信息平台建设、信息网络建设等方面的不足还制约着信息在乡村法治中综合作用的发挥。第一，信息的系统性整合不够完善。乡村基层的网格化体系尽管绝大部分已经建立起来，但仍然存在规模小、覆盖面不广、专业人才缺乏等问题，乡村基层的网格化信息更多来自政府部门，网格化信息来源较为单一，再加上政府各部门的信息存在部门界限、观念障碍、利益制约、技术限制等带来的信息共享和信息交流不通畅的弊端，使得乡村基层网格化信息存在内容不够全面、数量不够充分、录入不够及时等现象，使得信息对法治乡村建设的支撑和保障作用发挥不够明显，还无法完全满足乡村基层法治的现实需求。第二，信息的全方位运用不够充分。目前，信息运用机制间存在壁垒，信息运用范围还十分有限，在乡村法治机制运行中信息运用也不是十分及时和充分。第三，在平台建设方面，政府、社会的信息平台没有实现较好的对接和整合，无法实现信息在乡村基层治理中的及时共享、统一使用，信息交流使用的工作量和成本大大增加，对乡村法治的效果有一定的影响。如零陵区智慧社区建设、江华县“心连心”网上群众工作平台、江永县“互联网+”基层服务新模式等在建设过程中，需要加大保障信息整合和充分运用的力度，进一步提升乡村治理的智能化、精细化水平。

3. 协调推进机制有待进一步优化

湖南各地推进法治乡村建设涉及的单位多、所涉范围广，统筹协调和统一推进存在一定的障碍。一是有的地方部门在法治乡村建设中相互之间的交流不够多、沟通不够畅，协调联动的工作机制还不够完善，导致综合协调不够有力，特别在基层表现得更为明显，有的乡镇政府在推进法治乡村建设中认识不足、抓手不牢、手段不硬、方法不佳的问题较为明显，乡镇政府与县级部门在任务完成中的统筹联动不充分，法治乡村建设的合力还需要加强。二是部分县市区推进法治乡村建设的力度不够平衡，影响到湖南法治乡村建设的统一进程。如江永县“互联网+”基层服务新模式目前还只在20个乡村做试点，本身还需要在全县全面铺开，同时线上线下基层服务领域不全，需要不断探索拓展。如江华县“心连心”网上群众工作平台，还需要加强县级部门之间的协同合作，进一步加强对微信工作群的精简、合并、清理和规范，提高解决矛盾纠纷和综合治理的能力。三是有的县市区职能部门之间、县级部门与乡镇和村之间协调联动不够。

4. 督查考核机制有待进一步完善

湖南各地在推进法治乡村建设工作中，在法治乡村建设督查考核机制中使用专项督察、自查和通报等形式不够充分，督查考核还可以进一步加强。对法治乡村建设进行工作调度、考核督导、专业指导的制度机制没有完全形成，以及上级部门对基层单位关于乡村法治建设工作督查的综合研判、评估统计、问题分析、对策研究等指导和督促机制没有有效运行。特别是在运用互联网、大数据等现代科技建立更加全面科学统一的建设任务落实情况督查考核机制，完善法治乡村建设的考核办法方面，创新不够大，方法不够多。

（三）基层落实中的困难和问题

1. 责任分解不到位

湖南各地在推进法治乡村建设工作中，大部分地州市和县市区都根据本地实际制定了地方加强法治乡村建设的实施意见，许多实施意见已经将责任分解到市级或县级部门、参与单位和县市区、乡镇（街道）、村，但是责任层层分解机制需要进一步具体细化。特别是湖南省省级层面《关于加强法治乡村建设的实施意见》的任务具体完成的时间还需要进一步明确，对于没有按时完成任务的责任没有实化，有的县市区对具体实施意见也没有进行责任分解。

2. 任务完成不全面

有的县市区法治乡村建设的任务还没有具体实施。如按照湖南省省级层面《关于加强法治乡村建设的实施意见》的具体任务设置，“全面深化农村基层行政执法体制改革，有效整合执法力量资源，组建农业综合行政执法队伍，推动执法力量向农村基层倾斜”在有的地方没有开始启动和建设；“充分发挥人民法庭、人民调解在法治乡村建设中的职能作用，推广车载法庭、田间法庭、巡回审判和流动调解庭等方式”由于条件的局限，在有的地方没有完全开始推进。“创新乡村法治文化传播方式，完善法治宣传栏、村民法治学校、法律图书室（角）等法治宣传载体，充分利用微信、手机 App 等网上平台，为群众学习运用法律提供方便”在有的地方还需要获得更多重视和加快建设步伐。“大力实施农村‘法律明白人’培养工程，建立健全培训机制，鼓励采取符合地方实际的培训方式，提升培养效果，到 2022 年实现每个村民小组有一个‘法律明白人’”的任务完成难度还比较大，等等。现实中存在法治乡村建设任务完成不全面的问题，甚至有的建设任务在有的地方还没有开始启动。

3. 基层法治人才不足，队伍建设仍需推进

乡村基层法治人才缺乏，基层法律服务人才队伍力量不足现象较为普遍，缺少专业化的基层法治人才。对于乡村基层的法治教育培训没有实现长效化、制度化，乡村基层干部的法治工作能力和乡村群众的法治素养都需要极大提升。乡村基层干部、乡村社会工作者和村民个体“三支队伍”力量有待整合，基层法治治理的人才较为缺少。如有的地方缺少在乡村基层懂法律的专业人才，乡村法律服务供给法治人才不足问题有待破解。如零陵区在乡村（社区）都配备了网格员、信息员，大部分人年龄偏大，不熟悉电脑办公，培训效果不佳，导致村级公共服务事项信息化水平不太高。

4. 乡村法治的基础需要增强

乡村群众的民主法治意识、法治观念还有待提升，乡村法治建设的功能有待强化，乡村法治秩序没有完全形成，乡村法治发挥的作用还相当有限，依法有序推进乡村治理极需加大力度。对乡村基层的村规民约、社区公约等制度体系建设和具体实施运行需要加强专业指导。多元化矛盾化解机制在有的地方还没有完全建立起来。

（四）群众反映强烈的难点堵点问题

1. 法治乡村建设的社会参与度有待进一步提高

湖南各地在推进法治乡村建设工作中的社会参与机制需要加强，基层群众参与法治乡村建设的政策制定、政策执行和效果评价方面的积极性还没有充分调动起来，对于推动法治乡村建设和乡村法治的积极作用还没有充分显现。特别是村民作为乡村治理的重要力量，其参与法治乡村建设并发挥积极作用没有得到很好的体现。

2. 乡村基层法治工作能力有待进一步提高

如江永县“互联网+政务服务”的重点服务主要是产业帮扶、电子政府、创业就业、智慧教育、便民生活五大方面，但对照中央全面依法治国委员会《关于加强法治乡村建设的意见》和湖南省委全面依法治省委员会

《关于加强法治乡村建设的实施意见》要求的探索建立“互联网+网格管理”服务管理模式还有很大距离，乡村基层服务的其他领域不齐全，法律服务、矛盾化解等方面的服务仍需要不断探索和改进。如江华县“心连心”网上工作平台对于群众反映的问题和诉求要能及时处置和解决，必须下大力气来提高基层法治工作能力，才能真正做到“件件有回音、事事有着落”。

3. 乡村基层法律服务供给还存在堵点痛点

湖南有的乡村基层的12348公共法律服务热线、湖南法律服务网、公共法律服务工作站（室）三大平台建设还有距离，基层法律服务能力还没有完全发挥出来。公证、司法鉴定、仲裁等法律服务主动向农村延伸的机制还不健全，农村留守儿童和妇女、老年人权益保护仍存有困难，乡村基层的法律服务保障水平还不够高，基层的矛盾纠纷化解的法治渠道还不畅通。

四　推进湖南法治乡村建设的路径

湖南法治乡村建设取得了阶段性的成效，同时也存在一些问题和不足，需要在观念认识、工作体制等多方面进一步加大建设力度。

（一）进一步提升法治乡村建设的思想认同

法治乡村建设需要各级党委、政府、社会组织和村民个人等各类主体共同推进，各类主体对法治乡村建设的观念认识将直接影响到法治乡村建设的速度和成效。铸就合格的法治乡村建设主体，培育和构造一批体现法治要求的推进主体是法治乡村建设的关键。进一步增强法治乡村建设的思想认同，具有多重深刻的内涵：一是各类主体要具备法治的价值理念和观念意识，这种理念和意识建构在对现代法治精神深刻认同的基础之上，体现出现代法治的理性精神和宽容品质，同时对法治乡村建设具有鲜明的价值主张和责任意识。二是各类主体要具备法治治理的基本知识体系，了解乡村法治的制度规范和运行方式，同时能将知识转化成推进法治乡村建设的能力。三是各类主体要具备法治的深厚情感，并能提升为自身的信仰。

（二）进一步增强法治乡村建设的整体合力

一是加强法治乡村建设在上下层级之间的协同。搭建“上下贯通”的纵向协同机制，建立市县乡村联席会议机制，定期进行信息收集和问题汇集，形成长期固定的协同工作方式，统一汇集信息、快速跟踪反映、灵活调整策略，强化各级主体之间的纵向协同。二是抓好法治乡村建设在横向部门之间的联动。搭建“左右联动”的横向协同机制，健全和完善各层面调度会议机制，加强部门之间的前后对接、左右联系、衔接配合，推动法治乡村建设各方面任务平衡发展，避免部门之间因为权力和利益的深度调整而出现消极懈怠甚至抵触情绪。三是扩大社会力量的参与。搭建“多方合作”的社会协同机制，构筑以党委政府为核心，联结市场、社会、公众的多方参与平台，举办多方参与的协商会议，加强与社会力量的合作，构建多方参与的生动局面。

（三）进一步加强法治乡村的信息化建设

一是加强信息整合和数据共享。顺应数字时代和数字治理的时代趋势，加大投入力度，特别是加强省、市、县、乡信息系统建设，将信息网络能共享到乡村基层治理一线。二是加快完善乡村信息平台建设。加大信息平台建设力度，强化信息技术保障作用，定期教育和培训乡村基层信息人才和工作队伍。三是做好省、市、县、乡、村信息数据的互联互通共享，提升乡村基层数字化、网络化、智能化发展水平，通过互联互通共享的网络信息技术来提升乡村法治成效。

（四）进一步推动法治乡村建设在基层落实

一是严密责任分解和落实。推动基层各级党委（党组）把法治乡村建设的责任牢牢抓在手上，促进法治乡村建设责任落细落实。要把不同法治乡村建设的主体责任分解清楚，明确专项小组、牵头部门、执行单位、主要领导、分管领导的责任，全面构建主体明确、职责清晰、上下衔接、环环相扣的责任落实体系。二是提高乡村干部能力和活力。科学分析和有效推进基层干部法治教育培训，持续夯实乡村法治基础。加强基层法治工作队伍建设，培养、使用基层法治的专业人才，推动人才向基层流动。三是持续整治形式主义和官僚主义。必须拿出更大决心和力度坚决整治法治乡村建设中的形式主义和官僚主义。要加强教育宣传、强化执纪问责、加大党务政务公开力度、综合运用多种监督资源，使形式主义、官僚主义无处遁形。

（五）进一步创造法治乡村建设的文化氛围

法治乡村建设是农村现代化进程中基层现代化治理的重要内容，也是实现基层治理转型的基本内涵。法治乡村建设要求建立乡村基层的法治治理体系，乡村基层治理应当在法治的框架体系中运行，法治是乡村治理的制度基础和基本保障。建立规范的乡村治理法治秩序和形成稳定的乡村治理法治框架，成为法治乡村建设的根本内容和基本任务，乡村治理的法治运行框架是建构在乡村基层社会一定的政治、经济、社会和文化等基础之上的，并不是无根之木、无源之水，因此，在推进法治乡村建设中必须注重乡村基层的法治文化建设，这是关键环节和重要基础。

五　结语

湖南省第十二次党代会擂响了“全面建设富强民主文明和谐美丽的社会主义现代化新湖南”的战鼓，吹响了湖南经济社会高质量发展的号角。加快推进湖南法治乡村建设具有重要的战略价值，是全省实施基层治理体系和治理能力现代化战略的具体体现，是实现全省经济发展与社会和谐稳定的坚实保障。在全省上下共同努力、大力推进法治乡村建设的进程中，不仅应凝聚对法治乡村建设的思想认同和观念，还要与时俱进、因地制宜设计出湖南法治乡村建设的战略规划和实施路径，特别是要将法治建设的目标任务细化到农村基层的各项具体工作之中、落实到乡村经济社会发展的日常实践之中，才能开创全省法治乡村建设欣欣向荣的局面。

B.24

湖南省劳模政策待遇：现状、问题与改革建议*

董海军　杨家炜**

摘　要： 本文运用问卷调查、座谈会调研、报告资料收集三种方式对湖南省省部级及以上劳动模范和先进工作者、市州工会代表、企事业单位负责人代表开展调查，深入了解湖南省劳动模范政策待遇现状和问题。研究发现，部分待遇政策没有落实到位，保障力度不足。建议从省内顶层设计开展规划，完善保障体系，健全劳模管理服务机制。

关键词： 劳动模范　劳模政策　湖南省

2020年11月，习近平总书记在全国劳动模范和先进工作者表彰大会上明确提出，“各级党委和政府要尊重劳模、关爱劳模，贯彻好尊重劳动、尊重知识、尊重人才、尊重创造方针，完善劳模政策，提升劳模地位，落实劳模待遇”。提高劳模待遇被纳入顶层设计，解决劳模待遇问题成为重大战略部署中的一环。我国已进入“十四五”时期，为全面建设社会主义现代化国家，迫切需要一大批劳模的模范行为来团结带领广大劳动群众，以劳模的

---

* 本报告为湖南省总工会委托项目“湖南省劳模政策待遇调查研究”的研究报告，课题主持人为董海军（中南大学），主要参加成员：杨家炜（中南大学）、常美炼（中南大学）、张治卓（中南大学）等。

** 董海军，社会学博士，中南大学公共管理学院副院长、社会学教授、博士生导师，中南大学社会调查与民意研究中心主任。杨家炜，中南大学社会学系硕士研究生。

卓越贡献引领全社会，以劳模的高尚情操带动全社会在新征程上挑起时代重担。因此，探讨落实劳模政策、提高劳模待遇的模式和可行路径是新时代发挥劳模示范引领作用、弘扬劳模精神的必然要求。

2021 年 6~8 月，课题组运用问卷调查、座谈会调研、报告资料收集三种调查方式对湖南省省部级及以上劳动模范和先进工作者、14 个市州的工会（劳模协会）代表、企事业单位负责人代表开展调查，调查层级从上到下包括省市县三级，具体调研范围为湖南省 14 个市州及其下辖相关县区，共回收有效劳模（含先进工作者）问卷 3110 份，有效工会（劳模协会）代表问卷 200 份。经深入调查、比较和分析，本报告从政策待遇现状、主要问题及对策建议三个方面对湖南省劳动模范政策待遇问题进行分析。

一 劳动模范政策待遇现状

本部分将从社会保障情况、生活待遇情况、职业发展待遇情况和社会尊崇待遇情况四个方面来分析劳动模范的政策待遇现状。

（一）劳模社会保障情况

1. 养老保险和医疗保险覆盖率均超90%，但失业保险和生育保险覆盖率均不足60%，住房公积金和工伤保险覆盖率均不足65%

调查数据显示（见表 1），劳动模范群体中目前正在缴纳养老保险或已经享受养老金待遇的占总数的 94.08%，没有参与养老保险或没有享受养老金待遇的仅占 5.92%；94.86%的劳动模范参与了医疗保险或享受了医疗保险待遇，未参与或未享受医疗保险待遇的比例为 5.14%。

表 1 劳动模范社会保障的参与情况（N=3110）

变量	维度指标	统计项	参与/享受	未参与/未享受
劳动模范社会保障的参与情况	养老保险	计数(人)	2926	184
		占比(%)	94.08	5.92

续表

变量	维度指标	统计项	参与/享受	未参与/未享受
劳动模范社会保障的参与情况	医疗保险	计数(人)	2950	160
		占比(%)	94.86	5.14
	失业保险	计数(人)	1822	1288
		占比(%)	58.59	41.41
	工伤保险	计数(人)	1971	1139
		占比(%)	63.38	36.62
	生育保险	计数(人)	1651	1459
		占比(%)	53.09	46.91
	住房公积金	计数(人)	1908	1202
		占比(%)	61.35	38.65

注：N 为样本量，下同。

然而，劳动模范群体中参与失业保险或享受失业保险待遇的仅占总数的 58.59%；参与生育保险或享受生育保险待遇的劳动模范仅占 53.09%，这两类保障在劳动模范群体中的覆盖率均不足 3/5。劳模群体中未参与工伤保险或未享受工伤保险待遇的占比为 36.62%；没有享受到住房公积金待遇的劳模占 38.65%。

2. 认同医疗费用太贵的劳模占比近70%，认同医保报销比例太低的劳模占比超60%

调查数据显示（见表 2），14.95%的劳动模范对于“医疗费用太贵”表示高度认同，32.22%的劳动模范对此表示中度认同，21.86%的劳动模范表示低度认同，30.96%的劳动模范表示无此问题。9.87%的劳动模范对于“医保报销比例太低”表示高度认同，29.61%的劳动模范对此表示中度认同，25.18%的劳动模范表示低度认同，35.34%的劳动模范表示无此问题。

表 2　劳模生活问题具体情况（N=3110）

变量	维度指标	统计项	非常严重	比较严重	不太严重	无此问题
劳模生活问题具体情况	您目前在生活中有没有遇到以下问题：医疗费用太贵	计数(人)	465	1002	680	963
		占比(%)	14.95	32.22	21.86	30.96

续表

变量	维度指标	统计项	非常严重	比较严重	不太严重	无此问题
劳模生活问题具体情况	您目前在生活中有没有遇到以下问题：医保报销比例太低	计数(人)	307	921	783	1099
		占比(%)	9.87	29.61	25.18	35.34

3. 身体检查政策落实率达80%以上

调查数据显示（见表3），劳动模范群体中，参与过有关部门为劳模统一安排的身体检查的占比43.73%，参加过单位安排的职工体检的占比39.42%，没有参加过有关部门或者工作单位安排的定期体检的劳模比例为16.85%。

表3　劳动模范统一体检开展情况（N=3110）

变量	维度指标	统计项	是	否,但单位会安排职工体检	否,也没有安排定期体检
劳动模范体检情况	有关部门是否为劳动模范统一安排体检	计数(人)	1360	1226	524
		占比(%)	43.73	39.42	16.85

4. 体检频率为一年一次的比重最高

调查数据显示（见表4），有关部门或工作单位为劳模统一安排的身体检查的频率在一年两次及以上的占比2.51%；统一的劳模体检的频率为一年一次的占比最高，为75.41%；劳模体检频率为两年一次和三年及以上一次的占比分别是16.01%和4.18%。

表4　劳动模范统一体检频率情况（N=2586）

变量	维度指标	统计项	一年两次及以上	一年一次	两年一次	三年及以上一次	都没有
劳动模范体检频率情况	统一体检安排的频率	计数(人)	65	1950	414	108	49
		占比(%)	2.51	75.41	16.01	4.18	1.89

（二）劳模生活待遇情况

1. 了解生活困难补助政策和特殊困难帮扶政策的占比80%以上

调查数据显示（见表5），对于“当收入低于一定标准、生活特别困难并且仍保持劳模荣誉，可以申领生活困难补助金”这一生活困难补助政策，劳动模范群体中了解该政策者的占比为83.5%，不清楚该政策的以及认为不能申领生活困难补助的劳模占比分别为14.6%和1.9%；劳动模范群体中对于“当遭遇天灾人祸、患重大疾病或丧失劳动能力等事件并且仍保持劳模荣誉，可以申领特殊困难帮扶金”这一特殊困难帮扶政策了解的占比为81.93%，不清楚该政策的以及认为不能申领特殊困难帮扶金的劳模占比分别为16.75%和1.32%。

表5　劳动模范困难补助政策认知情况（N=3110）

变量	维度指标	统计项	是	否	不清楚
劳动模范困难补助政策认知情况	假如劳动模范的收入低于一定标准、生活特别困难并且仍保持劳模荣誉，可以申领生活困难补助金	计数(人)	2597	59	454
		占比(%)	83.5	1.9	14.6
	假如劳动模范遭遇天灾人祸、患重大疾病或丧失劳动能力等事件并且仍保持劳模荣誉，可以申领特殊困难帮扶金	计数(人)	2548	41	521
		占比(%)	81.93	1.32	16.75

2. 不认同生活困难补助政策现补助标准的劳模占比近40%

调查数据显示（见表6），关于生活困难补助标准为“生活困难补助金月补助额的上限不超过当地月补助标准线的50%”，认为这一标准过高的劳模仅占0.39%，认为该标准较高和太低的劳模比例分别为1.90%和5.40%，认为该标准较低的劳模占比为29.74%，认为该标准合适的劳模占比为62.57%。

表 6　劳动模范对生活困难补助政策现补助标准的看法（N=3110）

变量	维度指标	统计项	过高	较高	合适	较低	太低
劳动模范对生活困难补助政策现补助标准的看法	对于生活困难补助金月补助额的上限不超过当地月补助标准线的50%的看法	计数(人)	12	59	1946	925	168
		占比(%)	0.39	1.90	62.57	29.74	5.40

3. 对特殊困难帮扶政策现补助标准认同分化：全国劳模的帮扶标准认同度近80%，省部级劳模的帮扶标准认同度不足50%

调查数据显示（见表7），对于全国劳动模范特殊困难帮扶标准为“全国劳动模范特殊困难帮扶金每人最多50000元”，认为这一帮扶标准过高和过低的劳模所占比例分别为3.92%和16.85%，认为该标准合适的劳模占比为79.23%。对于省部级劳动模范特殊困难帮扶标准为“省部级劳动模范特殊困难帮扶金每人最多6000元”，认为这一帮扶标准过高的劳模占比仅为0.74%，认为该帮扶标准合适的劳模比例为45.47%，认为该标准过低的劳动模范占比最高，为53.79%。

表 7　劳动模范对特殊困难帮扶政策现补助标准的看法（N=3110）

变量	维度指标	统计项	过高	合适	过低
劳动模范对特殊困难帮扶政策现补助标准的看法	对于全国劳动模范特殊困难帮扶金每人最多50000元的看法	计数(人)	122	2464	524
		占比(%)	3.92	79.23	16.85
	对于省部级劳动模范特殊困难帮扶金每人最多6000元的看法	计数(人)	23	1414	1673
		占比(%)	0.74	45.47	53.79

4. 不熟悉荣誉津贴政策的劳模占比近四成

调查数据显示（见表8），关于荣誉津贴政策“在离退休后仍保持劳模荣誉的劳动模范，可以享受荣誉津贴”，66.24%的劳动模范知晓此项政策内容，4.08%的劳动模范不认为有此政策，29.68%的劳动模范不清楚此项政策。

表 8　劳动模范对荣誉津贴的了解情况（N=3110）

变量	维度指标	统计项	是	否	不清楚
劳动模范对荣誉津贴的了解情况	在离退休后仍保持劳模荣誉的劳动模范,可以享受荣誉津贴	计数(人)	2060	127	923
		占比(%)	66.24	4.08	29.68

5. 对退休荣誉津贴政策比较满意及以上的劳模占比不足40%

调查数据显示（见表 9），8.59%的劳动模范对于退休荣誉津贴政策表示高度不满，14.21%的劳模对此表示比较不满意，40.13%的劳动模范对于退休荣誉津贴政策表示一般满意，对于该政策表示比较满意和非常满意的劳模占比分别为 21.38%和 15.69%。

表 9　劳动模范对政策待遇的满意度（N=3110）

变量	维度指标	统计项	非常不满意	比较不满意	一般	比较满意	非常满意
劳动模范对政策待遇的满意度	退休荣誉津贴	计数(人)	267	442	1248	665	488
		占比(%)	8.59	14.21	40.13	21.38	15.69

（三）劳模职业发展待遇情况

1. 优先安排参加职业技能培训和文化知识培训的均不足50%

调查数据显示（见表 10），劳动模范所在的工作单位，明确有优先安排劳模参加职业技能培训的单位占总数的 44.02%，明确没有此项安排的占 22.80%；明确有优先安排劳模参加文化知识培训的单位占总数的 46.05%，明确没有此项优先安排的单位所占比例为 19.58%。

表 10　劳动模范职业技能和文化知识提升优待情况（N=3110）

变量	维度指标	统计项	是	否	不清楚
劳动模范职业技能和文化知识提升优待情况	劳动模范在工作单位是否被优先安排参加职业技能培训	计数(人)	1369	709	1032
		占比(%)	44.02	22.80	33.18
	劳动模范在工作单位是否被优先安排参加文化知识培训	计数(人)	1432	609	1069
		占比(%)	46.05	19.58	34.37

2. 提高职业技能水平的方式以自学和参加技能培训为主

调查数据显示（见表 11），劳动模范提升自身职业技能水平的方式为“自学”的占 65.63%，通过“技能培训”来提升自身技术水平的占 60.96%，通过“师傅带徒弟”来提高自己技能水平的劳模占比为 44.31%，选择“技能竞赛、技术比武等”的劳模占比 43.99%，选择“劳模和工匠人才创新工作室”来提升自身职业技能水平的劳模比例为 39.81%。

表 11　劳动模范职业技能提升方式（N=3110）

变量	选项	计数(人)	占比(%)
劳动模范职业技能的提升方式	自学	2041	65.63
	技能培训	1896	60.96
	师傅带徒弟	1378	44.31
	技能竞赛、技术比武等	1368	43.99
	劳模和工匠人才创新工作室	1238	39.81
	其他	185	5.95

3. 劳模工作单位职业技能提升激励机制以建立技能等级制度和设置技能竞赛奖励金为主

调查数据显示（见表 12），劳动模范所在单位设置“有技能考核认定办法，逐级进行技能鉴定，并与薪资挂钩”的激励机制的占比 49.29%；“有定期劳动和技能竞赛，给予荣誉和物质奖励”机制的工作单位占比 48.33%；“有技术攻关、发明、创造等技术技能专项奖励”机制的单位占比 41.54%；设“有技能人才岗位津贴，按月度或年度发放”机制的单位占总数的 39.97%。

表 12　职业技能提升激励机制设置情况（N=3110）

变量	选项	计数(人)	占比(%)
工作单位职业技能提升的激励机制设置情况	有技能考核认定办法，逐级进行技能鉴定，并与薪资挂钩	1533	49.29
	有定期劳动和技能竞赛，给予荣誉和物质奖励	1503	48.33
	有技术攻关、发明、创造等技术技能专项奖励	1292	41.54
	有技能人才岗位津贴，按月度或年度发放	1243	39.97
	其他	544	17.49

4. 工作单位优先推荐或聘任劳模为干部的占比不足五成

调查数据显示（见表 13），劳动模范群体所在的工作单位优先推荐或聘任劳模为干部的占比 45.76%，劳模所在工作单位中没有此项晋升制度的比例为 23.6%。

表 13　劳动模范岗位晋升优待情况（N=3110）

变量	维度指标	统计项	是	否	不清楚
劳动模范岗位晋升优待情况	劳动模范在工作单位是否被优先推荐和聘任干部	计数(人)	1423	734	953
		占比(%)	45.76	23.60	30.64

5. 认为晋升晋级方面存在问题的劳模占比40%左右

调查数据显示（见表 14），劳动模范群体中，认为岗位晋升问题非常严重的占比 6.05%，认为晋升晋级问题比较严重的劳模比例为 13.09%，认为岗位晋升问题不太严重的劳模占比为 19.1%，认为没有晋升晋级问题的劳模所占比例为 61.77%。

表 14　劳动模范岗位晋升情况（N=3110）

变量	维度指标	统计项	非常严重	比较严重	不太严重	无此问题
劳动模范岗位晋升情况	您目前在生活中有没有遇到以下问题：职务晋级停滞不前	计数(人)	188	407	594	1921
		占比(%)	6.05	13.09	19.1	61.77

（四）劳模社会尊崇待遇情况

1. 享受到疗养政策的劳模占比七成以上

调查数据显示（见表 15），劳动模范群体中，参与过有关部门为劳模组织开展的疗（休）养活动的占比为 72.12%，没有参加过有关部门组织开展的疗（休）养活动的劳模比例为 27.88%。

表 15　劳动模范疗（休）养活动开展情况（N=3110）

变量	维度指标	统计项	是	否
劳动模范疗（休）养情况	有关部门是否组织开展劳动模范疗（休）养活动	计数（人）	2243	867
		占比（%）	72.12	27.88

2. 劳模疗养频率以一年一次为主

调查数据显示（见表 16），有关部门组织开展的劳模疗（休）养活动的频率在一年两次及以上的占比 5.26%；劳模疗（休）养活动的频率为一年一次的占比最高，为 52.3%；劳模疗（休）养活动频率为两年一次和三年及以上一次的占比分别是 20.42%和 19.08%。

表 16　劳动模范疗（休）养活动频率情况（N=2243）

变量	维度指标	统计项	一年两次及以上	一年一次	两年一次	三年及以上一次	无
劳动模范疗（休）养活动频率	疗（休）养活动开展的频率	计数（人）	118	1173	458	428	66
		占比（%）	5.26	52.30	20.42	19.08	2.94

3. 享受到慰问关怀的劳模比例约80%

调查数据显示（见表 17），选择“在重大节日或遇劳模大病住院、逝世等情况，有关部门对劳动模范进行走访慰问”的劳动模范占比为 77.43%，认为在上述情况下有关部门没有对劳模进行走访慰问的劳模占比为 22.57%。

表 17　劳动模范尊崇礼遇情况（N=3110）

变量	维度指标	统计项	是	否
劳动模范尊崇礼遇情况	在重大节日或遇劳模大病住院、逝世等情况，有关部门对劳动模范进行走访慰问	计数（人）	2408	702
		占比（%）	77.43	22.57
	劳动模范被邀请出席当地或单位的重大庆典或纪念活动	计数（人）	1919	1191
		占比（%）	61.7	38.30

4. 约有40%的劳模未曾受邀出席当地或单位的重大庆典或纪念活动

调查数据显示（见表 17），关于邀请劳动模范出席当地或单位的重要庆典或纪念活动，61.7%的劳模对此项安排表示确有其事，38.30%的劳模否认有此项安排。

5. 熟悉住房保障政策的劳模占比仅过半

调查数据显示（见表 18），关于为劳动模范制定的住房保障政策：“符合规定条件的劳动模范，可以向当地人民政府优先申请廉租住房、经济适用住房等保障性住房”，54.34%的劳模了解该项政策，40.90%的劳模对此项政策表示不清楚，4.76%的劳模认为即使满足规定条件也无法申请到保障性住房。

表 18　劳动模范住房保障政策认知情况（N=3110）

变量	维度指标	统计项	是	否	不清楚
劳动模范住房保障政策认知情况	符合规定条件的劳动模范，可以向当地人民政府优先申请廉租住房、经济适用住房等保障性住房	计数(人)	1690	148	1272
		占比(%)	54.34	4.76	40.90

6. 优先看病政策得到70%以上劳模赞成，优先入馆、子女优待等政策均得到60%以上劳模赞成

调查数据显示（见表 19），关于“劳动模范在当地医疗单位被优先安排就诊或住院治疗”，71.7%的劳模高度赞成这项政策安排，7.46%的劳模不赞成此举，20.84%的劳模对此持中立态度。关于“劳模在本省市内的旅游景点、博物馆等地被优先安排进入”的政策安排，63.86%的劳动模范认为劳模应该优先进入本省市内的旅游景点、博物馆等地，11.45%的劳动模范认为不应该，24.69%的劳动模范对此表示无所谓。关于劳动模范子女的教育或就业优待政策，64.08%的劳模认为应该给予劳模子女一定的优待，10.96%的劳模认为不应该给予优待，24.95%的劳动模范对此没有看法。

表 19　劳动模范其他优待期望情况（N=3110）

变量	维度指标	统计项	应该	不应该	没看法
劳动模范其他优待期望情况	劳模在当地医疗单位被优先安排就诊或住院治疗	计数(人)	2230	232	648
		占比(%)	71.70	7.46	20.84
	劳模在本省市内的旅游景点、博物馆等地被优先安排进入	计数(人)	1986	356	768
		占比(%)	63.86	11.45	24.69
	劳动模范的子女享受教育或就业方面的优待政策	计数(人)	1993	341	776
		占比(%)	64.08	10.96	24.95

二　主要问题

根据以上政策待遇现状分析，劳动模范现存的问题包括社会保障问题、生活待遇问题、职业发展待遇问题、社会尊崇待遇问题四类，每类问题具体分析如下。

（一）社会保障问题

劳动模范在社会保障方面存在的问题主要有医疗服务价格问题和失业保险、生育保险、工伤保险及公积金保障不足。

1. 医疗服务价格问题

劳动模范因长期从事生产活动而容易落下身体疾病。然而，劳模在接受医疗服务的过程中面临着医疗费用昂贵、医保报销比例低等难题。调查数据显示，47.17%的劳模认同“医药费用太贵”，39.48%的劳动模范认同“医保报销比例太低”。在座谈会上，某省部级劳动模范就表示：劳模医疗报销比例太低，花费2万元只补助了6千元左右。某国家级劳动模范在座谈会上也表示：建议提高门诊医疗报销比例，平时只有住院才能报销，不能报销买药的钱。

2. 失业、生育、工伤保险和公积金保障不足

据调查数据显示，失业保险和生育保险覆盖率均不足60%，公积金保障和工伤保险覆盖率均不足65%。除了养老保险和医疗保险覆盖率高之外，其他社会保险类型均保障范围较小，对于劳模群体的保障效力较低。

（二）生活待遇问题

劳动模范在生活待遇方面存在的问题主要有补助标准问题和荣誉津贴问题。

1. 补助标准问题

为有效发挥救助政策的“保基本、兜底线”作用，有关部门设置了劳模专项补助资金，发放给家庭生活困难的劳动模范。然而，劳动模范群体对于专项补助金额标准却褒贬不一。对于生活困难补助政策现补助标准，认为现标准合适的劳模占比为62.57%，有29.74%的劳模认为该标准较低。对于特殊困难补助政策现补助标准认同度呈现分化的趋势：对于全国劳模的帮扶标准认同度近80%，而对于省部级劳模的帮扶标准认同度仅为45.47%，认为省部级劳模帮扶现标准过低的占比为53.79%。在座谈会上也有劳动模范和劳模协会工作人员反映了此问题。某省部级劳动模范表示：企业劳模帮扶不够，经济补助不多，以精神补助为主；企业劳模待遇不同，政府不对企业管理有干预权，无法干预企业对劳模的待遇。某省部级劳动模范的配偶指出，1997年至今，省劳模津贴每月50元一直未变，较多老劳模生活艰难。邵阳市总工会劳动和经济服务部阳部长表示：请求加大对省级困难劳模的帮扶力度。省级劳模疗（休）养资金不足，无法满足所有劳模的需求。邵阳市总工会党组书记、蔡副主席提出：市级劳模帮扶政策待遇是否能有所提高？邵阳市人大常委会副主任、市总工会刘主席建议：有关政府部门、财政部门和深化改革部门一起落实出台劳模待遇政策，加大困难劳模补贴和医疗补贴力度。

2. 荣誉津贴问题

为离退休后仍保持劳模荣誉的劳动模范设有荣誉津贴政策。然而，只有

66.24%的劳动模范知晓此项政策内容，4.08%的劳动模范不认为有此政策，29.68%的劳动模范不清楚此项政策。这说明，荣誉津贴政策作为一项重要政策并没有深入劳动模范心中，仍需加强政策普及。

对于荣誉津贴政策的满意度，达到比较满意及以上的劳模占比为37.07%，整体满意度不足80%。纵使多数劳模淡泊名利、甘于奉献，但仍需要对此项政策进行调整以使得更多劳模满意。在座谈会上，某国家级劳模就反映：目前退休后年工资收入3万多元，单位未落实荣誉津贴，目前只享受到国家的荣誉津贴。

（三）职业发展待遇问题

劳动模范在职业发展待遇方面存在的问题主要有能力提升优待问题和岗位晋升优待问题。

1. 能力提升优待问题

关于劳动模范的职业技能提升，劳动模范所在的工作单位，明确有优先安排劳模参加职业技能培训的单位占总数的44.02%，明确没有此项安排的占22.80%；关于劳动模范的文化知识提升，明确有优先安排劳模参加文化知识培训的单位占总数的46.05%，明确没有此项优先安排的单位所占比例为19.58%。无论是职业技能提升，还是文化知识提升，设置有相关优待政策的劳模工作单位均不足50%，表明劳动模范在能力提升方面的优待不明显。

2. 岗位晋升优待问题

劳动模范所在的工作单位优先推荐或聘任劳模为干部的占比为45.76%，没有此项晋升制度的工作单位所占比例为23.60%。设置有岗位激励或晋升优待的工作单位不足50%。某公司工会主席在座谈会上表示：企业劳模奖励无政策支持，奖励金申报有困难。

（四）社会尊崇待遇问题

劳动模范在社会尊崇待遇方面存在的问题主要有外出活动交通费用问题

和尊崇礼遇问题。

1. 外出活动交通费用问题

在座谈会调研中，一位全国劳动模范提出：农业劳模出席活动出行票不是自主报销，需自行申请报销，他建议所有劳模待遇一视同仁。在收集到的市州报告材料中，长沙市工会就目前困扰劳模的问题反映道：疗（休）养的大交通费用改由劳模单位报销之后，对单位条件好的劳模来说没有问题，但是对于单位条件不好或者企业劳模来说，劳模本人不好意思回单位报销，以至于经常自己承担大交通费用。

2. 尊崇礼遇问题

调查数据显示，关于“邀请劳动模范出席当地或单位的重大庆典或纪念活动”，61.70%的劳模表示确有此项安排，38.30%的劳模否认有此项安排。一部分劳模表示仍没有享受过受邀出席活动的礼遇，这可能和工作单位劳模人数多、出席机会少有关。某省部级劳模就此问题反映：因电力公司劳模较多，平时大型庆典活动自己都没被邀请参加，建议公司能轮流安排劳模出席活动。

三　提高湖南省劳模待遇、落实劳模政策的对策建议

针对上述劳模待遇政策以及管理服务上的相关问题，建议如下。

（一）建议尽早出台《关于进一步落实和提高湖南省劳动模范待遇的通知》，完善劳模政策，健全保障体系

针对完善劳模政策，一是建议完善劳模社会保障政策，扩大失业保险、生育保险和住房公积金的参保范围，健全最基本的社会保障待遇体系。建议完善劳模职业发展优待政策和岗位晋升优待政策，出台专门政策以指导劳模所在工作单位畅通劳模职业发展通道和晋升晋级渠道。建议新增劳模优先安排就诊、优先入馆入园、劳模子女优待政策。二是建议在保持原有政策条例的基础上，对于不符合当今社会经济发展阶段的条例和标准作出修改。建议

提高劳动模范的医保报销比例，降低劳模医疗负担。建议提高省部级劳模的特殊困难补助标准。建议修订劳模疗养政策中关于活动交通费的报销限制。

（二）建议健全劳模管理服务机制

健全劳模管理服务机制。一是建议各市（州）工会成立劳模协会，加强劳模服务管理队伍建设。具体来看，以市（州）为单位，在其辖区内选拔或委派有能力的劳动模范成立市级劳模分会委员会，将所在市辖区内所有劳动模范纳入劳模分会，劳模的服务与管理工作交由劳模分会专人专职有序开展。二是建议在全省范围内建立统一的劳模电子档案平台，实时记录劳动模范的动态信息。平台可以与其他现有信息平台信息共享，例如可联通人社养老金认证平台，以确保劳模健在及工资信息准确，同时也可以直接提取人社发放养老金数据，以免高龄劳模还要去银行打印流水清单。

B.25

新时代背景下提高人民生活品质研究

牛　磊*

摘　要： 当前，中国特色社会主义进入新时代，满足人民群众日益增长的美好生活需要是提高人民生活品质的重点所在。它既涵盖了更高的物质文化需要，也包含了民主、法治、公平、正义、安全、环境等方面的需求。然而，我国发展的不平衡不充分，以及社会治理中客观存在的短板，成为提高人民生活品质的主要阻碍因素。从实践路径来看，我们要完整准确全面贯彻新发展理念，不断提高社会治理的社会化、法治化、智能化、专业化水平，完善就业、住房、分配、教育、医疗、社保等民生保障制度。

关键词： 民生　生活品质　社会治理　科学发展观

党的十九届六中全会明确指出，中国共产党一百年来之所以能够在进取中突破，于挫折中奋起，取得举世瞩目的伟大成就，依赖于牢牢把握"十个坚持"。其中"坚持人民至上"被放到了非常突出的位置。新中国成立70多年来，改革开放40多年来，党始终团结带领全体中国人民，坚持以人民为中心的发展思想，实现了从站起来走向富起来的目标。当前，中国特色社会主义进入新时代，中国共产党迈上新的"赶考"之路。要实现中华民族伟大复兴，就必须继续坚持人民至上，让改革开放的成果和红利

* 牛磊，湖南省委党校公共管理教研部副主任，哲学博士，硕士生导师，副教授。

不断惠及全体人民，不断提高人民生活品质，满足人民群众日益增长的美好生活需要。

一　新时代提高人民生活品质的主要内容

马克思主义告诉我们，人类社会的发展史就是在发展生产力的过程中不断满足人的需求的历史。早在1832年出版的《德意志意识形态》一书中，马克思和恩格斯就明确提出，随着经济的发展和社会的进步，人的需要会水涨船高，从最初的生存需要、发展需要提升为享受需要。这一理论比美国心理学家马斯洛的需求层次理论早了整整一个世纪。2021年，习近平总书记庄严宣告，我国已全面建成小康社会，标志着我国进入了一个新的发展阶段。在新时代的赶考之路上，我们要实现第二个百年目标，全面建成富强、民主、文明、和谐、美丽的社会主义现代化强国。这意味着人民群众对于生活品质的追求目标也在不断提升。

1. 人民高品质生活的内涵

党的十九大以来，习近平总书记多次强调，当前我国社会的主要矛盾已经从人民日益增长的物质文化需要同落后的社会生产之间的矛盾，转变为人民日益增长的美好生活需要和不平衡不充分的发展之间的矛盾。应当说，“美好生活需要”是新时代人民群众高品质生活内涵的最精确注脚。美好生活需要是人各方面感受的总体认知，它的具体内容我们能够从十九大报告中找到答案。习近平在报告中指出，我国稳定解决了十几亿人的温饱问题，总体上实现小康，不久将全面建成小康社会，人民美好生活需要日益广泛，不仅对物质文化生活提出了更高要求，而且在民主、法治、公平、正义、安全、环境等方面的要求日益增长。

这表明，人民群众的美好生活需要整体上包括两个部分。首先是对原有的物质文化需要提出了更高要求。在生活品质的追求方面，从当初的将就变成如今的讲究；在物质产品的追求方面，从当初的数量变成质量，从当初的以中低端供给为主变成以中高端供给为主。其次，在民主、法治等六个方面不断增长的需求表明，人民对生活品质的追求除了物质生活之外，还包括对生活环境的要求，既包括社会生活环境，也包括自然生态环境。通过分析不难发现，党中央在十八届五中全会以来为什么始终将供给侧结构性改革作为高质量发展的突破口和重点任务，为什么始终强调绿水青山就是金山银山，为什么提出要让人民群众在每一期司法案件的处理中感受到公平正义。追根究底，这是新时代人民群众的需求决定的。江山就是人民，人民就是江山。人民所有呼，改革必然要有所应。

2. 人民高品质生活的外延

从理论的角度来看，习近平新时代中国特色社会主义思想告诉我们，人民群众对生活的追求可以概括总结为“七有”，即幼有所育、学有所教、劳有所得、病有所医、老有所养、住有所居、弱有所扶。总体来看，“七有”涵盖了人从出生到终老的全过程全周期，涵盖了人民最关心最直接最现实的利益问题，包括教育、就业、住房、医疗、养老、扶贫等。这是中国共产党作为执政党为 14 亿中国人民的切身利益找到的最大公约数，能够最大限度地增强每一个人的安全感、幸福感、获得感。

从实践的角度来看，党的“十四五”规划针对民生问题在新时代的新要求，重点提到了以下几个方面。一是加大税收、社保、转移支付等调节力度和精准性，合理调节过高收入。通过加大对工商业及娱乐圈等领域偷税漏税问题的整治、确定合理的个税起征点和税负标准、确保社保资金的按时足额发放等，缩小贫富差距，完善社会的兜底工作。二是扩大就业容量，提升就业质量，尤其是缓解结构性就业矛盾。就业是民生之本。有就业才有收入、才能满足民生的各项需求。随着我国从高速增长转向高质量发展，传统的粗放式发展难以为继，对劳动力的需求逐渐从体力、精力转变为技能和智力。只有推动就业结构的调整和进步才能消除结构性失业，实现稳定就业。三是规范校外培训机构。多年来，资本掌控下的校外培训机构通过向社会传递焦虑情绪推动家庭在孩子培养上的内卷，培养成本的大幅上升必然导致家庭生活质量的下降。四是重视精神卫生和心理健康。近年来，抑郁症等心理疾病在学生和成年人群体中发生的数量不断增加，给家庭生活蒙上了一层厚厚的阴影。很多地方对学生培养的要求逐步从身体健康、身心健康拓展为培养健全人格。五是积极开发老龄人力资源，发展银发经济。国家统计局第七次人口普查结果显示，包括湖南省在内的12个省份已经提前进入深度老龄化。随着人口老龄化不断加剧，人力资源的短缺以及老年人的生活保障问题日益凸显。

二　不断提高人民生活品质面临的突出问题

1. 整体上：我国发展不平衡不充分的问题依然突出

首先，我国各个地区由于公共政策、地理区位、资源能源、社会稳定、交通物流、市场资本、人才科技、公共服务等存在较大差异，因此发展不平衡的问题日渐突出。

从区域发展不平衡来看，2021年我国内地GDP排名前10的省份中，80%集中于南部，南强北弱的格局明显。排名榜首的广东GDP超过12万亿元，江苏超过11万亿元，总产值甚至已经超越韩国与澳大利亚。排名榜尾的西藏自治区，GDP仅2080亿元，甚至赶不上同期的长沙市雨花区，后者2021年GDP达到2360亿元。从2021年全国GDP超万亿元的24座城市分布来看，75%集中在东部沿海省份，东强西弱的格局明显。这样的格局分布无疑主导了人口的迁徙方向。2021年国家统计局“七普”结果显示，2010~2020年，广东省常住人口猛增2170万人，当前总人口突破1亿人。东北和西北地区则成为人口流出的主要地区。辽宁、吉林、黑龙江三省10年间人口迁出总数约1100万人。毋庸置疑，人口的迁徙加剧了区域发展的不平衡。

从城乡发展不平衡来看，2020年我国城镇人口总数已超过9亿人，农村人口5亿人，城镇化率63.89%。这在我国漫长的历史发展中是一个革命性的变化，即城镇人口多于农村人口。随着城镇化的不断推进，城乡发展在工农业生产、商业金融、道路交通、教育医疗水平、可支配收入等方面的差距不断拉大。以收入水平来分析，2021年我国人均可支配收入35128元，其中城镇人均可支配收入47412元，比全国平均值高35%；农村人均可支配收入18931元，比全国平均值低46%。

不难发现，经济发展的不平衡在很大程度上影响了各地的财政收入水平、基础设施建设水平、公共服务水平、群众消费水平，进而影响了人民生活水平的提高。

其次，从发展不充分的角度来看。第一，改革开放之初，全球一体化浪潮方兴未艾，比较优势理论盛行一时。从当时的国际分工来看，我国的比较优势显然并非资本和技术，而是资源能源和劳动力。加之我国当时对中低端产品的内需巨大，因此，我国走上了劳动力密集型的粗放式发展道路。长期以来产业链供应链核心技术受制于人，高端产品供给不足，中低端供给过剩，需求错位，加剧了内需外流，国内经济循环不畅问题突出。第二，改革开放以来，部分地区和党员干部片面理解发展才是硬道理的方针，把发展狭隘地理解为经济发展甚至简单化为GDP增长，出现严重的唯GDP倾向，甚至不惜以牺牲环境为代价换取经济的一时发展。第三，长期以来，工业尤其制造业因其容易产生GDP而成为招商引资和政府投资的重点，导致教育、医疗、社会保障等与老百姓日常生活密切相关的领域投入不足，历史欠账突出。第四，为了尽快走出2003年"非典"造成的经济低迷，房地产被正式确立为国民经济支柱产业。从此之后商品房价格不断攀升，远超国民经济和人民收入的增长速度。

2. 理念上：为民服务意识尚待增强

党的十八大、十九大以来，在以习近平同志为核心的党中央的领导下，我国坚决贯彻全面从严治党方针、树立以人民为中心的发展思想，通过出台中央八项规定及其实施细则，不断转变政府职能，突出全心全意为人民服务的理念，让人民满意的服务型政府建设成效显著，官僚主义、形式主义等四风问题得到了有效治理，反腐败斗争取得了压倒性胜利。不过，干部作风建设是一项长期而艰巨的任务，一些地方、一些领域、一些干部不担当、不作为、漠视群众利益、变相吃拿卡要，使得放管服改革红利难落地的现象依然时有出现。在行政审批、行政许可等问题最集中的领域，让老百姓证明

“你是你”“你还活着”“你爸是你爸”诸如此类的奇葩证明，让老百姓如堕云雾中的循环证明在一些地方、一些领域仍然屡禁不止。“只进一扇门”“最多跑一次”的便民服务措施在一些地方被打折扣执行。服务大厅变成收发室、审批服务局缺乏对各职能单位的有效约束，使得让数据多跑路、群众少跑腿的公共服务型政府建设依然任重而道远。

讲政治是所有党员干部都必须严格遵循的首要原则，民心则是最大的政治。因此为人民群众提供优质、高效的公共服务，不断提高人民群众的幸福感与获得感，从微观的角度看是为了实现党员干部的公权力取之于民、用之于民的最大道德价值，从宏观的角度看则是为了维护人民群众当家做主的地位，进而巩固党的执政基础，实现国家富强、民族复兴、人民幸福的中国梦。

3. 制度上：治理现代化任重而道远

党的十八届三中全会首次提出全面深化改革开放的总目标是坚持和完善中国特色社会主义制度，实现国家治理体系和治理能力现代化。这是治理从一个单纯的学术概念被首次写入党的重要文献，并取代管理成为政府职能转变和执政能力建设的基本原则和改革方向。在社会治理领域，首次明确提出了党委领导、政府负责、社会协同、公众参与、法治保障的社会治理体制的二十字总方针。党的十九届四中全会更是历史上首次将治理现代化作为中央全会的研究主题。并在二十字方针的基础上增加了民主协商、科技支撑，形成二十八字方针。党的十九届五中全会通过的“十四五”规划提出了明确的治理成效“路线图”：2035 年基本上实现治理现代化，2050 年全面实现治理现代化。

通过对一系列党的重要会议对治理的谋划的梳理不难发现，治理与管理的根本区别就在于人民群众在国家和社会公共事务处理中的地位和角色。在传统的管理理念下，政府一元主导。尽管也有类似听证会这样的社会参与平台和机制，但往往效果难如人意。党的十八大以来，习近平总书记反复强调，人民群众对美好生活的向往就是我们的奋斗目标，尤其是在中国特色社会主义进入新时代的背景下，时代是出卷人，我们是答卷人，人民是阅卷人。因此，新时代背景下，政府提供的公共服务效果如何，不能是政府的自说自话，而要由人民群众进行评价。显然，要不断提高人民群众的生活品质，实现人民群众的美好生活，以行政命令为主导、权力自上而下运行、管理导向为突出特征的传统管理模式已经无法满足人民的需要和时代的发展要求。在治理模式下，党委、政府、社会、公众的地位和角色更加明确与和谐，党委更多的是从政治宏观层面进行领导，政府要为人民群众的生活品质负责，从传统的大包大揽变成一个凝聚各个治理主体力量的引导者，人民群众在治理体系下的作用大大加强；尤其是十九届四中全会首次提出的民主协商、科技支撑八个字，对如何发挥人民群众的积极作用、构建怎样的平台、建设怎样的机制，都给予了明确的方针。

然而，由于官僚主义等痼疾的存在，不少地方一言堂、甚至一把手变成一霸手的问题依然突出，使得治理理念在贯彻执行的过程中大打折扣，多元共治的机制和平台建设流于形式，传统的管理理念和管理模式仍然大行其道。一些地方在城市和农村基层治理格局的建设中的投入严重不足，对积极参与社会治理的人民群众谈奉献多、给报酬少，甚至缺乏起码的人员和物质保障，加之不少基层自治单位的行政化倾向严重，极大地影响了人民群众参与的主动性和积极性，使得社会治理名不副实。

三　提高人民生活品质的实践路径

1. 积极树立高质量发展观

必须指出的是，高质量发展并非只涵盖经济发展。《习近平谈治国理政》（第三卷）就明确指出，高质量发展，就是能够很好满足人民日益增长的美好生活需要的发展，是体现新发展理念的发展，是创新成为第一动力、协调成为内生特点、绿色成为普遍形态、开放成为必由之路、共享成为根本目的的发展。从这一界定不难发现，高质量发展涵盖了创新、协调、绿色、开放和共享五大发展理念，不仅包含了对物质文化需要提出的更高要求，而且包括了对自然生态环境和社会生活环境日益增长的需求。高质量发展的最终目标是满足人民群众的美好生活需要，进而实现人的全面发展和社会全面进步。因此，高质量发展观应该说是提高人民生活品质的整体发展理念和规划。正基于此，习近平在2021年全国“两会”期间参加青海代表团审议时指出，高质量发展不只是一个经济要求，而是对经济社会发展方方面面的要求，不只是对经济发达地区的要求，而是对所有地区发展的要求；不是一时一事的要求，而是必须长期坚持的要求。

2. 不断提高社会治理现代化水平

要满足人民群众在民主、法治、公平、正义、安全、环境等方面日益增长的需要，就需要在社会治理过程中不断保障和增强民众的参与权与话语权，人民群众从管理时代下的行政相对人、被管理者变成社会治理的重要主体、参与力量和监督力量。正如习近平总书记所指出的那样，保证人民当家做主，要求我们在治国理政时在人民内部进行广泛商量。在中国社会主义制度下，有事好商量，众人的事情由众人商量，找到全社会意愿和要求的最大公约数。提高社会治理现代化水平的关键，在于完善基层治理的保障机制，推动权力下放、资源下沉，重心下移，提高社会治理效能。从湖南的实际情况来看，要继续抓好省委全面加强基层建设“1+5”文件的落实落细，夯实基层治理的组织和物质基础，推动人往基层走、钱往基层投、政策往基层倾斜，真正实现让基层干部有权治事、有人管事、有钱办事、有章理事。

首先，要建立权责清晰、关系对等的“条块”关系，进一步完善落实街道乡镇权力清单制度。要适应基层社会发展需要，把握改革时机，尽快启动对街道乡镇放权、赋能、增效情况的研究，科学、合理划分市县和街乡两级事权，赋予街道乡镇更多的权力，增强街道乡镇的属地统筹协调能力，推动人财物和责权利对称下沉到城乡社区，向基层放权赋能，真正让基层干部实现有权治事。

其次，要完善基层治理人才的激励保障机制。建立专职网格员薪酬待遇和网格学院专业培训体系，做细做实网格员、志愿者日常培训、管理、激励等工作。同时，将创新创优的表现作为干部政绩考核的重要内容，并同干部的升降奖惩相挂钩，提拔重用那些在创新社会治理方面敢作为、成效卓著的创新型干部，引导人才流向基层；畅通干部交流渠道，将创新型干部交流到那些社会治理创新不太活跃的地方任职，激活社会治理创新，实现有人管事。

再次，进一步健全事权与财权匹配的经费保障机制。要在厘清街道乡镇事权的基础上，遵循“费随事转”的原则，为街道乡镇提供必要的经费支持和保障。湖南应全面遵循“使用灵活、强化监管”的原则，统筹安排地方财政资金，综合考量各街道乡镇的区域面积、服务人口、治理任务等因素，每年给街道乡镇拨付一定的资金作为自主经费，并在按照专项经费管理政策强化监管的前提下，强化街道乡镇对这笔经费的统筹使用权，使其能够依据基层需求，优化资金安排，灵活运用于街道乡镇社区以民生为主的各项事业发展，实现有钱办事。

最后，开展创新社会治理市、县、乡、村四级“点上试验”，积极探索、培育、总结可复制、可推广的经验做法，形成相互促进的良好氛围，形成各级书记带头抓、部门社区联动抓、软件硬件一起抓、党员群众合力抓、因地制宜精准抓、加强考评科学抓的“六个抓”工作机制，推动基层的协同共治，避免基层滥权转责推事、社区无权担责忙事，以及由此而导致的社区工作“形式主义”与社区干部的“重管轻治”，明确章程，实现有章理事。

3. 不断推进民生保障制度建设

第一，就业是民生之本。要提高人民群众的生活水平，首要的任务是实现稳定就业和充分就业，避免周期性失业。我国目前提供就业岗位的主力军并非党政机关和国有企事业单位，而是民营企业和自主创业。因此，在就业保障制度建设方面，要着力优化企业尤其是中小微企业的营商环境，包括法治环境、融资环境、政务环境、市场环境和人文环境，在推动减税降费工作的同时不断降低企业包括水、电、气、宽带、国有房产租金等在内的生产经营成本，帮助企业不断成长壮大。另外，要不断加大偏远落后地区的基础教育、职业教育的投入力度，提高劳动者的就业能力；加大企业的培训力度，建立终生培训制度；要维护职工的合法权益尤其是要解决工资拖欠问题和三险一金（或五险一金）的保障问题。

第二，教育是民生之基。完善教育保障机制，当务之急是要增加教育投入，优化教育资源结构，推进教育公平建设。教育欠账问题是我国教育事业长久以来的痼疾。联合国规定，一国财政性教育经费投入占 GDP 比重达到 4%才达到全球基础水平。数据显示，我国 1993 年提出科教兴国战略，规划到 2000 年我国财政性教育经费投入达到 GDP 的 4%。但这一目标直到 2012 年才达到。在 2015 年后这一比例又出现了五连降。这与我国 GDP 世界第二大国的地位是明显不相称的。同时，要有序推进城镇化和实现乡村振兴的协调发展，避免人均教育成本的不断攀升，在乡村振兴中切实保障农村教育资源的质量与供给，合理推进乡村学校的撤并，避免农村教育资源的分散和低水平化，不断优化教育资源结构。

第三，分配是民生之源。要不断提高分配制度的精准性与合理性，不断提高人民收入水平。从我国目前的分配制度来看，初次分配机制的重点在于想方设法提高劳动报酬的比重，完善工资制度与工资增长机制，落实党中央提出的让待遇向一线和基层倾斜的方针。二次分配机制的重点则在于完善个税等相关税收制度，确立不同行业、不同地区、不同收入群体合理的税负水平，多渠道增加城乡居民财产性收入。三次分配的重点在于强化慈善机构运作的透明性与开放性，使之成为国家救灾救济、民生保障的重要补充力量。

第四，住房是民生之安。住房问题一直党中央和国务院关注的重点问题。党的十八大以来，国务院总理李克强引用古训强调有恒产者有恒心、无恒产者无恒心的道理。对于百姓而言，房产就是最重要的恒产。2016 年底习近平总书记在中央经济工作会议上首次明确提出了“房子是用来住的、不是用来炒的”的重要理念。当前，住房保障制度的改革重点在于确保房屋的居住属性、去除其金融投资属性，避免商品房价格大起大落，这倒逼地方经济发展理念变革，把发展经济的重点从虚拟产业回归实体尤其是制造行业，切实推动供给侧结构性改革，优化营商环境、培育新动能，克服基层税种单一依赖症，优化地方财政结构。要加大保障房建设和监督力度，颁布和实施公平透明的分配机制，满足多层次的住房需求。

第五，医疗是民生之需。当前，要提高医疗服务效率和水平、完善医疗保障制度的关键在于通过大数据将各个地方分散的医疗资源进行有效整合，通过手机客户端软件进行有效个性医疗资源匹配，更好地推进分级诊疗，缓解看病难、看病贵问题。在这方面的改革中，医联体通过 10 年的探索被证明是一个行之有效的机制。2011 年，由上海交通大学医学院附属瑞金医院领衔，带动、整合区域内的 6 个一级、二级医疗机构，共同为医联体内的居民服务，有效推动和实现了分级医疗、急慢分治、双向转诊。在各地不断效仿并取得明显成效的基础上，2020 年 7 月 17 日，国家卫健委与国家中医药管理局联合印发《医疗联合体管理办法（试行）》，启动城市医联体和县域医共体建设试点，在全国 118 个城市、567 个县推进紧密型医联体、医共体建设，逐步实现医联体网格化布局管理。

第六，社会保障是民生之依。完善社会保障机制的关键在于健全社保基金管理体制，在改革攻坚遭遇转型阵痛的过程中，适时调整管理机制，堵住基金漏洞，尤其是在信息不对称的情况下，要想方设法解决套取医疗基金的突出问题，以及失业保险与养老保险的违规领取等问题，确保社保基金按时足额发放，让人民群众有坚强依靠。要树立与经济社会发展相适应的理念，通过大数据打破信息孤岛，实现动态实时更新查询，通过乡村振兴实现城市和农村社会保障的均衡发展。

B.26

法治乡村建设的建构逻辑与路径选择研究*

刘 丹　彭 澎**

摘　要： 农村现代化进程中基层治理转型和基层治理现代化发展包含着明确的法治要求，农村基层治理法治化转型与法治乡村建设是当前农村现代化进程中基层治理转型的重心和重点，是实现基层治理现代化体制目标和发展愿景的方式。农村现代化进程中基层治理转型与结构优化的重要方向和当前重点是推进农村基层治理法治化与法治乡村建设，这也是基层治理现代化的重要内容和基本标志。在推进法治乡村建设中，应当从宏观战略和整体路径上建构健全的逻辑体系，探寻科学的实施路径，坚守法治立场，树立法治思维，明确法治原则，构筑法治方法。

关键词： 法治乡村　基层治理　乡村振兴　湖南

推进农村基层治理法治化和法治乡村建设是当前农村基层治理转型和结构变革的重要方向、重点内容和重心目标，这不仅要注重对农村基层已有的政治、经济等体制优势和社会资源进行完善和利用，而且需要对现有农村基

* 本文为以下项目的阶段性成果：2019 年度湖南省社科基金一般项目“乡村振兴进程中法治乡村建设模式与路径研究”（项目编号：19YBA338），2022 年度湖南省社科成果评审重点课题“湖南法治乡村建设标准设计与考核制度研究”（项目编号：XSP22ZDI023）。

** 刘丹，中共湖南省委党校（湖南行政学院）一级巡视员、教授；彭澎，中共湖南省委党校（湖南行政学院）法学部教授、法学博士。

层治理模式进行体制整合和对农村基层治理体系进行结构改善，更加需要坚持推进基层民主政治建设、加强法治乡村建设，将健全农村基层治理体系与乡村法治建设有机结合起来，将法治基因和法治要素融入农村基层治理体制之中，提高基层治理的法治化水平。有学者提出："基层法治建设需要从基层之外有效地输入、培养和建设法治等现代的民主政治理念，仅仅由乡村社会自然发展是不会形成基层法治体系的。"① 所以，推进农村基层治理法治化和法治乡村建设必须在遵循农村基层现有的体制背景、制度环境和运行体系之下，在农村基层治理体系中导入现代法治的基本原理、运行机理和根本规则，一方面要对农村基层治理的体系结构从法治层面进行完善和优化，另一方面又要对农村基层社会的治理实践从法治层面进行改善和补充；一方面要从法治层面改革和完善农村基层治理的模式结构，另一方面又要从法治层面优化和健全农村基层的民主法治体制。对于农村市场化改革和现代化发展进程中基层治理转型来说，推进农村基层治理法治化和法治乡村建设是关键举措，是实现基层治理现代化发展的关键步骤。应当说，农村基层治理法治化转型和法治乡村建设有着鲜明的价值主张，更有着具备显著特征的逻辑构成和结构范畴，在农村市场化改革和现代化发展中，要注重培育、发展农村基层治理的法治要素和法治元素，才能为推进农村基层治理法治化和法治乡村建设提供体制支撑和制度支持。

一　基层治理转型的内在要素：法治立场——法治乡村建设的根本基础

基层治理的立场是对基层治理制度体制和实践运行所持的一种价值认知和基本态度，代表了基层治理体系存在的制度基础，体现着基层治理制度的运行价值和发展目标。基层治理立场解决的是基层治理制度的价值基础问题，是制度运行和发展的根本出发点，是理解、认识和分析基层治理制度与

① 程同顺：《当代中国农村政治发展研究》，天津人民出版社，2000，第296页。

实践的理性思维，决定了基层治理制度和模式发展的方向与对基层民主政治制度建设和发展的推进作用。推进农村基层治理法治化和法治乡村建设是通过构建基层法治的运行框架来规范农村基层治理的主体行为，通过法治的制度权威来形成基层治理的规范秩序，设置基层治理主体权力运行边界和方式，保障村民等治理主体的权利。推进农村基层治理法治化和法治乡村建设特别突出国家法律制度在农村基层治理过程中的实施，高度主张在基层治理运行中充分体现法治的规范、引导、保障、约束作用，由此形成基层治理的法治运行秩序，构建基层社会的法治运行状态，因而，农村基层治理法治化和法治乡村建设鲜明地揭示了法治在农村基层治理体制中的基础地位，清楚地阐明了农村现代化进程中法治在基层治理中的基本立场。农村市场化改革推进了基层社会的变革，由此带来了包括基层治理体系在内的农村社会制度的现代化转型和发展，这是农村基层社会发展的客观现实，是农村基层社会制度在市场化改革和现代化发展过程中形成的转型趋势，来自多方面力量的共同作用，它具有现实性、客观性、必然性，同时也具有长期性、艰难性和不可预期性，转型的过程中积累了一定的困难和问题，并且仍然存在着由农村宏观政治制度与基层社会现实运行机制不相适应而造成的困难，体现出基层治理转型的艰难。在现实的运行过程中，许多问题也都产生于农村社会在建立基层治理体制与实施基层治理制度的过程之中，有的地方在基层治理中存在许多压力和矛盾，有的地方由于基层治理问题解决不好而产生了较大的冲突和危机，由此形成了对现代化进程中基层治理转型的统一认识，即要形成法治化的基层立场。农村现代化进程中基层治理转型必须坚守法治的立场，不能让农村基层治理离开法治的规范和约束，更不能超越法律制度的规制。遵循法治的规范和约束，是农村基层治理体系建立的基础和运行的保障，宪法和法律整体设计了农村以基层自治为主要内容的治理制度，它具有明确的合法性和合宪性基础，是宪法确定的国家农村基层治理制度，同样，基层治理的运行也不能超越宪法和法律设置的体制框架，一方面在基层治理中必须始终坚持维护和保障村民享有的国家宪法赋予的民主自治的权利，另一方面在基层治理中必须始终坚持农村社会各类权利主体在基层治理运行中的规范性、防止权力的滥用而影响和损害到基层治理制度目标的实现，因而应当坚守法治的立场。“法律的权威存在并影响着社会生活的各个方面，得到普遍的认同和一致的遵守。任何政治、经济、社会组织包括政党或政治团体等在内尽管拥有主动权，但只能对不受法律约束的具体问题做出决定，法律严格规范着各类组织的行为，不能存在超越法律的制度和行为”。[①] 基层治理法治立场体现在国家宪法和法律制度在农村基层治理体系中的全面实施，基层治理制度是国家宪法法律制度设计的重要内容，必须在法治的框架内运行并充分体现法治的精神和要求，既体现基层治理实体权利保障上的正义，又体现基层治理程序和过程上的正义。农村基层治理体制和制度所设置的目标必须在法治的体系内、以符合法治要求的方式来实现，农村市场化改革中基层利益主体多元化、利益内容多元化会对基层治理产生影响，基层社会利益主体和权利主体的多元治理诉求要通过法治方式来平衡和解决，特别是在基层治理运行中对于村民法定的民主自治权利不能侵犯。“法律制度和法律规则始终处于变化之中，社会中任何新的因素的形成诸如产生新的生产技术、出现新的生产工具或者形成新的社会主体等都会带来法律及制度的变化。法律制度的变化随着社会的发展和技术的进步会变得越来越细，经济发展、社会发展、文化发展以及历史的进步、社会力量的变动等都成为导致法律变化的因素，这些因素无论是改变法律规范，还是刺激或暂缓法律变化，抑或改变法律制度的构造等，可能都是在因素不经意的变动之中产生的”。[②] 基层治理的法治立场不仅是基层治理体系在法治的框架下运行，而且法治本身就是基层治理的重要内容，体现为在基层治理的价值理念和制度目标中坚持法治发展取向。法治在基层治理体系中具有丰富的内涵，代表着基层治理发展的基本方向，农村市场化改革和现代化发展带来基层治理的转型，包含着基层治理法治化的内容，基层治理法治化和法治乡村建设能推进基层治理体系的深刻转型和长远发展。

---

① ［古希腊］亚里士多德：《政治学》，吴寿彭译，商务印书馆，1965，第124页。

② ［美］劳伦斯·M. 弗里德曼：《法律制度》，李琼英等译，中国政法大学出版社，2004，第339页。

二　基层治理转型的本质要素：法治思维——法治乡村建设的基本前提

基层治理的思维是思考、分析、完善农村基层治理制度和观察、处理基层治理问题的一种认识视角和观察方法，是对农村基层社会进行了解、对农村治理进行规范、对乡村问题进行解决等应当始终秉持的思维理念。在复杂多样的农村基层社会生活和治理过程中具备法治思维才能形成基层治理正确的价值观念，这对基层治理制度的建立和基层治理实践的运行产生了很大的影响。法治是社会发展和政治文明进步的标志，在农村市场化改革和现代化发展中基层社会对法治已经形成高度的思想共识，法治已经逐步成为人们的价值观念和行为理念，体现着人们对社会运行与发展的理性认识。法治在演进过程中形成了基本的制度内容，即对权力进行控制和约束、对公民权利进行保障和维护，这揭示了法治制度运行的初衷和目的，这是人们对法治已经形成的普遍认可和高度共识。有学者提出："法治是国家最重要的制度性文件，其内容是对国家权力运行做出控制和约束的根本性设计，通过建立系统的法治体系来设定国家权力运行的边界和范畴，从而实现对权力的绝对控制，通过法治体系的构建使国家权力实现分散运行，让社会民众可以通过合法的方式参与和分享到权力的运行。"① 对国家权力通过规范化的体制框架来进行控制和约束、谨防权力的扩张、消除权力的乱为，这是现代法治的基本功能和根本作用。法治的治理思维存在于国家的权力运行、政府的行政管理和社会的日常生活之中，让国家、政府和社会的运行体系没有也从根本上不会有不被约束和控制的权力，这是法治制度追求的目标，是法治思维的重要基点。对法治追求者来讲，在他们的思维体系和思想深处对权力运行始终有一种不信任感，不完全信任权力及权力行使者会正当地行使权力，对权力

① 曾鹏、张劲松：《宪法概念的分析整合与重新界定》，《广西政法管理干部学院学报》2003年第3期。

怀着高度戒备的心态，特别强调对国家和政府权力进行控制与防止权力行使者因利欲熏心而使权力行使肆无忌惮的最佳模式是构筑健全完善的法治体制。在农村基层治理体系中构筑法治思维，集中体现在把法治主张控制权力和保障权利的制度精神贯穿于基层治理的体制建设过程中。在农村市场化改革和现代化发展中对基层治理的模式设置、制度建设、体制构建和实践操作等注入法治的主张和制度精神，使得基层多元化权力主体行为能得到规范、多元化权力类型能得到控制而不会肆意扩大和随意滥用，真正落实和保障基层民主自治的权利。农村市场化改革过程中建立基层自治治理体制，在选举、管理和监督等环节充分体现以民主为内容的治理特征，揭示了“还权于民”的基层治理发展进路。宪法法律对基层自治制度的设计可以明显反映乡村范畴内的基层自治是典型的民主自治治理，建立基层自治制度的目的是充分赋予和保障乡村自治权以减少国家权力对乡村的过度干预，这清楚地折射出农村市场化改革过程中基层治理制度设计中所蕴含的法治思维。法治的制度主张和基本内容在以基层自治为主要内容的农村基层治理制度设计和运行中得到了彰显，基层自治制度设计的目的就是要充分保障村民在基层治理中享有民主自治的权利，这是宪法和其他法律制度赋予和确认的权利内容，在基层治理中就必须对基层公共权力进行规范和约束，防止影响和侵犯村民的民主自治权利，进而损害基层自治制度。在农村市场化改革过程中，通过宪法等法律制度的形式确认村民的民主自治权利和农村的基层自治制度，构建了一个不受公共权力随意影响和干扰、村民通过行使民主自治权利可以实现对乡村进行基层自治的自主空间，且在制度和体制层面不断对基层自治制度予以健全和强化，这实质上是市场化改革和现代化发展中农村基层治理体制建设和制度运行中法治思维的体现，包含着深厚的法治内涵。在农村现代化发展中继续加强基层体系运行中法治思维的构建，推进农村基层治理法治化转型和法治乡村建设，必须在继续坚持和完善农村基层现有自治体系和法治体制框架基础上，对农村基层公共权力特别是乡镇政府权力的运行进一步加以规范和控制，对于乡镇政府权力向乡村基层的无声转移和悄悄渗透需加强规制和限制，同时对乡村基层已有的公共权力运行体系进行规范和约束，最大限度地限制对村民权利的影响和损害，真正保障和实现基层自治。将法治思维贯穿于农村基层治理体系建设和制度运行中，能够清晰地体现基层治理的法治内容，推进现代化进程中农村基层治理的法治化转型和法治乡村建设。

三　基层治理转型的基本要素：法治治理原则——法治乡村建设的关键

农村基层治理体制在体系建设和制度运行中不断探索和提炼基层治理的制度精神和行为价值，产生基层治理主体对体系运行的制度预期和价值期望，以此为基础逐步形成基层治理的原则。治理原则构筑于基层治理制度具备完善的逻辑体系、深厚的理论根基、健全的体制结构之上，是通过规范的治理秩序和良好的治理状态所体现出来的基层治理制度蕴藏着的价值内核，是基于对农村基层治理体系构建和制度运行高度认知所提炼出的制度内涵和本质价值，它存在于农村基层治理体制的制度建设、体系运行和实践发展的全过程之中并发挥着根本性的指导作用。农村基层治理的内容较为广泛，直接影响到农村生活的各个方面，涉及农村基层各种复杂问题的处理解决、基层社会基本关系的维持协调、乡村社会基本秩序的完善优化。在这内容体系中，实现和保障村民在基层治理运行中享有民主自治权利是农村市场化改革中基层治理体制建构的基础议题。对村民民主自治权利的保障存在于基层治理的各个环节和全部内容之中，直接影响到基层治理体制的系统建设、逻辑结构和行为模式，是农村基层治理制度构筑的目的和初衷。对村民在基层治理中民主自治权利保障的认识深度和行为态度构成了基层治理原则的根本内容，在农村基层治理中应始终坚持这一点。同样，现代法治的根本问题就是要更好地保障和维护公民的权利，这是法治体系设计、制度建设和体制运行的出发点，是现代法治的基本原则。因此，村民享有的民主自治权利在农村基层治理中的实现和保障，是基层治理制度和法治制度共同需要解决的问题。权利本位的法治观念和权利保障的法治原则与农村基层治理制度设计时所要实现的对村民民主自治权利的保障和落实在内容上是完全相同的，因而可以说，农村市场化改革中形成的以基层自治为内容的基层治理制度在保障村民民主自治权利上的制度功能是现代法治原则的生动展现。公共权力与公民权利的关系及其正确处理是现代法治的基本理论问题，在此基础上形成了权利的价值认知观念和法治的权利本位理念，通过法治机制来对现实生活中因权力和权利关系处理不当而形成的各种问题进行调整，杜绝权力与权利关系的错位运行及由此引起的社会矛盾和问题，这是现代法治体制运行的基本原理，以此为基础构筑起农村基层治理的法治原则。在农村市场化改革和现代化发展进程中推进基层治理转型，突出和注重构筑与遵从基层治理的法治原则，目的是强化在基层治理过程中对法治的了解和认知，以此为运行标准来准确把握基层各种治理权力主体之间的关系，在农村基层治理制度建设和实践运行中融入以人为本、尊重人性等彰显现代法治基本原理和揭示现代法治基本主张的价值理念以及追求平等、自由、公正等与人类社会生活息息相关的权利意识，使现代法治的基本原则在农村基层治理体制中得以体现和运行，使基层治理充分关注到村民的权利内容及其实现的具体措施，在农村基层治理的过程中应用和落实法治的基本原则和价值精神。“确保社会生活中的每个人全部能生活在体现其人格尊严和人权保障的社会条件中是现代宪法立宪的基本宗旨”。[①] 立宪宗旨是法治原则的产生基础，法治原则是立宪宗旨的具体内容。支持和保护村民在法治基础上行使宪法设定的基层民主自治权利是农村基层治理的法治标志，人性的尊重和维护、平等权利的主张和保障、民主的捍卫和崇尚，体现的不仅是宪法基本权利，更彰显了宪法基本原则和价值。现代法治基本原则应当具体和细化到农村基层治理中对村民权利保障的制度构建和实践运行中来，使对村民权利进行保障成为农村基层治理的运行常态。

---

① 陈弘毅：《法理学的世界》，中国政法大学出版社，2003，第119页。

四 基层治理转型的要素：法治治理方法
——法治乡村建设的核心主张

农村基层治理体制的运行要实现制度设计的最终效果和治理体制的初衷、目标需要经由一定的外在形式，基层治理方法就是基层治理的外在表现形式，是治理体制运行的方式，是实施治理制度的具体手段。在农村基层治理视域中，将法治的运行规则与基层治理的制度体系融合在一起逐步形成了法治方法，农村基层治理的体系、制度、程序等基础元素在法治运行方式的调整和优化之下，使得法治的价值精神和理念主张在农村基层治理运行中能够得到彰显。在农村市场化改革和现代化发展进程中，乡村基层社会存在诸多复杂多样的关系，这是农村基层治理体系需要面对的，而只有运用法治方法才能有秩序地规范各类主体的社会行为、才能有效地规制基层各类主体的权力、才能合法地保障和维护基层村民的民主自治权利。有学者提出："只要一个法律部门或者一个部门法律就可以很好地解决政府机构的设置、民主政治的运行和政府行为的实施等问题，实际上，认真考虑后，这种理解非常简单。"① 这些内容是整个国家法治运行体制所能解决的问题。与此同理，现代社会是法治社会，这是包括农村基层在内的整个社会运行的基本背景，不从法治的维度去开展基层社会的治理，或者脱离基层治理的体系框架去建设乡村法治，都是脱离实际的做法。曾经在很长一段时间里，在建构农村基层治理制度和实施治理行为过程中，都没有从根本上去关注和讨论基层治理的法治价值和法治方法，不能完全正确地揭示出基层治理体系中的法治内涵，过多地从政治学上去重视它的政治内容或者从管理学上去关注它的管理方式，应该说，农村基层治理不只是一个政治学学术概念，也不完全是一个管理学研究命题，实质上，它也

① ［美］查尔斯·A. 比尔德：《美国宪法的经济观》，何希齐译，商务印书馆，1984，第20页。

是法学研究的重要内容，农村基层治理制度是国家法治制度的重要组成部分，不能不从法治的维度去完善和健全它。农村基层治理体系中包含着法治治理体制、法治治理制度和法治治理方法等基本内容。法治“是规范政治行为和调整政治活动以实现干预和影响国家政治体制、政治制度和政治生活为目标的方式和手段”。① 从一定程度上说，农村基层治理的现代化水平和能力体现在基层治理的法治化程度上，而基层治理的法治方法是影响和决定基层治理法治化程度的重要内容，深刻影响着农村基层治理制度的发展成效和乡村基层治理的实际效果。法治具有与其他社会规范系统颇不一样的制度框架和运行体系，通过对农村基层治理制度、机制和行为等内容发挥规范引导作用，逐步产生农村基层治理的法治方法，实现对整体农村基层治理体制的健全、制度的完善、结构的优化和行为的规范，为此提供坚实的法治基础。在我国整体国家制度的框架体系中，以基层自治为主要内容的农村基层治理体制既是国家民主政治制度的重要部分，又是国家法治制度的重要部分，是国家民主政治制度和法治制度在农村基层的具体体现。农村以基层自治为核心的治理制度本身就是乡村法治制度的重要内容，是反映和衡量农村基层法治建设状况、乡村法治运行水平的关键因素。由此可认为，农村以基层自治为主要内容的治理制度应当在法治的体制框架下运行，采用和运用法治的治理方法，从而使农村基层治理制度所蕴藏的民主、自治等现代政治价值理念在农村社会生活中得到根本的实现。有学者认为：“民主从来就不是充满激情的感性行为，也从不是突发奇想的制度安排，与此截然不同，民主有着明确的制度目标，是朝着政治发展的方向不断运行的理性行为。所以，民主制度为了实现自己的设计目标，它需要一套与民主原则相一致的方法论来指导。”② 农村基层治理的法治方法是在基层治理的制度实施和行为运行中，将法治的运行原理和行为方式导入其中，体现和展示基层治理制度与法治体制有着近乎相同的价值理念

① 王沪宁：《比较政治分析》，上海人民出版社，1987，第176页。

② ［美］阿历克斯·英格尔斯等：《人的现代化——心理·思想·态度·行为》，殷陆君编译，四川人民出版社，1985，第6页。

和制度主张，从而使法治和基层治理的制度体制与运行体系能够相互补充、各展所长，形成基层治理体制在农村社会中的法治权威地位，这是市场化改革和现代化发展进程中推进农村基层治理转型的重要基础，也是法治乡村建设的体制根基。

·保障和改善民生·

B.27

强化住房保障 加速城市更新

——安化县聚力旧改棚改，确保居有所安

安化县人民政府办公室

摘 要： 习近平总书记指出，住房问题既是民生问题也是发展问题，关系千家万户切身利益，关系人民安居乐业，关系经济社会发展全局，关系社会和谐稳定。安化县坚决贯彻落实党的十九届六中全会精神和习近平总书记对湖南重要讲话重要指示批示精神，坚持人民至上，全力抓好棚改、老旧小区改造和公共租赁住房建设三件大事，在推进城市更新的同时，实现了人民群众由“住有所居”到“居有所安”的转变。

关键词： 住房保障 城市更新 老旧小区改造 棚改 安化县

安化县地处湘中偏北、雪峰山脉北段、资水中游，是一个集山区、库区、林区于一体的“三区”县，受建设用地资源限制及早期建设缺乏科学有序规划的影响，县内小区庭院空间小、楼栋基址起伏大、楼栋相邻间隙小等问题普遍存在，群众生活居住环境拥挤，街道窄通行难、设施不配套、安全隐患多。近年来，安化县坚决贯彻落实习近平总书记对湖南重要讲话重要指示批示精神，大力实施“三高四新”战略，通过“有序旧改+规范发展公租房+精准棚改”等多项住房保障民生工程，有力地推动了全县住房保障事业高质量发展，实现了居住环境明显改善、市容面貌明显改观、人民幸福感明显增强和相关产业持续发展的良好效应，县城面貌焕然一新。安化连续四

年荣获“全省住房保障工作突出单位”称号，在2021年度湖南省政府真抓实干督查激励中，安化县因“扩大保障性租赁住房供给，推进城镇棚户区和老旧小区改造、既有住宅加装电梯等工作”被评为成效明显的县市区。

一 抓建设、强管理，变“蜗居”为“宜居”

安化县始终坚持“房子是用来住的，不是用来炒的”定位，突出住房的民生属性，把保障性住房作为多层次住房供应体系的重要组成部分、“全面小康路上一个也不能少”的重大民生工程来抓，扩大保障性租赁住房供给，缓解住房租赁市场结构性供给不足，推动建立多主体供给、多渠道保障、租购并举的住房制度，推进以人为核心的新型城镇化，促进实现住有所居。

一是对标住有所居，全面提升保障效能。坚持以住房保障部门为公租房建设主体，摸清保障性租赁住房需求和存量土地、房屋资源情况，结合现有租赁住房供求和品质状况，充分发挥市场机制的作用，引导多主体投资、多渠道供给，采取新建、改建、改造、租赁补贴和将政府的闲置住房用作保障性租赁住房等多种方式，切实增加供给。共实施项目170个，建设公共租赁住房11194套，总建筑面积56.46万平方米。其中廉租房建设项目63个、3841套，公租房建设项目107个、7353套，公租房建设总量、政府自持资产数量在全省县市区中名列前茅。

二是对标居有所安，全面规范运营管理。坚持实物配租与租赁补贴发放双管齐下，阳光透明分配公租房，邀请人大代表、政协委员、新闻媒体、公证处等对分配过程进行监督，累计帮助11782户符合配租条件的住房困难家庭圆了期盼已久的安居梦。在全省率先将公租房建设项目向乡镇延伸，建设定向公租房3313套，有效解决了乡镇公职人员的住房困难。对全县41220户次未享受实物配租的城镇低收入住房困难家庭发放租赁住房补贴5416万元，受益人口达101354人次。助力全县“5133”人才引进工程，安排人才公寓140套。

三是对标住有宜居，全面提升服务水平。压实公租房管理人员工作责任，分片区实行网格化管理，建立公租房使用定期年检制度。引进物业公司规范化管理，试点使用人脸识别门禁系统，建立“一户一档+指纹+人脸识别”数据库，充分运用“互联网+”手段，对承租户的房屋、车辆、商业门面等资产信息进行详细比对，确保将有限的房源分配到真正困难的群众手中。为切实减轻群众负担，开通网上缴费、手机银行缴费、微信缴费、支付宝缴费、周末节假日值班收费等便民措施，提高住房保障服务质量，做到管理为民。同时，聚焦公租房申请、使用、退出等环节，对违规行为的失信主体实行黑名单管理制度，将存在严重失信行为的列入失信联合惩戒对象名单予以联合惩戒，清理出资料不合规或已不符合公租房申请条件的对象1578户，查处违规使用公租房租户296户，清查转借门面68间，公租房使用秩序明显好转。

二　抓重点、克难点，变“旧貌”为“新颜”

安化县经济基础薄弱，城镇老建成区年限久、质量差，集中连片的棚户区较多。为彻底改变城镇区老化、配套功能不齐的现状，安化抢抓国家棚改政策机遇，将棚户区改造作为实现城镇提质扩容、加速城市更新的重要突破口，全力推进城镇集中连片棚户区改造，有力促进了城镇面貌改善和高质量发展。

一是建立组织体系，定政策、强保障。建立从上而下的棚改工作体系，成立了安化县委县政府主要领导挂帅的保障性安居工程工作领导小组，指导重点乡镇成立棚改工作指挥部，层层压实工作责任。抽调一大批优势力量投入工作一线，建立每周例会制、棚改信息通报制、三级棚改调度会议制、一事一议专题会议制、棚改工作督办问责制、考核奖惩兑现制等6项制度，制定一整套既符合上级规定又结合安化实际的棚改政策文件，为棚户区改造工作依法依规、有序推进提供强有力的政策支撑。

二是科学制定规划，以安置保安居。全面普查调研符合棚改条件的乡镇区域，广泛征求意见，听取社情民意，认真论证，确立了以县城为主、兼顾重点城镇的棚改布局，为全县的棚改推进提供了总体指导思想。2017~2021年启动棚改片区23个12359户，面积95.1854万平方米，完成实物量调查12698户，完成评估12432户，签约12359户，征收12359户，腾房12243户，搭建棚改限价商品房选购平台，筹集落实房源1250套，有效改善了群众居住环境。

三是坚持以人为本，广宣传、转思想。在棚改征收签约中，坚持以人为本，一把尺子量到底、一套政策用到底。为消除棚改群众的疑虑、保障被征收人利益，指导涉改群众成立“自改委”，实现群众的事情自己当家做主、自己的权益绝对保障。制定限价商品房源配置、发放门面原地回购安置卡、税费减免、整栋搬迁奖励等一系列惠民政策。充分利用广播、电视、网络、微信公众号等媒介，通过制作专题片、印制宣传册、出动宣传车等形式，开展丰富多样的宣传活动，在安化电视台开设《棚改新征程》专题栏目，全方位立体式将棚改政策宣传到千家万户，形成了“政府主导、群众主体、市场运作、依法推进”棚改新格局。几年来共计出动宣传车20多台次走街串巷宣传，悬挂张贴宣传标语、横幅近200条，树立各种宣传板报近40块，发放宣传手册2万多本，有力推动棚改全员参与。

四是创新工作模式，提效率促落实。创新工作举措，积极探索适合安化县棚改工作的科学模式，推行棚改公房“整片（栋）签约付款”+棚改私房“小片区捆绑式协议签约”双头并进的工作模式，将大片区按位置布局成排、成块分割成若干小片区（7~10套私房），并以工作组分包责任制和棚改户内部倒逼方法双向发力，小片区全部签约再付款，逐一攻克棚改片区“堡垒户”，有效扭转“一户绑住一栋，一栋困住一片”的不利工作局面，实现签约率、腾房率、拆除率“三个100%”，试点公房“整片（栋）签约付款”取得全面成功，实现经济和民生效益的双赢。

三　重“里子”、提“面子”，变“忧居”为“优居”

安化县始终将老旧小区改造作为加速城市更新、提升群众幸福指数的重要民生工程，坚持“内外兼修”，改造“里子”、扮靓“面子”，累计实施老旧小区改造项目35个，改造小区285个、房屋518栋，面积101.8万平方米，10623户家庭从“忧居”变“优居”。

（一）完善顶层设计，整片推进绘蓝图

编制了《安化县城镇老旧小区改造十四五规划》，按照实施一批、谋划一批、储备一批的原则，科学编制年度改造实施计划，整片、有序、全面推进老旧小区工作，做到成熟一片，改造一片。

一是加强建章立制，做到目标明。出台《安化县城区老旧小区改造工作实施方案》《安化县老旧小区改造加装电梯简化审批程序的意见》等文件，对改造范围和内容、资金来源、政策支持、申报程序、施工主体等方面作出了明确规定，为改造工作提供指南。

二是全面调查摸排，做到底子清。积极开展城市体检，对县城老旧小区进行全面调查摸底，认定符合标准的老旧小区645个、楼栋1646栋，住户24883户，面积248.88万平方米；对县城既有住宅有加装电梯需求的10个社区，逐个单元制定加装电梯可行性研究报告，涉及房屋1031栋、单元1994个，其中老旧小区608栋、单元1216个，完成既有住宅加装电梯66台。

三是精准细化方案，做到实用强。对全县142个老旧小区按照“保基础、促提升、拓空间、增设施”的基本原则逐一细化实施方案，在确保居住区的基础功能的前提下，着力拓展小区公共空间和配套服务功能，确保小区改造见实效，县城北区居住条件差、布局混乱、街道窄通行难、设施不配套、安全隐患多等问题得到有效解决。

四是鼓励多方参与，做到保障好。通过“居民出一点、社会支持一点、财政补助一点”多渠道筹集改造资金。争取政府专项债券筹集旧改资金1亿元，用于城西片区老旧小区及周边配套设施建设，投入资金2000万元增设养老抚幼设施，投入资金1500万元在县城北区修建智能立体停车位129个，缓解县城北区停车难问题。激励居民和社会力量出资

参与改造，对既有住宅加装电梯行动给予每台 5 万元财政支持，全面激发群众改造意愿。

（二）创新改造模式，综合施策赢民心

按照“决策共谋、发展共建、建设共管、效果共评、成果共享”的原则，不断探索老旧小区改造新模式。

一是打造“旧改+N”模式，变“单一改造”为“综合实施”。实行“旧改+N”改造模式，如对渣矿小区等年代久远、公共基础设施落后、混居现象严重等情况复杂的小区，因地制宜采取“旧改+棚改+公租房”的模式进行综合改造，对雨污水管网、燃气入户、弱电管网入地、道路、绿化亮化、室外消防设备、充电桩、立面等工程进行全面改造，建设公租房，一部分用于解决原单位无房家庭住房难的问题，其余公租房面向社会住房困难家庭。对景区周边老旧小区，采取“旧改+景区建设”相结合的模式进行改造，使老旧小区与景区融为一体，成为景区新的风景线。

二是打造信息共享模式，变“大包大揽”为“一区一策”。坚持在每一个小区的改造过程中充分征求群众意见，将老百姓迫切希望解决的问题始终放在优先改造的地位。按照“分户包片、一区一策、倒排工期、挂图作战”的模式，建立多方联动机制，充分发挥消防、城管、社区、业主单位、居民群众等多方力量，形成强大的工作合力。在施工设计阶段，建立“六个一”工作机制，即成立一个强有力的工作专班、写好一封给居民的信、落实一份政策宣传单、召开一场小区居民恳谈会、展示一张规划图、建立一个微信群，优化老旧小区改造发起、意见征集、公示、确认申报、组织实施等环节，从而实现“一区一策”。截至目前，142 个小区的测绘工作与施工图设计全部完成。

三是打造多方联动模式，变“政府主导”为“共同缔造”。落实“社区+部门+业主”的多方联动体系，统筹实施供水、供电、供气、雨污管网、弱电等基础设施改造，环环相扣，不造成返工浪费。如对常住人口多、管网建设难度大、实施改造时间紧、任务重的老旧小区，组织业主代表与职能单

位负责同志共同协商，通过统一布局、错峰施工等方式，高效有序完成了全部施工任务，获得全体居民的一致好评。

四是打造居民自治模式，变“只建不管”为“共建共管”。确立居民自治模式，共同维护改造成果。对有条件的小区要求聘请物业公司进行专业化管理，对引入物业管理条件暂不成熟的小区采用“居民自治+社区监管”的自治管理模式，全力指导旧改小区组建业主委员会，由小区业主和社区协同参与小区日常卫生打扫、车辆秩序维护等工作。如针对党员干部多的小区，动员成立小区党支部，协同参与改造工作，形成共建共享共治模式。2021 年改造小区中，已有 17 个小区成立党组织，17 个小区成立业主大会、选举业主委员会，10 个小区实施物业管理，4 个小区实施专业化物业服务。

（三）打造示范亮点，统筹推进促发展

按照“典型引领、示范带动”的思路，优先打造亮点项目、样板小区，带动全县老旧小区迅速开展改造。一是因势利导，加速城市更新。推进老旧小区改造与茶旅文体康融合发展，投入 1 亿多元，对县城北区 7 条交通要道进行全面升级改造，实现县城北区扩容提质，仅用 50 余天就打造了大码头滨江广场，建出了安化“加速度”，打造了县城新地标。二是典型引领，打造亮点项目。践行党建进小区，将党建知识、区内旅游资源等融入改造，建设党建、创文等文化墙 5 处，将党建工作融入小区建设，破解基层党建“悬浮化”和小区治理公共性困境问题。三是攻坚克难，确保施工进度。为啃下拆违“硬骨头”，结合全县创文巩卫工作，上门向居民解释政策、说理说法、化解矛盾，用拆违倒逼改造，确保项目如期完成。2021 年拆除违章建筑 90 余处，拆违面积 1.5 万平方米。

加快推进住房保障和供应体系建设，是满足群众基本住房需求、实现全体人民住有所居目标的重要任务，是促进社会公平正义、保证人民群众共享改革发展成果的必然要求。踏上新征程，安化县将全面贯彻落实党的十九届六中全会精神和习近平总书记对湖南重要讲话重要指示批示精神，坚持人民

至上，把住有所居、居有所安作为改善和保障民生的出发点和落脚点，发扬“闯”的精神、“创”的劲头、“干”的作风，抓好“棚改”收官、彰显“旧改+N”工作成效，有序推进保障性租赁住房建设，全面提升人民群众获得感、幸福感、安全感。

B.28
推进湖南省 STEM 教育的对策研究

湖南省人民政府发展研究中心、湖南省教育科学研究院、

湖南师范大学附属中学联合调研组*

摘　要： STEM 是培养青少年创新精神和实践能力的重要途径。湖南 STEM 教育虽处于起步阶段，但有较好基础，应结合世界各国和先进地区 STEM 教育发展的经验，加强顶层设计，促使湖南率先发展 STEM 教育；强化研究和培训，打造 STEM 教育教师团队；先行先试，创建 STEM 教育领航学校；加大资源投入，确保 STEM 教育优先发展，为全省持续实施“三高四新”战略奠定人才基础。

关键词： STEM 教育　湖南省　科技创新

湖南省要打造具有核心竞争力的科技创新高地，需要大力培养创新型人才、技能型人才和复合型人才等各类人才。STEM 教育创新了教育范式，实现了学科间的有机整合和跨学科知识的运用，是培养青少年创新精神和实践能力的重要途径。湖南 STEM 教育尚处于起步阶段，但有较好基础，应结合世界各国和先进地区 STEM 教育发展的经验，加强顶层设计，强化师资培训，试点 STEM 教育领航学校，加大资源投入，深入推进 STEM 教育，为全省持续实施“三高四新”战略奠定基础。

---

* 调研组组长：谈文胜，湖南省人民政府发展研究中心原党组书记、主任。副组长：侯喜保，湖南省人民政府发展研究中心党组成员、副主任；蔡建河，湖南省人民政府发展研究中心党组成员、二级巡视员。成员：唐文玉、张敏、李湘黔、田红旗、罗会逸。

一 国内外 STEM 教育发展概况

STEM 是 Science、Technology、Engineer、Mathematics 首字母的缩写，起源于美国，是“一种重实践、跨学科的教育理念和教育模式”。中小学 STEM 教育，通过项目式、跨学科的学习模式，引导学生综合运用科学、技术、工程、数学等知识，达到在实际情境中提出问题、探索问题、分析问题并解决问题，培养学生批判性思维、合作能力、创新能力的目标。

美国国家科学委员会 1986 年发表的《本科的科学、数学和工程教育》报告，是美国 STEM 学科集成战略的里程碑式文献。2006 年，美国政府在其国情咨文中公布《美国竞争力计划》，指出要通过创新引领世界，培养具有 STEM 素养的创新型人才。其后，美国教育部把 STEM 教育提升到了国家战略的高度，与政府其他部门先后发布了一系列文件，致力于解决 STEM 教育推行中的关键问题，如师资培训、平台搭建、校际合作、政府职责等，使美国 STEM 教育体系日臻完善。美国政府对 STEM 教育的高度重视，引起英、德、芬、澳、日、韩等国家纷纷加入 STEM 教育行列，相继出台一系列相关文件并加以实施。在以美、德等为代表的发达国家中，STEM 教育承担着打造本国在全球范围内核心竞争力的重大任务。

从 2001 年起中国科技教育领域开始陆续引入 STEM 教育，到 2012 年，随着“中国梦”的提出，中国 STEM 教育研究日益走向繁荣。中国教育科学研究院在 2017 年 6 月成立 STEM 教育研究中心后，举办了四届“中国 STEM 教育发展大会”，发布了《中国 STEM 教育白皮书》和《中国 STEM 教师能力等级标准（试行）》两个国家层面的纲领性 STEM 教育文件，并正式启动了“中国 STEM 教育 2029 创新行动计划”。STEAM 教育概念的提出，来自 2015 年 9 月教育部的《关于“十三五”期间全面深入推进教育信息化工作的指导意见（征求意见稿）》，并在 2016 年制定的《教育信息化“十三五”规划》及 2018 年 2 月印发的《2018 年教育信息化和网络安全工作要点》中，明确提出要探索信息技术在众创空间、跨学科学习（STEAM

教育）等新教育模式中的应用；教育部颁布的《义务教育小学科学课程标准》（2017 年）也明确提出，建议在教学实践中尝试跨学科学习和 STEM 教育。

在此背景下，山东、河南、贵州、江苏等省纷纷响应，摸索出台了与 STEM 教育相关的指导文件，浙江、山东、山西、陕西、天津、河南等省市将基于 STEM 教育理念的课程纳入教学体系，成为小学生必修课。在中央政策和省级政策的指引下，各地大力推进 STEM 教育，如上海、济宁、西安、深圳、南京、厦门、青岛等市教委、市教育局或市教育研究院，印发了有关课程建设指南与项目式学习的指导性意见等，相继推出了促进中小学 STEM 教育的政策和措施，大力开展创客教育实验校、STEM 课程体系研究等，逐渐在学校普及创客教育、跨学科学习（STEAM 教育）等新兴教育模式。

二 湖南省发展 STEM 教育的主要做法及存在的问题

湖南省 STEM 从 2014 年开始起步，最先探索实践的是长沙市雨花区青园小学。特别是 2016 年以来，湘潭市、湘西州率先开展 STEM 教育研究，其他各市也尝试 STEM 教育模式，均取得了较好成绩。在国家政策指引下，湖南 STEM 教育已经逐步从萌芽走向发展阶段。

（一）湖南省发展 STEM 教育的主要做法

1. 积极探索 STEM 教育的推进方式

一是明确职责，争取经费。湘潭市教育技术研究室负责全市中小学 STEM 教育工作。自 2017 年以来，先后有 3 所学校争取了省教育信息化试点资金（每校 10 万元），有 5 所学校争取了市级教育信息化试点经费（每校 2 万~5 万元）。二是成立研究和推进机构。2018 年 4 月，根据湖南省政协十二届一次会议第 0148 号提案《关于在湖南省设立一个大学领导下的中小学 STEAM 推广中心的建议》，在湖南师范大学建立了 STEM 教师行动研究基地——湖南师大附中梅溪湖中学；2019 年 9 月，湖南省民政厅、湖南省科学技术协会批准成立了“湖南省青少年科技教育协会 STEM 教育专业委员会”。三是各级政府部门鼓励企业、社会机构开展场馆 STEM 教育。鼓励支持中联重科、科技馆、博物馆、地质馆、图书馆等大型企业、社会机构，与学校合作，开展 STEM 教育。

2. 各市州积极建设中小学 STEM 教育基地和研究基地

一是建立市级中小学 STEM 教育基地。2018 年，湘潭市雨湖区确定了风车坪建元学校为市级 STEM 教育基地学校，湘西州在花垣县、保靖县五所学校开展试点。二是选拔培养 STEM 教育名师。如 2018 年底，雨湖区风车坪建元学校郭俣彤老师担任湘潭市名师工作室主持人，培养了一批 STEM 教育教师。三是开展 STEM 教育试点及课题研究与研讨。湘潭市目前有 3 所学校开展省级试点、5 所学校开展市级试点，有 2 所学校开展省级课题研究；2018 年以来，湘潭市、湘西州分别召开了 2 次以上的市级中小学 STEM 教育研讨会或 STEM 教育案例评选活动。2019 年，湘西州已发展成为中国教科院 STEM 教育协同创新区域指导中心；2020 年，湘西州教科院成功入选中国教科院未来学校研究共同体。

3. 基于 STEM 教育理念的各类活动成绩不俗

近年来，湖南学子参加基于 STEM 教育理念的各类活动成绩不俗。2018 年，李湘黔老师团队开展了湖南省技术创新引导计划项目“中国传统科技文化与 STEM 教育”，该项目相关成果获 2019 年湖南省科学技术进步奖。同年，湘潭市岳塘区育才学校黄梓瑞获第十一届中国青少年科技创新奖，全国仅十名小学生入选。2021 年 4~8 月，在第四届中国 STEM 教育发展大会中，来自 21 个省份 72 个市的逾 400 支队伍参加竞赛，湖南省 14 支队伍参赛，进入第二轮比赛时，前 100 名参赛队伍中，湖南有 5 支队伍，并列第 6 名；进入第三轮比赛时，前 100 名参赛队伍中，湖南有 2 支队伍，居第 7 位。

4. 各市州中小学幼儿园积极探索 STEM 教育的有效模式

全省涌现了一批 STEM 教育先行探索学校。一是以学科为本的 STEM 教育。不少老师把 STEM 教育的理念融入各学科的教学当中。如在语文课当中，湘西州保靖岳阳学校，推出了一个名为《农历天空下——廿四节气》

的小学语文 STEM 课程，融合了数学、科学、美术、音乐、书法和表演等学科。湖南省教育科学研究院以每年开展课程竞赛的方式来推动将 STEM 理念融入学科教学当中。二是以区域传统文化为载体推进 STEM 教育。从不同地区的传统文化和民俗文化中挖掘 STEM 教育素材。湘西州保靖岳阳学校规划设计了《湘西非物质文化遗产——土家溜子》《STEM 教育案例——湘西木屋》2 个 STEM 主题教育课程。三是与现代科技相结合推进 STEM 教育。如湖南师大附中梅溪湖中学开展了“研究蝴蝶鳞片散热 STEM 教育”，研究凤蝶翅膀的结构并探讨凤蝶翅膀的散热机；花垣华鑫学校学生制作的自动绘画机器人引人关注。四是将 STEM 教育延伸到幼儿阶段。如郴州市直属机关幼儿园积极开展“基于 STEM 幼儿园课程的研发与实践研究”课题研究，落实本土化发展与推广幼儿 STEM 教育。

（二）湖南省发展 STEM 教育的主要制约因素

当前，湖南 STEM 教育还处于起步阶段，存在诸多影响和制约因素。突出表现如下。

1. 缺少推动 STEM 教育的顶层设计

STEM 教育对于湖南落实“三高四新”战略具有非常重要的意义，目前社会各界还没有站在推动湖南经济社会发展、培养创新人才的战略高度来推动 STEM，缺乏落实 STEM 教育的顶层设计，未能整合全社会的资源来推动 STEM 教育的发展。

2. 缺乏开展 STEM 教育的支持条件

一是硬件条件不足。政府相关部门虽出台了 STEM 教育相关的政策，但政策难以落到实处，如缺乏 STEM 教育专用资金，相关学校缺乏专业设备，使 STEM 教育难以顺利实施。中国教科院 2019 年在湖南的 STEM 调研显示，超半数学校采购了 STEM 相关的教具和设备，只有一半的学校能配备专门的 STEM 专用教室。二是缺乏社会资源的支持。到目前为止，许多学校要开展具有 STEM 教育理念的项目化学习，亟待政府、家长、社会的进一步扶持。

3. 课程缺乏系统性和相应的标准

目前，我国 STEM 教育没有形成完整的系统方案，难以保证其健康、可持续发展。就湖南来说，各校的 STEM 教育处于自然、自为发展阶段。很多学校有开展 STEM 教育的强烈愿望，但往往容易走入拼盘化，以机器人、编程、三 D 打印等单课程教学代替 STEM，以单纯的制作活动代替 STEM 等误区，难以开展真正具有 STEM 教育理念的项目化学习，严重阻碍以学生素养培养为目标的教学工作的开展。

4. 教师教研指导需求巨大

2019 年，湖南推荐 100 多所代表性学校参与中国教科院的 STEM 调研，在回答需要解决的问题时，80%提到教师教研指导。目前，湖南各校尝试的 STEM 教育，专业教师少，专业化程度不高，大多由其他学科教师兼任，无法满足 STEM 教育的跨学科性和综合性要求。

三　湖南推进 STEM 教育的对策建议

STEM 教育有利于促进科技创新、提高湖南区域经济竞争力，为进一步发挥其作用，建议如下。

（一）加强顶层设计，促使湖南率先发展 STEM 教育

1. 建立完善 STEM 教育的组织保障

为进一步强化湖南中小学 STEM 教育的指导、管理与评估，建议成立省级 STEM 教育领导小组，明确省长为组长，分管教育的副省长为常务副组长，教育、发改、财政、科技、科协、宣传、文化旅游等部门负责人为成员，办公室设在教育部门，负责出台专门的 STEM 教育政策、规划，统筹 STEM 教育发展和政策解读等工作。建议近期启动 STEM 教育发展情况的系统调研，出台促进湖南省 STEM 教育发展的意见。

2. 制定率先发展 STEM 教育的规划

根据《中国 STEM 教育 2029 行动计划》，结合湖南“三高四新”战略

及创新人才培养实际需要，将中小学 STEM 教育纳入湖南社会经济创新体系并给予项目支持，以项目推进落实。组织教育、科技、科协、相关高等院校等部门及学校专家认真制定《湖南省中小学 STEM 教育五年行动计划》，为有序、合理、持续科学地推进中小学 STEM 教育提供必要政策支撑和方法指导。

3. 建立 STEM 教育战略合作

根据《中国 STEM 教育 2029 行动计划》，中国教科院将在全国不同省份、不同区域开展 STEM 教育战略合作，打造“STEM 教育生态圈”。为抢抓 STEM 教育的战略高地，在武陵山地区构建具有湘西特色的 STEM 教育生态圈，建议湖南省教育厅依据《STEM 教育创新协同战略合作协议（行政版）》，同中国教科院签订战略合作协议，为湖南省全面推进 STEM 教育寻求强有力的国家智库支撑。

（二）强化研究和培训，打造 STEM 教育教师团队

1. 建立资源整合和师资培养平台

进一步加强校际合作，组建学校发展共同体，鼓励由优秀学校牵头，定期开展研讨交流活动，推进资源共建共享。加大对具有跨学科背景教师的培养力度，尤其是加强 STEM 教育相对落后地区和群体的师资培训。着力引进高校和教师培训机构，打造全省高水平专业师资平台，形成中部有影响力的 STEM 师资培训高地。

2. 多方合作打造师资培训框架

湖南省、市教育相关部门应明确 STEM 教师的地位，制订 STEM 教师培养方案。省内高校要普遍成立 STEM 研究中心，要根据社会需求开设 STEM 教育专业或在某专业中开设相关课程，同时依托企业和社会组织机构形成共同育人的联动机制。以 STEM 为主题，建立加强高校交流合作的社团联合会，提供更加有效便捷的资源共享、学习互助的方式。省政府可以奖学金、助学金的形式，鼓励高校师生选择 STEM 专业，加强高校 STEM 教育，强化 STEM 学习和研究。为 STEM 教育高中阶段优秀学生开辟直接进入“211”

及以上大学 STEM 教育专业的绿色通道。

3. 有序实施全省 STEM 教育教师能力等级培训

依据中国教科院颁布的《中国 STEM 教育教师能力等级标准（试行）》，建议将 STEM 教师能力全员培训纳入“十四五”教师培训规划。以培育骨干、普及全面的方式，启动实施全省 STEM 教育教师能力等级培训；以中小学教师为重点，全面提升湖南实施 STEM 教育的创新能力、教学能力及指导能力。

4. 完善监管问责机制

建议进一步完善湖南省 STEM 教育评估体系，以有效性为核心，建立健全检查评估标准，追踪和检验学习者对知识和技能的掌握情况，在教育过程中实现对 STEM 教育质量的及时有效检验。建议适时公开各地 STEM 教育成果和参与情况，对教育成效较好的先进地区或优秀学校，予以一定资金或政策鼓励，并进行经验总结、积极推广实施。

（三）先行先试，创建 STEM 教育领航学校

1. 规范 STEM 教育课程

建议学习南方科技大学附属第二实验小学的经验，以部颁课程为主线，以跨学科的课程重构为特色，以研学旅行的社会实践课程为拓展，以学生为中心，着重于重新设计系统化、项目（主题）式、特色化的跨学科学习课程体系。同时，建议由教育行政部门统筹，充分利用地方特色教育资源，研发本土化 STEM 教育理念下的地方课程或校本课程，供幼儿园、中小学学校利用下午三点半课后服务时间选择使用。建立 STEM 课程资源开发与管理的常态机制，建设项目资源库，方便相关人员检索查阅。

2. 创建 STEM 教育领航学校

由政府及教育行政部门携手，统筹出台《湖南省 STEM 教育领航学校建设指导意见（试行）》，对先行试点的 STEM 教育项目学校，组织由政府、高校、教研机构、科研机构、教育行政部门、一线名师等组成的跨界专家团队，定期开展校长、教师专题培训与指导。实施湖南省中小学 STEM 教育创

新示范学校建设，以 STEM 教育为核心，以全省贫困地区芙蓉学校为重点，建设一批 STEM 教育创新示范学校、未来教育实验学校、未来工程师培养学校等 STEM 教育试点学校，指导有条件的中小学创建国家级 STEM 教育创新领航学校，由省、市州、县市区三级财政给予适当的经费支持。

3. 加强领航学校的带动作用

对于 STEM 教育领航学校实行“成果优先转化”“课题优先立项”“经费优先倾斜”“名师优先进位”的“四优”政策，率先在全省各市州培育出能辐射引领当地其他学校发展 STEM 教育的种子学校，布点试验、以点带面，为湖南 STEM 教育的普适化发展奠定坚实基础。

（四）加大资源投入，确保 STEM 教育优先发展

1. 设立 STEM 教育专项经费

建议在省、市州、县市区三级财政中设立 STEM 教育专项经费，并明确 STEM 教育经费投入比例，用于 STEM 教育教师能力培训、STEM 教育创新示范学校及领航学校申报与表彰、未来教育实验学校建设、STEM 教育竞赛活动、STEM 教育课程及平台研发等工作。

2. 更新教学设施

支持 STEM 教育领航学校，及时更新校内教学设施，配置 STEM 学习设备，争取让每位学生都可使用平板电脑等相关设备进行学习。

3. 促进社会资源共享

建议 STEM 教育领航学校充分发挥自身优势，与关注并支持 STEM 教育的社会团体加强合作交流，建立良好的合作双赢关系，通过合理方式，获得更多资金与技术等方面的支持。各级政府要充分利用中小学生社会大课堂资源单位、高校、科研院所、博物馆、企业、社会团体等社会资源，搭建学科实践活动平台，用好“三点半课堂”、实践活动课时、研学活动、夏（冬）令营等，建设湖南省科普主题公园，推进实体科技馆、流动科技馆、科普大篷车、数字科技馆发展，不断提升学生人文、科学素养。

B.29

湖南省养老护理人才需求测算及发展建议

湖南省人民政府发展研究中心调研组*

摘　要： 通过测算，在“9073”养老模式下，湖南省高、中、低托底方案的养老护理员需求量分别为19.12万人、13.19万人和9.38万人，而目前全省养老护理从业人员仅2万余人。为填补巨大的人才缺口，建议湖南省大规模开展养老护理职业培训，持续优化养老护理学历教育体系，有效畅通养老护理职业发展通道，加快建设一支数量充足、素质优良的专业化养老护理人才队伍。

关键词： 养老服务　养老护理人才　社会保障

党的十九届五中全会提出，“健全基本养老服务体系”。当前，湖南省人口老龄化形势严峻，加快养老护理人才培养，既是满足老年人护理需求的必然选择，也是积极应对人口老龄化的重大举措。为此，湖南省人民政府发展研究中心成立专题调研组，在测算湖南养老护理人才的需求数量基础上，提出促进养老护理人才发展的几点对策建议。

一　湖南省老龄化发展特点

准确把握湖南老龄化发展特点是应对老龄化问题的前提和基础。按照国

---

* 调研组组长：谈文胜，湖南省人民政府发展研究中心原党组书记、主任。副组长：唐宇文，湖南省人民政府发展研究中心原党组副书记、副主任；蔡建河，湖南省人民政府发展研究中心党组成员、二级巡视员。成员：郑劲、文必正、彭丽、黄晶，湖南省人民政府发展研究中心研究人员。

际惯例，65 岁及以上人口称为老年人口，由低龄老年人口（65~69 岁）、中龄老年人口（70~79 岁）、高龄老年人口（80 岁及以上）三部分组成。近年来，随着湖南人口老龄化加速，老年人口增长"高速化"、结构"高龄化"和家庭"空巢化"的"三化"发展特点更加明显。

1. 老年人口增长"高速化"

根据第七次全国人口普查数据，全省 65 岁及以上人口 984.2 万人，占全省人口总数的 14.81%，老年人口总量居全国第 7 位，老龄化率高出全国平均水平 1.31 个百分点。2015~2020 年，湖南老龄化年均增速为 5.71%，比全国平均速度高出 0.4 个百分点，属于全国"中高速老龄化地区"之一。

表 1　我国各省份老龄化程度比较

老龄化程度	2020 年	老龄化速度	2015~2020 年
≤7%	西藏	<0（逆老龄化地区）	西藏
7%~10%（含）（轻度老龄社会）	新疆　广东　青海　宁夏	0~3%（含）（低速老龄化地区）	新疆
10%~14%（含）（中度老龄社会）	海南　云南　福建　贵州　江西　广西　河北　甘肃　山西　内蒙古　浙江　北京　陕西　河南	3%~5%（含）（中速老龄化地区）	广东　浙江　贵州　青海　福建　海南　北京　广西　上海
14%~20%（含）（深度老龄社会）	湖北　天津　湖南　安徽　山东　吉林　黑龙江　江苏　上海　四川　重庆　辽宁	5%~10%（含）（中高速老龄化地区）	江苏　云南　重庆　陕西　山西　湖北　宁夏　四川　江西　湖南　安徽　甘肃　辽宁　内蒙古　河北　河南　山西　吉林　天津　黑龙江
>20%（超老龄化社会）	—	>10%（高速老龄化地区）	—

资料来源：国家统计局第七次人口普查数据及相关年份《中国统计年鉴》。

注：省份按照数值由低至高排序。

2. 老年人口结构"高龄化"

2020 年，全省低龄老龄人口为 367.31 万人，中龄老年人口为 423.5 万人，高龄老年人口为 193.4 万人，占当年老年人口的比重分别为 37.33%、43.04%和 19.65%，与全国老年人口年龄结构相比①，中、高龄老年人口分别比全国水平高出 0.6 个和 2.23 个百分点。

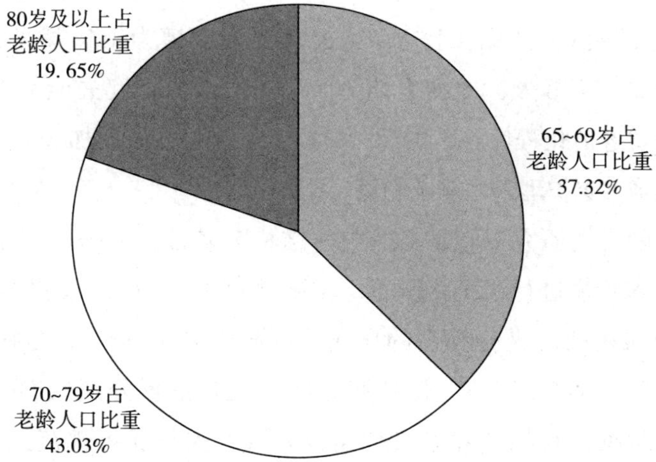

图 1　湖南省老年人口结构情况

资料来源：国家统计局第七次人口普查数据。

3. 老年人口家庭“空巢化”

2010~2020 年，湖南家庭平均人数从 3.32 人下降至 2.67 人，家庭小型化加上人口流动性的增强，城乡空巢家庭大幅增加，家庭养老功能不断弱化。以 2014 年全省空巢率 55%估算（实际应更高），目前湖南空巢老人至少 540 多万，“老有所养”已不只是家庭内部需要面对的问题，而成为重大的社会民生问题。

二　湖南省养老护理人才需求测算

1. 湖南省失能老年人规模

失能老年人的规模与比重，是测算养老护理需求规模的重要依据。国务

① 因 2020 年全国各年龄组人口数据还未公布，此处采用的是 2019 年全国数据。

院发展研究中心公共管理与人力资源研究所根据北京大学健康老龄与发展研究中心开展的中国老年人健康长寿影响因素跟踪调查（CLHLS）测算得出，我国65岁及以上老年人总失能率为11.09%，其中，重度失能率为2.75%、中度失能率为2.66%、轻度失能率为5.68%。以此数据为基础，调研组测算出2020年湖南65岁及以上老年人总体失能规模为109.15万人，其中，重度失能为27.07万人，中度失能为26.18万人，轻度失能为55.9万人。且随着湖南省老龄化程度不断加深，失能老年人将持续增加。

2. 湖南省养老护理人才需求测算

以国务院发展研究中心测算的失能结构为基础，调研组对全省养老护理人才的需求规模进行了量化测算。主要测算参数为：一是失能老年人入住养老机构和在社区进行护理的比例。调研组采用90%（高托底方案）、50%（中托底方案）、20%（低托底方案）三种情形分别测算。二是护理人员配比。根据民政部《养老机构岗位设置及人员配备规范》，将养老护理人员与能力完好老年人的配比设为1∶17，与轻度失能老年人的配比设为1∶8，与中度失能老年人的配比设为1∶5，与重度失能老年人的配比设为1∶3。三是老年人护理方式的比例，调研组采用“9073”配比，即65岁及以上老年人中，家庭自我照顾占90%，社区养老占7%，机构养老占3%。测算结果见表2。

表2　三种情形下湖南省养老护理人才需求测算

方案	机构和社区养老护理的比例(%)		护理规模（万人）	护理人员配比	护理人员需求数量（万人）	
高托底方案	重度失能老年人	90	24.36	1∶3	8.12	19.12
	中度失能老年人	90	23.56	1∶5	4.71	
	轻度失能老年人	90	50.31	1∶8	6.29	
	健康老年人	0	—	1∶17	—	
中托底方案	重度失能老年人	50	13.54	1∶3	4.51	13.19
	中度失能老年人	50	13.09	1∶5	2.62	
	轻度失能老年人	50	27.95	1∶8	3.49	
	健康老年人	5	43.75	1∶17	2.57	

续表

方案	机构和社区养老护理的比例(%)		护理规模（万人）	护理人员配比	护理人员需求数量（万人）	
低托底方案	重度失能老年人	20	5.41	1∶3	1.80	9.38
	中度失能老年人	20	5.24	1∶5	1.05	
	轻度失能老年人	20	11.02	1∶8	1.38	
	健康老年人	10	87.51	1∶17	5.15	

第一种情形（高托底方案）：失能老年人入住养老机构和在社区进行护理的占比90%。在这一情形下按照“9073”养老格局，养老机构和社区的承载能力将全部用于失能老年人的护理工作。重度失能老年人需要8.12万护理人员，中度失能老年人需要4.71万护理人员，轻度失能老年人需要6.29万护理人员。对养老护理人员的总需求量达19.12万人。

第二种情形（中托底方案）：失能老年人入住养老机构和在社区进行护理的占比50%。在这一情形下按照“9073”养老格局，养老机构和社区将承担13.54万重度失能老年人、13.09万中度失能老年人、27.95万轻度失能老年人及43.75万健康老年人的护理工作。重度失能老年人需要4.51万护理人员，中度失能老年人需要2.62万护理人员，轻度失能老年人需要3.49万护理人员，健康老年人需要2.57万护理人员。对养老护理人员的总需求量达13.19万人。

第三种情形（低托底方案）：失能老年人入住养老机构和在社区进行护理的占比20%。在这一情形下按照“9073”养老格局，养老机构和社区将承担5.41万重度失能老年人、5.24万中度失能老年人、11.02万轻度失能老年人及87.51万健康老年人的护理工作。重度失能老年人需要1.8万护理人员，中度失能老年人需要1.05万护理人员，轻度失能老年人需要1.38万护理人员，健康老年人需要5.15万护理人员。对养老护理人员的总需求量达9.38万人。

三　湖南省养老护理人才发展面临的主要问题

1. 人才供需严重失衡

根据测算结果，在高、中、低托底方案下，全省养老护理员需求量分别为19.12万、13.19万和9.38万人，而湖南目前养老护理从业人员仅2万余名，养老护理人才的缺口分别高达17万、11万和7万人，养老护理人才缺口巨大。未来，随着湖南老龄化进程的加速，老年人失能规模进一步扩大，且随着家庭小型化的发展，若考虑家庭自我照顾的老年人中有一定比例通过家政劳务市场购买入户养老服务，那么对养老护理人才的需求将更为庞大。

2. 人才质量亟待提升

自2017年实行职业技能等级认定以来，全省参与养老护理员职业技能等级评定的仅1969人次，获证1858人，其中获三级（高级技能）等级认定的109人、四级（中级技能）等级认定的1455人、五级（初级技能）等级认定的294人，专业养老护理人员占行业从业人员的比例不足10%。专业养老护理人员比例低严重影响了养老服务业的发展和护理质量的提升。一项针对养老机构护理员现状的调查结果也显示：我国现有养老护理人员以36~65岁家庭妇女和下岗工人为主，高中以下文化程度占79.04%，人均照护老年人数为28人，月均收入1000~2999元，平均工作年限为4.71年，2/3以上的养老护理人员认为工作任务重、收入低、对现有工作状态不满意，职业认同感较低，离职率较高。养老护理职业吸引力弱，直接制约养老护理人才队伍高质量发展。

3. 教育培训严重滞后

从学历教育来看，目前湖南开设养老护理相关专业的职业院校较少，开设“老年保健与管理”专业的高职院校仅5所，开设“老年人服务与管理”专业的中职院校32所，招生规模十分有限，且普遍存在招生难、“双师型”师资匮乏、学生毕业后流失率高等困境。从职业培训来看，湖南省对养老护理的社会培训政策支持力度非常有限，存在覆盖面小、培训时间短、培训班次少、培训内容过于简单等诸多不足，培训的质量参差不齐，缺乏足够的规范性与专业性，尚未形成制度化、规范化、常态化培训机制。

四　促进湖南省养老护理人才发展的对策建议

从短期来看，“十四五”时期需尽快补齐养老护理员数量短板。建议按照“数量为主、兼顾质量”策略，降低准入门槛，通过大规模培训让更多低学历、低技能的就业困难群体尽快进入养老护理行业，同时，加强事中事后监管。从中长期看，到2035年，要建成一支数量充足、素质优良的专业养老护理人才队伍。需动态监测湖南人口结构与失能老年人规模，科学评估养老护理需求的规模与层次。建议按照“数量与质量并重”策略，持续通过开展职业培训、扩大招生规模等方式，吸引更多高素质人才加入养老护理行业。

1. 大规模开展养老护理职业培训

加强培训基地建设。依托高校、养老服务机构、社会组织等，到2025年建设20个以上养老服务人才培训基地并授牌，其中省级培训基地不少于2家，主要承接全省专业化水平较高的一级、二级养老护理员职业技能等级培训；市级培训基地不少于14家（每市州不少于1家），主要承接三级养老护理员职业技能等级培训；县级培训基地若干，主要承接四级、五级养老护理员职业技能等级培训。开展专项培训行动。持续开展养老护理人员职业技能基础及提升培训，到2025年底培训养老护理人员10万以上人次，力争新增养老护理人员全部经过培训。培训费用从失业保险基金支持职业技能提升行动资金中列支。提高培训吸引力。鼓励城乡劳动者积极参加培训，对经实名制登记后参加培训并取得结业证书的，给予一定金额的补贴。对贫困劳动力、就业困难人员、零就业家庭成员和城市低保家庭学员，在培训期间给予一定的生活费、交通费等补助。实施分层分类培训。实行理论知识培训和实践技能培训相结合，增强养老服务相关的生活照护、基础照护、康复服务、心理支持、安宁服务、照护评估等相关知识和技能的培训教育。适应时代养老发展需要，及时更新养老护理人才培养类型，如及时增加医疗护理人才、智慧养老护理人才、家庭成员护理人才等培训类目，并制定相应的培训体系和实施办法。

2. 持续优化养老护理学历教育体系

优化职业院校配置。加快建立以职业教育（中职、高职）为主，专科、本科为补充的学历教育人才培养体系。根据湖南养老护理需求和教育基础，争取每市州至少布局一家养老护理相关专业的职业院校，推动职业学校面向市场、面向就业自主办学。密切衔接市场需求。持续扩大养老护理相关专业招生规模，鼓励给予一定比例的助学贷款代偿，提高养老护理相关专业的招生吸引力。积极推动相关院校优化专业设置与课程设计，构建融护理、康复治疗技术、中医养生保健等专业于一体的健康养老服务专业群，强化服务全生命周期系统、连续健康照护的复合型技能人才培养。深度开展校企合作。通过社会招聘、降低学历门槛等方式，大力充实“双师型”师资队伍。大力开展工学结合，借鉴德国“校企结合双元支撑”模式，开展学校“行动导向”教学与机构“临床实践”培训交替进行，贯穿整个在校教育阶段。强化实践教学，通过订单培养、校企共建实训基地等方式，提升产学研合作水平。

3. 有效畅通养老护理职业发展通道

畅通技术认证通道。按照养老护理员职业技能标准，积极开展职业技能等级认定工作，合理缩短职业技能等级晋升时间，畅通从职业资格或职业技能等级五级至一级（初级工至高级技师）的职业发展通道。稳步提高福利待遇。探索实施大中专毕业生从业者入职补贴制度，分期予以发放。逐步建立与职业技能等级、工作年限等挂钩的护理价格制度，建立健全岗位津贴制度和养老护理员工资指导价制度，引导养老护理机构合理确定工资待遇。大力提升社会地位。持续开展养老护理员技能大赛，给予比赛中的优秀选手物质与精神奖励，将高级养老护理人才纳入人才引进计划，树立令人敬仰的养老护理人才典型，提高养老服务从业人员的荣誉感与获得感。

B.30
2021年湖南省应届毕业生就业大数据分析报告

湖南省政务大数据研发基地*

摘　要： 应届毕业生是宝贵的人才资源。当前，“95后”“00后”呈现求职心态乐观随性、留湘意愿逐年增强的特点，但毕业生专业供给与市场需求脱节、“就业难”与“用工荒”的结构性矛盾仍长期存在。为此，本报告从建立人才多样化培养机制，完善高校就业指导与创新服务能力，理性对待扩招政策、预防就业压力延后，建立高校专业人才需求预警机制，吸引高精尖人才留湘来湘，让灵活就业群体“百花齐放”等六个方面提出建议。

关键词： 湖南　就业　高校毕业生　大数据

应届毕业生是宝贵的人才资源。湖南高校资源丰富，应届毕业生人数位于全国前列，但湖南应届毕业生供需不平衡、专业供给与市场需求脱节、“就业难”与“用工荒”的结构性矛盾长期存在。湖南省政务大数据研发基地通过实地调研省内11所高校，结合省教育厅、省统计局、前程无忧等多维数据进行综合分析，对湖南毕业生就业现状进行了分析阐述，供制定就业政策参考。

---

* 调研组组长：谈文胜，湖南省人民政府发展研究中心原党组书记、主任。副组长：禹向群，湖南省政务服务和大数据中心党委书记、主任；邓仕军，湖南省政务服务和大数据中心一级巡视员；周智，联通湖南公司党委副书记、副总经理；徐源，农行湖南省分行党委委员、副行长。成员：曾晓阳、柳松、郭慧、言彦、陈明杰、胡涵、张宇烨、余晓婷、郭宁泰、李龙胜、谭晓丽、卢传书，湖南省政务大数据研发基地研究人员。

一 宏观经济下的就业变迁

（一）就业总量：经济发展周期性放缓，疫情防控常态化时代劳动市场正逐渐回暖

2012 年以来湖南省经济发展速度相对放缓，2014 年 GDP 增速首次低于 10%，之后增长率基本在 10%附近浮动。2020 年新冠疫情来袭给经济带来新的冲击，GDP 增速出现明显下滑，降至 3.8%。2021 年第一季度湖南求人倍率[①]为 1.47，较 2020 年四季度上升 0.12。随着疫情防控进入常态化，各种减负稳岗扩就业的政策出台，全省劳动市场正逐渐回暖。

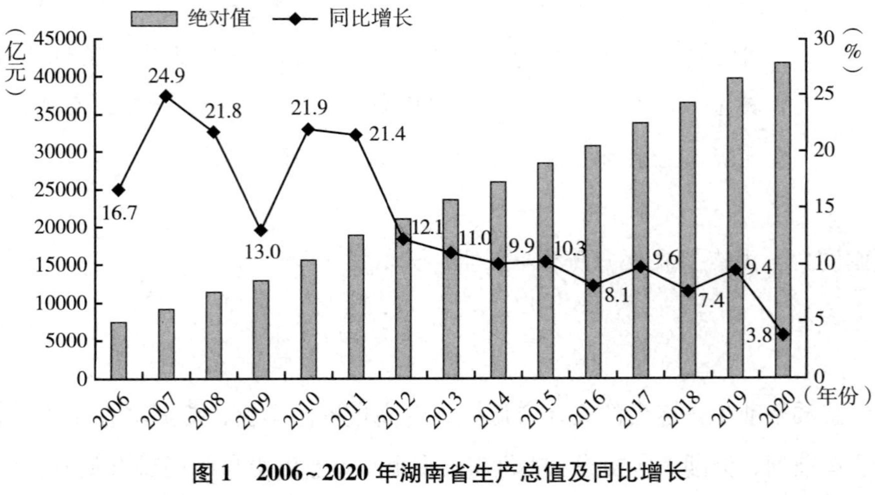

图 1 2006~2020 年湖南省生产总值及同比增长

资料来源：湖南省统计年鉴。

（二）产业分布：产业结构调整不断深化，第三产业成为最大就业池

自 2010 年以来，湖南产业结构调整逐步深化。2017 年是湖南产业结构调整的重要节点，第三产业增加值超越第一、二产业增加值总和。与此同

① 求人倍率：劳动力市场在一个统计周期内有效需求人数与有效求职人数之比。

时，第三产业吸纳就业人口的比例也逐步提升，2019 年是又一重要节点，湖南第三产业从业规模首次超越第一产业，成为省内最大就业池。随着产业结构不断优化与调整，持续加强对第三产业人才需求的关注，增加第三产业流入人员技能培训及就业引导，为全省产业转型及实现“三高四新”战略打好了人才基础。

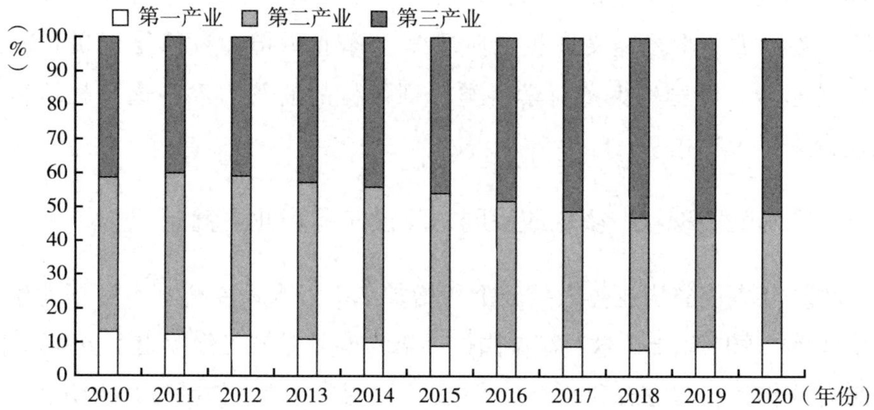

图 2　2010~2020 年三大产业 GDP 占比

资料来源：湖南省统计年鉴。

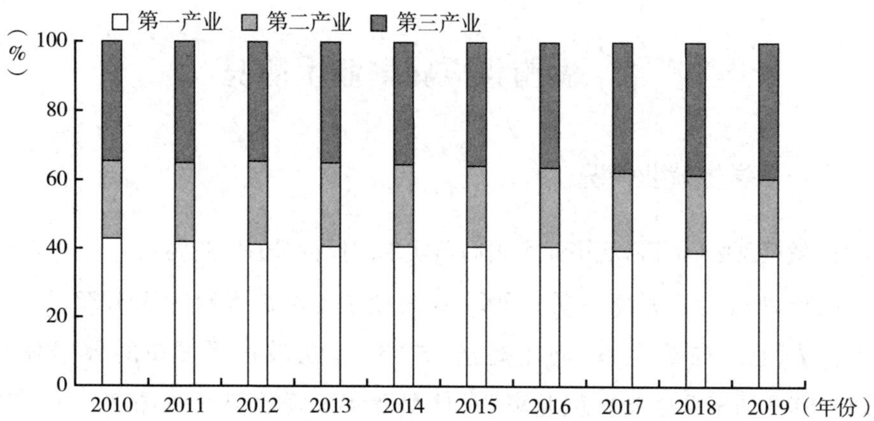

图 3　2010~2019 年三大产业就业人员占比

资料来源：湖南省统计年鉴。

（三）职业分布：教育业和建筑业就业需求持续增长

近年来，农、林、牧、渔业人员占比从 42.4%逐渐下降至 38.4%，相反，教育业和建筑业从业人员占比则由 2.0%、7.7%分别上升至 3.6%、8.6%，8 年来教育业从业人员比重接近翻番；此外，交通运输仓储和邮政人员、金融机构有关人员的占比均有一定提升。随着 2021 年 7 月《关于进一步减轻义务教育阶段学生作业负担和校外培训负担的意见》的出台，我国加大了对学科类培训机构的监管力度，这给教培行业就业带来巨大冲击。

（四）就业现状：多轮政策助力高校应届毕业生就业

2021 年湖南省毕业生人数较上年增加 2.7 万人，专科、本科毕业生占总毕业生的 90%以上，这对湖南岗位供给和就业保障工作提出了更高要求。2020 年湖南出台多方有利政策，如稳定“三支一扶”、鼓励应征入伍、扩大升学深造规模等；截至 2021 年 7 月中下旬，全省已累计开展线上线下专场招聘会 7600 余场，提供就业岗位 57 万多个。

二　湖南省应届毕业生情况

（一）学生就业情况

1. 截至2021年7月底毕业生去向落实率同比提升13.63%

截至 2021 年 7 月底，湖南 2021 届高校毕业生总人数为 424935 人（见图 5），毕业去向落实率①同比提升 13.63%。从教育厅发布的数据来看，2018~2020 届毕业生初次就业率②总体呈逐年下降趋势（见图 7）。受疫情

---

① 毕业去向落实率：从 2021 届起，教育部将“就业率”统一改为“毕业去向落实率”，毕业去向落实率=协议和合同就业率+创业率+灵活就业率+升学率。

② 初次就业率：湖南省教育厅每年 8 月 31 日截止采集的就业率统计数据。

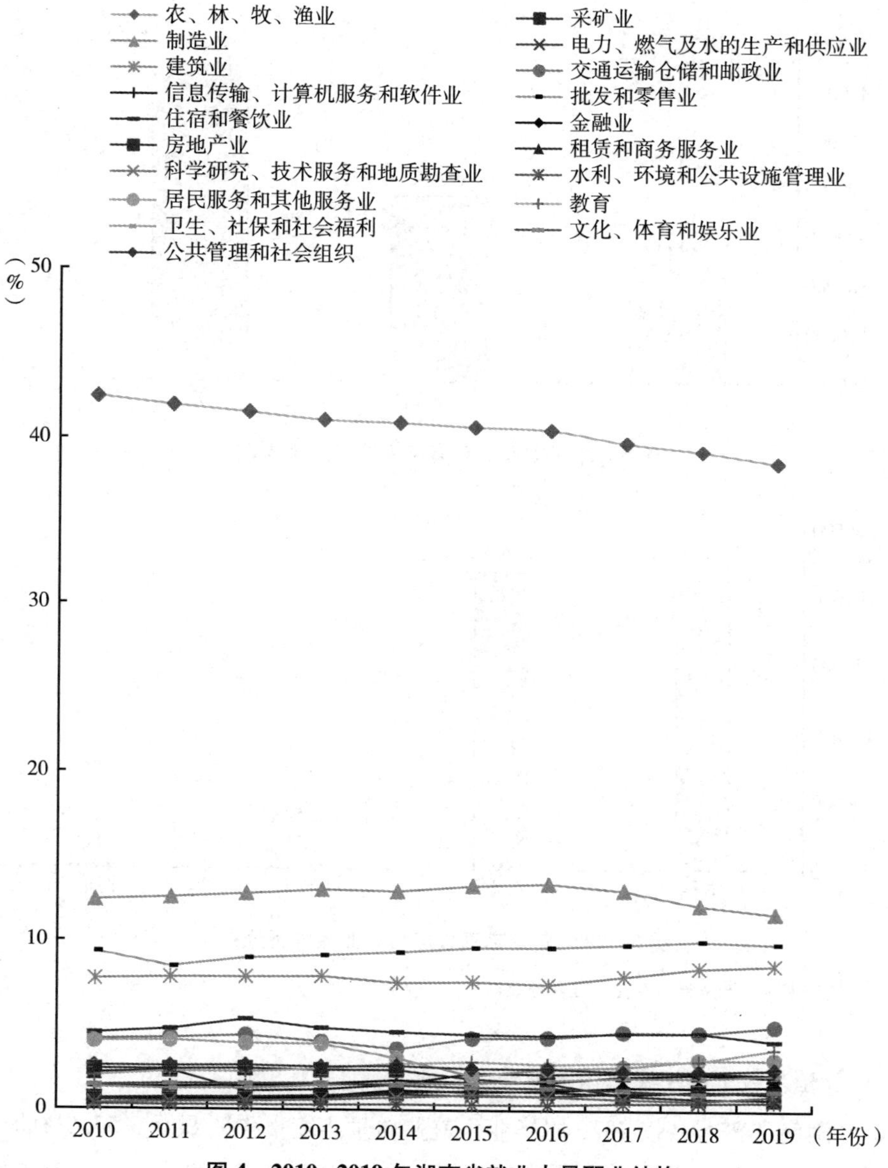

图 4　2010~2019 年湖南省就业人员职业结构

资料来源：湖南省教育厅、互联网数据。

影响，2020 年就业率下降幅度较大，但随着企业复工复产完成，市场活力及招工需求得到释放，2021 年就业情况有望恢复到往年水平。

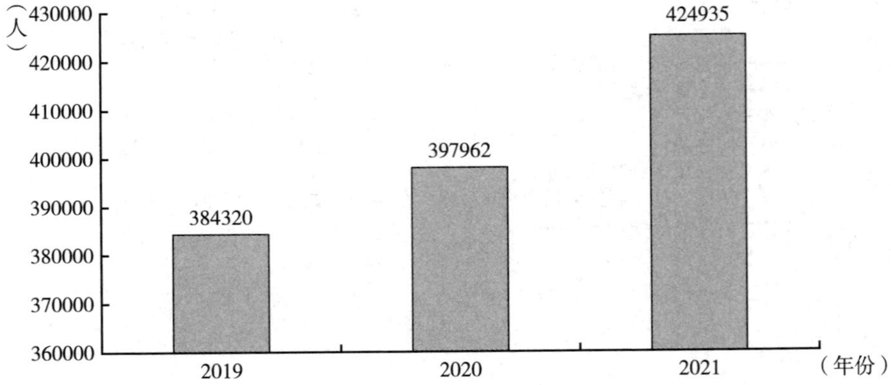

图 5　湖南省近三年高校应届毕业生人数

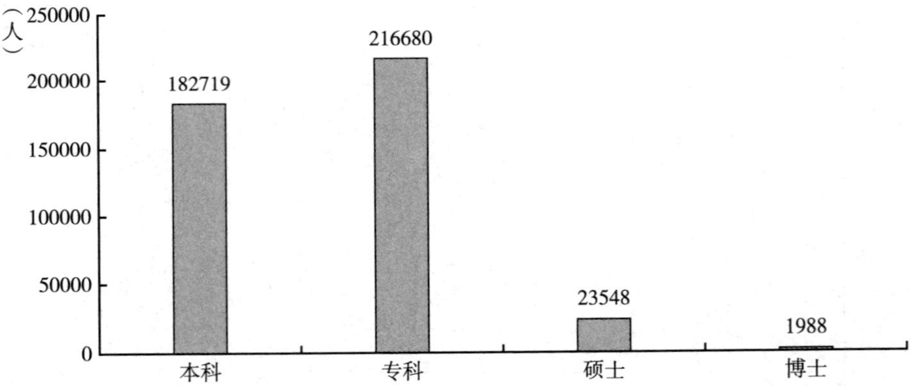

图 6　2021 年湖南高校应届毕业生学历分布

资料来源：湖南省教育厅、互联网数据。

2. 超半数毕业生愿意留湘就业

《湖南省普通高校 2020 届毕业生就业质量年度报告》显示，57.5%的应届毕业生愿意留湘，但仍有相当部分毕业生更青睐广东、浙江、江苏等沿海地区，存在“孔雀东南飞”的现象。毕业生学历越高，留湘意愿越低。根据调研情况来看，2021 年应届毕业生留湘意愿有所增加，因良好的工作机会和户籍、安居、人才等一系列就业利好政策，约 61.6%毕业生首选湖南就业（见图 9）。

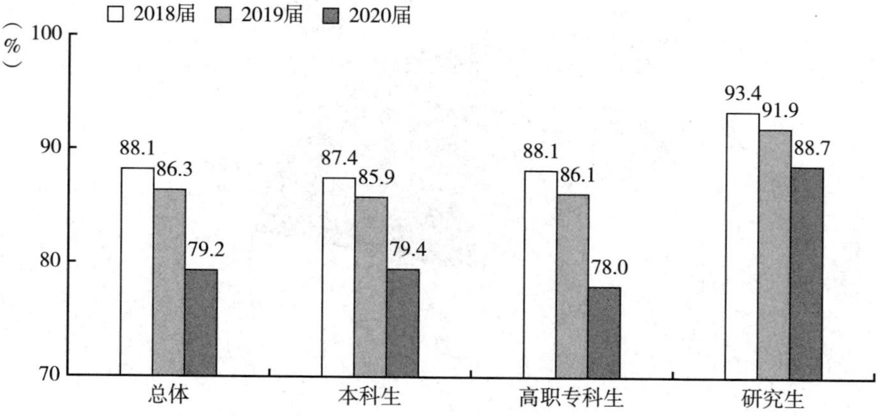

图 7　2018~2020 届毕业生初次就业率分布

资料来源：湖南省教育厅《湖南省普通高校 2020 届毕业生就业质量年度报告》。

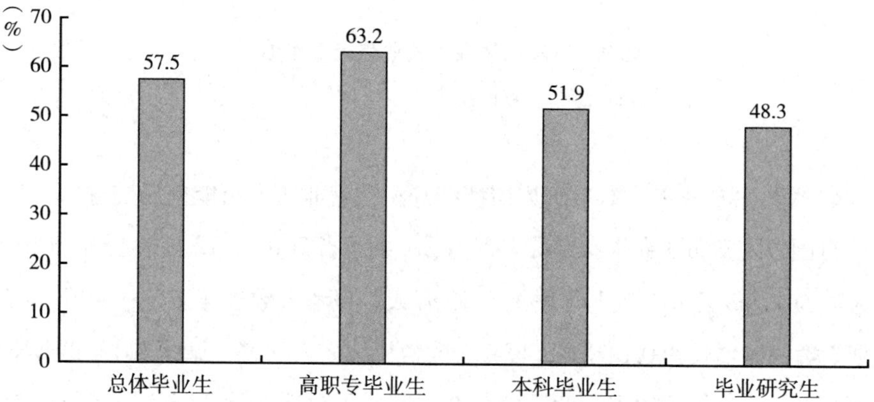

图 8　2020 年湖南省内就业毕业生学历分布

资料来源：互联网数据。

3. 国考、省考毕业生报考人数增加，竞争愈发激烈

数据显示，2021 年国家安排约 1.5 万个计划用于招录高校应届毕业生，国考招录向应届毕业生倾斜。截至 2021 年 3 月 6 日 16 时，湖南公务员考试报名统计显示，要求“2021 届普通高校毕业生”身份的报考职位总报名人数为 10414 个，招录人数为 579 个，整体竞争比例达 18∶1，与 2020 年湖南省公务员考试的竞争比例 13∶1 相比，2021 年的竞争愈发激烈（见图 10）。

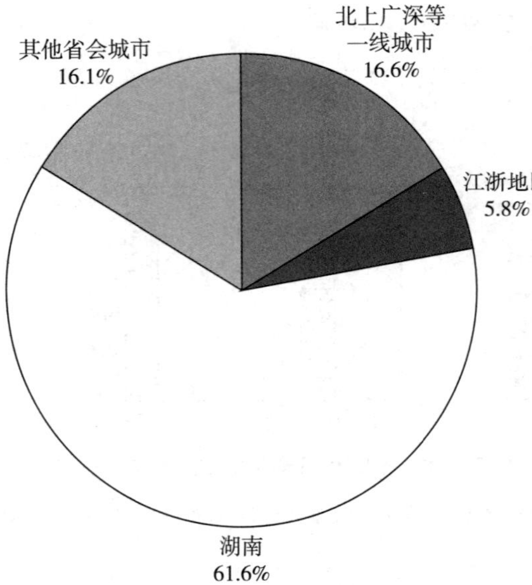

图9　2021届毕业生就业首选工作地点

资料来源：互联网数据。

4.毕业生专升本、本考研热情持续升温，就业压力可能向后传导

自国务院宣布研究生和专升本扩招后，湖南省2020年12月报考硕士研究生的人数为13.43万人，较上年增加1.15万人，报考人数逐年上升；专升本招生计划人数同比增长约0.6万人，报考人数增长约2.7万人（见图11）。部分学生忙于备考，错过了校招春秋两季的黄金时间，再次选择就业时优质岗位所剩无几，就业压力增大。而升学成功的毕业生，暂时缓解了就业压力，但未来仍将面临就业压力。

（二）学生求职特征

1.绝大多数学生的求职心态乐观向上，但缺乏明确的职业规划

虽然离开校园，踏入社会，但是高校毕业生并没有被严峻的就业形势压倒，他们在求职过程中呈现较强的乐观向上、独立自主的择业状态。本次调研中，超过95%的高校毕业生有就业意愿并积极行动。其中，近四成已找

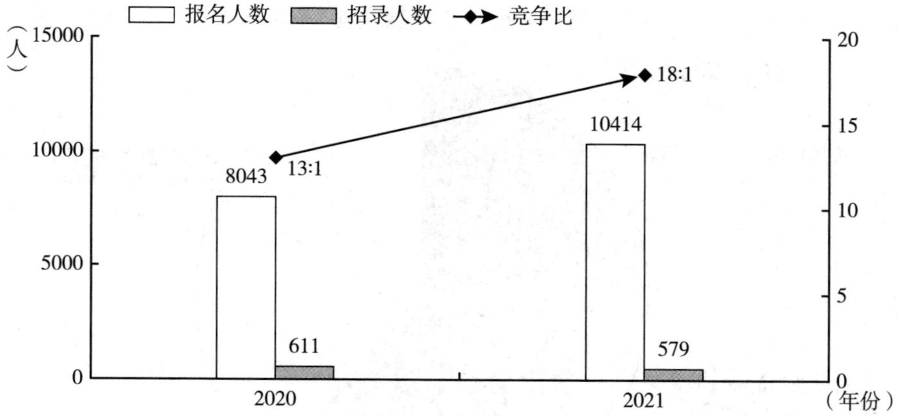

图 10　2020~2021 年湖南省公务员考试报录情况

资料来源：互联网数据。

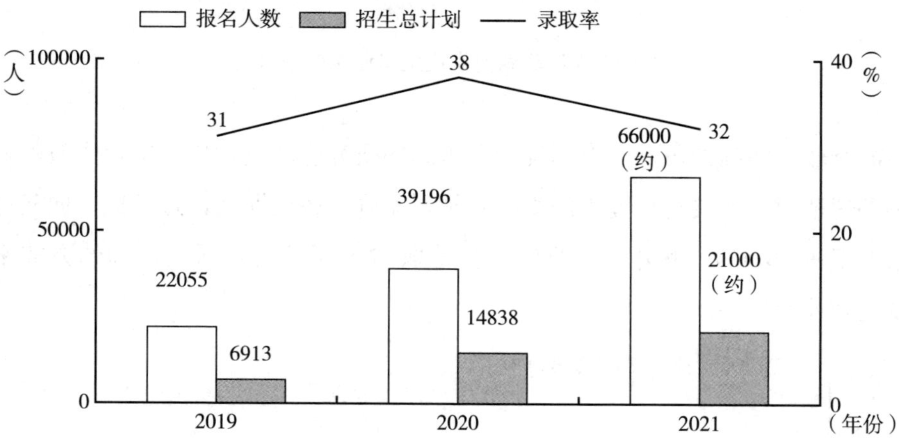

图 11　2019~2021 年专升本报名及招生情况

资料来源：湖南省教育厅、互联网数据。

到工作，并对工作抱以良好期待；近四成未获得工作机会或仍在寻找工作；约 10%的学生拥抱新经济，选择灵活就业；7%的毕业生通过自身奋斗，确定升学；有 4%左右的学生选择暂不就业。

近五成的毕业生没有明确的职业规划。其中，大专和本科生在求职时目标迷茫的占调研人数的五成以上，研究生（包含博士研究生）对个人职业

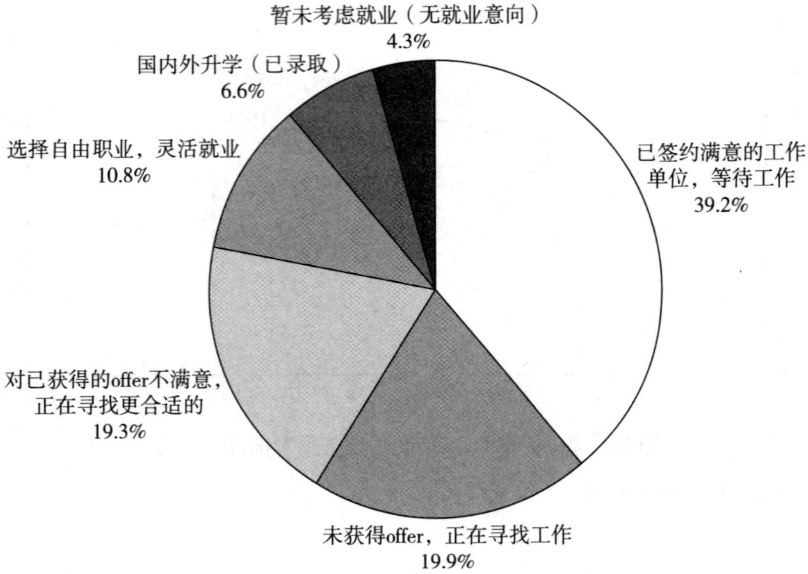

图 12　受调研湖南省应届毕业生就业状况

生涯有较为清晰的思路，有明确职业规划的研究生超过六成。毕业生对就业感到迷茫时，朋友对毕业生的影响超越了家庭，咨询朋友接近四成，向父母求助仅占 26.1%。此外，毕业生也会采取向老师发问和网上咨询的方式来度过就业迷茫期。

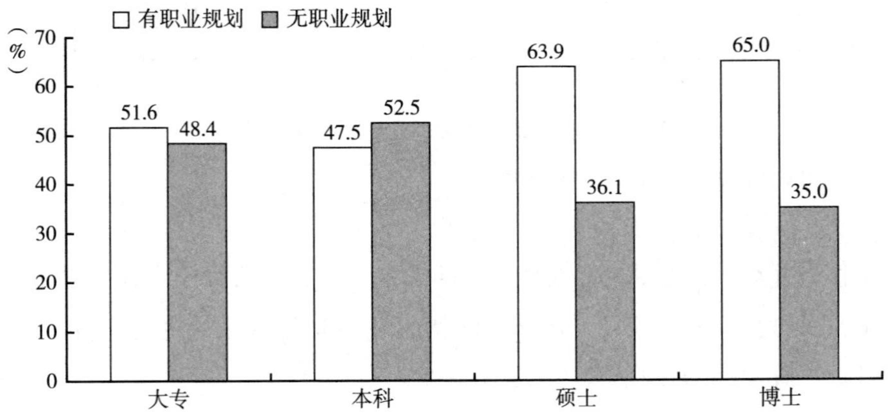

图 13　毕业生求职时有无职业规划情况

资料来源：调查问卷。

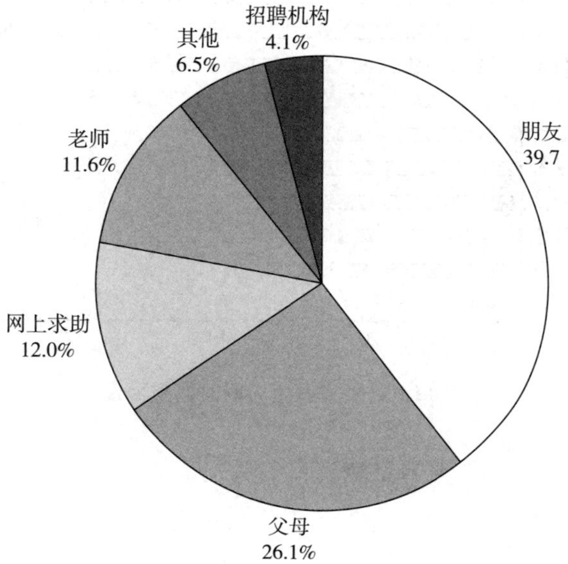

图 14　毕业生求职迷茫时倾向咨询对象

2. 自主性强、看重薪酬福利和未来发展空间

在高校毕业生求职时较为重视的因素中，“薪酬福利”占比最高，“家庭期望”占比较低，显示出当下高校毕业生更为独立自主的求职理念和务实赚钱的生活状态。本次调研的毕业生群体在对于首份工作薪资的期望中，约 62%的专科生薪资期望为 3000~5000 元，六成以上的本科生期望薪资集中在 4000~6000 元，近七成的硕士研究生期望薪资在 5000~10000 元，六成以上的博士生期望薪资为 1 万元以上。

3. 倾向国企及政府/事业单位

本次调研的高校毕业生希望首次就业的单位中，事业单位占比最多，超过了三成，其次分别为国企/央企和政府单位，显示出在就业竞争压力增加、经济增速放缓形势下，毕业生求稳心态加强。同时我们从历年招聘数据也发现，毕业生的“闯劲”变少，心态更加“佛系”。

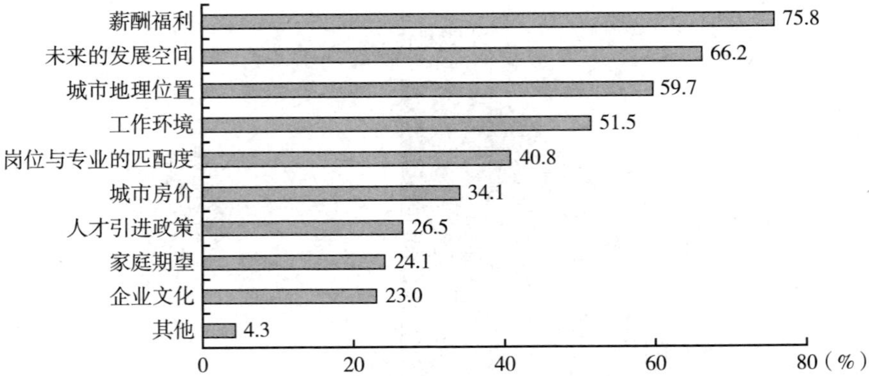

图 15　高校毕业生求职时重视因素

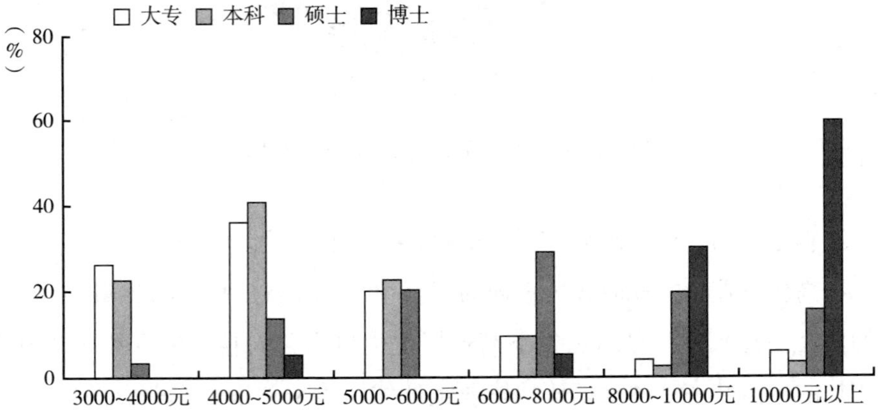

图 16　不同学历毕业生求职薪资期望

资料来源：调查问卷。

（三）当代高校毕业生画像："移动互联网"的原住民

当代高校毕业生的主要群体为"95 后"，大多数为独生子女。成长于移动互联网时代的他们，对移动应用有较强的依赖性。求职时择业自主性强、更加"求稳"，心态更加"佛系"，重视学历对求职的影响，看重薪酬和未来发展前景。当代毕业生思维活跃、拥抱改变；他们就业心态乐观，在求职抉择时朋友比家人更具影响力，是有想法的新生代。

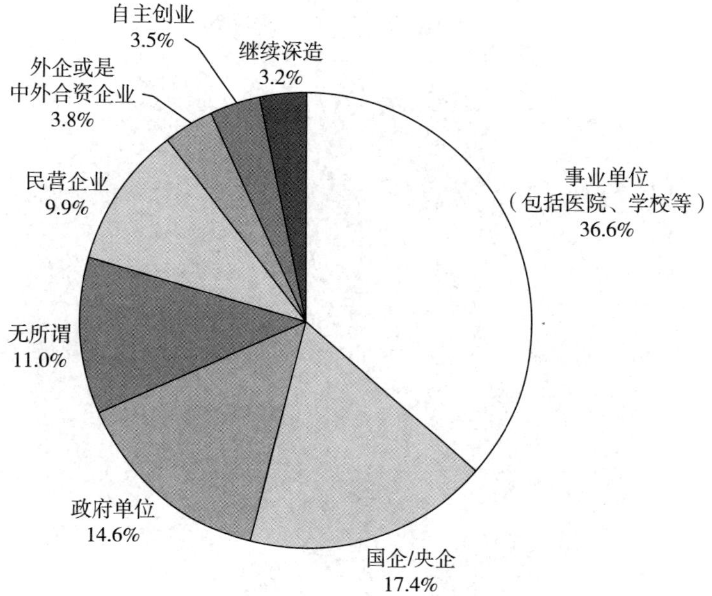

图 17　高校毕业生希望首次就业单位占比情况

资料来源：调查问卷。

三　湖南省岗位招聘情况

（一） 2021届校招同比增加3.7%，企业用工需求增加

根据前程无忧网、应届生求职网的在线数据，面向 2021 届毕业生的校招岗位 6126 个，较 2020 届增长了 3.7%。其中学历要求为本科以上的岗位 3506 个，占校招需求的 57.2%；要求专科以上的岗位数 1389 个，占校招需求的 22.7%；要求研究生及以上学历的占校招需求的 0.8%。从数据来看，2020 年大学生就业经受新冠疫情冲击后，2021 年湖南省劳动市场已逐渐回暖，企业用工需求逐步增加。

图 18　当代高校毕业生画像

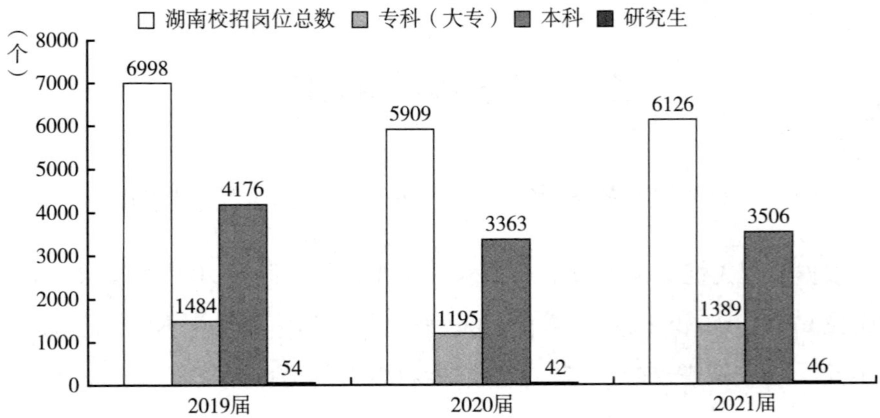

图 19　校招岗位需求统计

资料来源：前程无忧网、应届生求职网。

（二）金融、地产建筑和通信行业对2021届人才需求量大

数据显示，金融业、地产建筑和通信行业是企业校招需求中排名前三的行业。新冠肺炎疫情加速了部分行业需求调整，也给一些行业带来了发展机遇，产生了信息安全测试员、区块链应用操作员、互联网营销师等新职业，带来了新兴的就业机会。

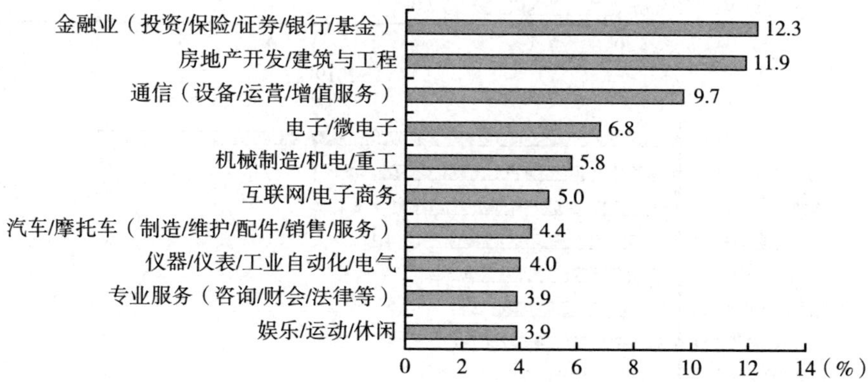

图 20　2021 湖南校招需求量 TOP 10 行业

资料来源：前程无忧网、应届生求职网。

（三）教培科研行业连续三年稳居求职竞争激烈度排名前十

数据显示，2021 届毕业生求职竞争激烈度①排名前三的行业是贸易/进出口、汽车摩托车与仪器仪表/工业自动化/电气。结合近三年供需数据来看，教培科研/院校连续三年入围前十，IT 行业（包括计算机软件、计算机硬件、互联网/电子商务等）热度持续不减，农/林/牧/渔、制药/生物工程、快消品等行业求职竞争激烈程度下降。但 7 月下旬“双减”政策的出台，教培行业面临业务调整、转型，预估将对教培机构用工产生较大冲击。

① 求职竞争激烈度＝简历投递量/岗位发布量，求职竞争激烈度越高代表该岗位吸引力越大、求职者竞争难度越大，反之则该岗位吸引力越小、求职者竞争难度越小。

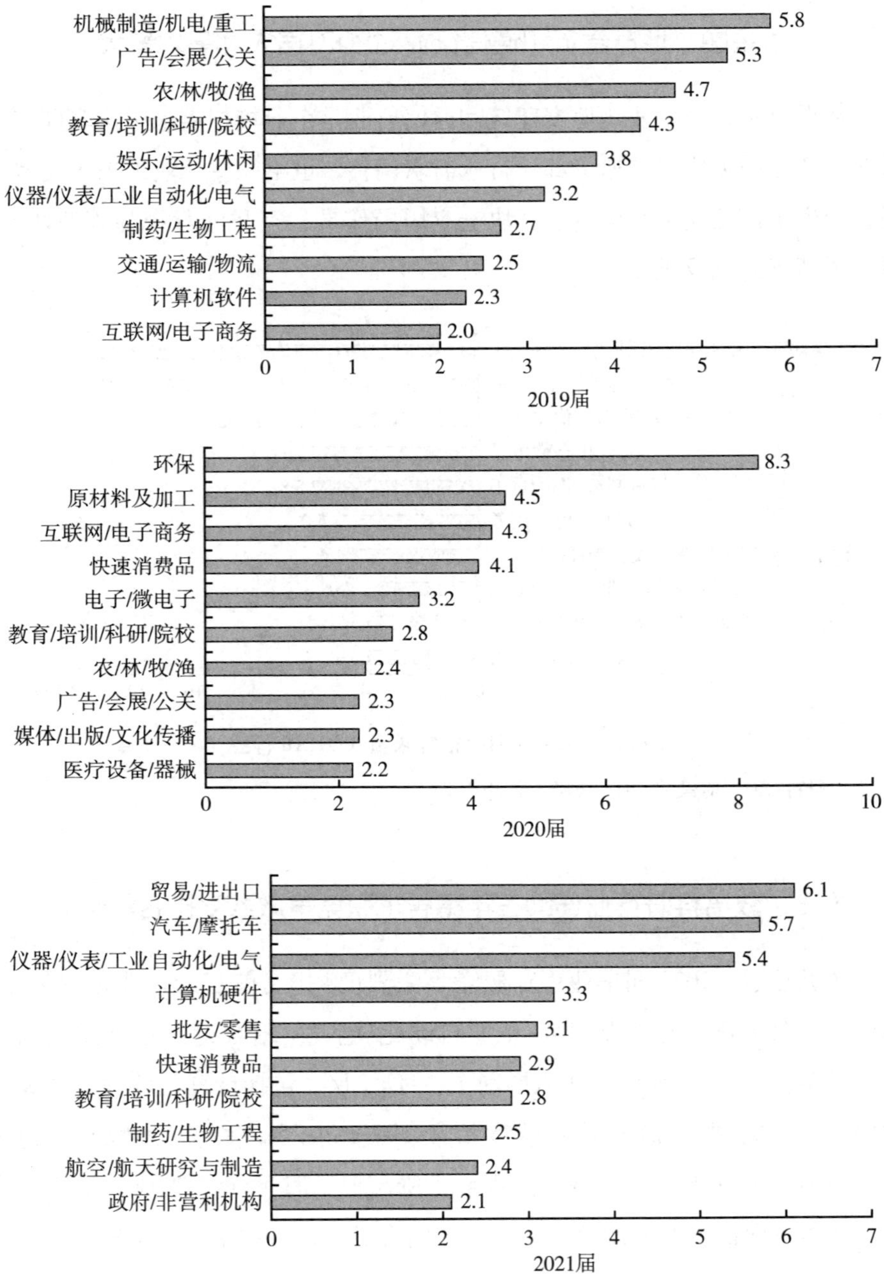

图 21　2019~2021 届湖南省毕业生求职竞争激烈度 TOP 10 行业

资料来源：前程无忧网、应届生求职网。

四　对策建议

（一）建立人才多样化培养机制，职业教育与学术教育齐头并进

目前高校人才培养仍存在和社会需求脱节的现象，如“学历高消费”“学历贬值”“教育浪费”等问题，且教育模式更倾向学术型教育，对职业教育的关注还需进一步加强。建议按照“标准不降、模式多元”原则，提高人才培养的针对性、适应性和实效性，建立人才多样化培养机制。引导学校找准自我办学定位，紧密结合产业、企业发展趋势，调整学科专业结构设置和优化人才培养目标模式。加大推进产教融合，提升人才能力与企业需求匹配度。建立科学多元的人才培养考评体系，改变“一考定天下”“唯分数论”，将过程性考评与终结性考评相结合，充分发挥学生优势，激发最大潜能。推动职业教育提质培优，严格把控职业教育质量，制定具有湖湘特色的职业教育标准体系，为毕业生打造依托于专业技能的“中-高-精”的培养通道，加快学历证书和职业技能等级证书互通衔接，推动职业院校毕业生在落户、就业、参加机关事业单位招聘、职称评审、职级晋升等方面与普通高校毕业生享受同等机遇。

（二）完善高校就业指导与创新创业服务能力，紧盯高校毕业生就业与创新型经济发展的双重目标

就业及创新创业指导与服务是造成我国高校与国外高校差距的主要原因之一。建议湖南高校通过课程设置、专业实习、就业培训等方面全面提升高校就业指导与服务能力，为高校毕业生进入职场做好准备。例如，加强就业指导中心与企业的联系，根据学生专业与就业需求推荐其到相关企业进行实习，了解职场对于专业技能的需求。在高校学生创新创业方面，则需进一步完善创新创业教育课程体系，搭建线上线下相结合的创新创业平台，促进科研成果转化并对技术含量高、社会价值高的

创业项目加以奖励，激发大学生创新创业积极性，实现毕业生就业与社会创新的协同发展。

（三）政府、高校、学生理性对待扩招政策，预防就业压力后延

研究生和本科生扩招政策的发布，减缓了短期就业压力，但未根本解决就业难的问题。扩招政策可能导致毕业生就业压力后延、就业门槛提升，普通本科学生就业尤其处于尴尬境地。要充分发挥各主体作用，预防就业压力后延。政府应科学推动扩招升学，合理扩大人才培养规模，将扩招名额重点投放在服务国家战略和社会民生急需的领域，如临床医学、公共卫生、人工智能等专业。高校应保障教育质量，严防因扩招带来的教育质量下滑。严控生源质量与毕业标准，加强导师队伍建设，按照人才定位完善培养方案。加强教学、实践、发表论文等培养过程管理，实行质量监控机制。引导学生理性报考，避免学生把提升学历当成提高就业竞争力的唯一途径，甚至当成逃避现实的借口。鼓励学生从自身能力出发，制订合理的职业生涯与发展规划，确定适合自己的择业目标。

（四）发布人才需求目录，建立高校专业人才需求预警机制

随着社会的快速发展、产业结构的不断调整，供需双方对就业形势的预判不对称、就业结构不合理以及毕业生能力与企业需求脱节等问题仍然存在。政府根据产业供需情况统筹规划，联合有关行业部门与企业，定期发布技能人才需求目录。各类人才通过目录，及时了解当前市场急需紧缺的岗位信息，更好实现人岗匹配。建立健全高校专业人才需求预警机制，依据高校毕业生就业情况和重点产业人才供需情况，科学预测未来产业发展对人才需求的总量和结构性变化，动态调整高校学科专业招生规模，提高专业设置的科学性。

（五）产业优化、成果转化、人才服务、生活保障四大举措并行，吸引高精尖人才留湘、来湘

高精尖人才是湖南省提高科技发展水平、推动重大科技任务攻关、构筑

发展新优势的主要力量。然而湖南省存在毕业生“孔雀东南飞”的现象，特别是高精尖人才，留湘意愿不强。为此，应持续优化产业结构，立足“十四五规划”及“三高四新”战略，持续优化湖南省优势产业结构，以“高精尖”的产业吸引“高精尖”的人才。鼓励科技成果在湘转化，建立科技创新成果转化联盟，引导龙头企业、金融机构与高校、科研院所开展合作，在推动科技成果在湘产业化、商业化、品牌化、资本化的同时，让顶尖科技人才留在湖南。提倡人才服务精细化发展，引进一批综合实力强、专业化程度高的人力资源服务企业，定期评选优秀的创新型人力资源服务机构、领军人才、创新项目。鼓励人才服务产业在湘蓬勃发展，丰富人才引入渠道，更敏锐地发觉高精尖人才来湘意向，更合理地制定人才吸引政策。进一步完善人才的生活保障措施，从户籍、社保、住房、医疗、教育、创业等多个维度进行支持，做更暖心的人才摇篮。

（六）以“拓渠道、强保障、广宣传”为抓手，让灵活就业群体“百花齐放”

当代毕业生展现出更为独立自主的求职理念，灵活就业成为毕业生的新选择。在选择灵活就业的毕业生群体规模日益扩大时，灵活就业的渠道、政策、宣传等方面还是存在一些问题。政府应拓宽灵活就业发展渠道，鼓励平台类、中介类、加盟类企业降低服务费、加盟管理费等费用，吸纳更多毕业生就业。政府还可建立健全灵活就业资讯推送平台，密切跟踪经济社会发展、互联网技术应用和职业活动新变化，动态发布社会需要的新职业，更新职业分类，并提供在线招聘、小额贷款、政策学习、维权培训等服务。完善灵活就业权益保障制度，研究制定灵活就业劳动保障政策，实行灵活就业人员的个税减免政策，明确灵活就业群体在劳动报酬、休息休假、职业安全保障等事项中的权益，引导工会、行业协会和行业企业代表协商制定相关行业规范。加强宣传支持灵活就业的政策措施、典型做法，充分利用各种宣传渠道和媒介，营造良好舆论氛围，让毕业生选择灵活就业时有底气、有期待、有自豪。

B.31

以康复服务高质量发展助推残疾人全面发展与共同富裕

陈毅华　汪　薇*

摘　要： 康复是改善残疾人功能状况、提高残疾人生活质量、保障和改善残疾人民生的重要手段，是实现残疾人全面发展与共同富裕的根本前提和基础。2021 年，全省残联康复系统认真贯彻落实习近平总书记关于发展残疾人康复事业系列重要指示批示精神，坚持保基本、补短板、强弱项，着力推进康复服务供给侧结构性改革，持续提升残疾人康复服务质量，"十四五"全省残疾人康复事业高质量发展实现良好开局。2022 年是迎接党的二十大召开、加快实施"十四五"规划的关键之年，全省残联康复系统将踔厉奋发、赓续前行，按照《湖南省"十四五"残疾人保障和发展规划》的部署要求，全面推进全省残疾人事业高质量发展，为实现残疾人全面发展与共同富裕做出新的贡献。

关键词： 康复　高质量发展　全面发展和共同富裕

康复是改善残疾人功能状况、提高残疾人生活质量、保障和改善残疾人民生的重要手段，是实现残疾人全面发展与共同富裕的根本前提和基础。2021 年，全省残联康复系统认真贯彻落实习近平总书记关于发展残疾人康

* 陈毅华，湖南省残疾人联合会党组成员、副理事长；汪薇，湖南省残疾人联合会二级主任科员。

复事业系列重要指示批示精神，坚持保基本、补短板、强弱项，着力推进康复服务供给侧结构性改革，持续提升残疾人康复服务质量，“十四五”全省残疾人康复事业高质量发展实现良好开局。2022 年是迎接党的二十大召开、加快实施“十四五”规划的关键之年，全省残联康复系统将按照《湖南省“十四五”残疾人保障和发展规划》部署要求，踔厉奋发、赓续前行，全面推进全省残疾人事业高质量发展，为实现残疾人全面发展与共同富裕做出新的贡献。

一　实现高质量发展是残疾人康复事业发展历史、实践和理论的统一

回顾残疾人康复事业 30 多年发展历程，在党的坚强领导下，残疾人康复工作者始终坚持从基本国情出发，积极探索，勇于创新，走出了具有中国特色的残疾人康复事业发展道路。

从历史看，高质量发展是残疾人康复事业与经济社会发展同步向高级形态迈进过程中形成的。1988 年，在改革开放中残联组织应运而生，以实施三项抢救性康复工程起家。此后，随着经济社会发展，康复资金投入不断加大，重点康复项目不断拓展，社区康复得到普遍开展，残疾人接受康复的渠道逐步拓宽、内容逐步扩充、受益人数也不断增多。“十一五”时期，残疾人康复事业紧紧围绕全面建设小康社会的奋斗目标，全面推进残疾人“人人享有康复服务”工作，提出建立和完善社会化康复服务体系，努力使残疾人和全国人民一道向着更高水平小康社会迈进。“十二五”时期，明确以加快发展为主题，提出加强专业康复机构的规范化建设，初步实现残疾人“人人享有康复服务”目标。“十三五”时期，为加快推进残疾人小康进程，残疾人康复事业围绕“四个全面”战略布局，牢固树立和贯彻新发展理念，提出实施精准康复服务行动、实现残疾人接受基本康复服务率 80%的目标。党的十九大根据发展阶段和社会主要矛盾重大变化，明确提出我国经济已由高速增长阶段转向高质量发展阶段，对推动高质量发展提出根本要求。“十

四五”残疾人保障和发展规划明确以高质量发展为事业发展主题，加快推进残疾人康复事业高质量发展是新时代赋予的历史使命，是捍卫“两个确立”、落实“两个维护”的重要政治任务。

从实践看，高质量发展是残疾人全面发展和共同富裕的需要。当前，全省残疾人康复事业高质量发展的主要矛盾已经转化为广大残疾人日益增长的康复服务需求和康复服务发展不充分不平衡之间的矛盾，不充分不平衡本质上就是发展质量不高。康复服务供给空间布局不优，区域之间、城乡之间发展尚不平衡，社区、家庭康复服务相对薄弱，网络不健全，机构康复服务能力不强，社区康复服务不齐，家庭康复做得不实，康复服务体系不健全等问题依然突出。高质量发展成为切实解决湖南残疾人康复事业发展主要矛盾的最优途径。在全面建设小康社会阶段，我们主要解决的是康复服务率问题，即服务受益人数问题，是量的问题，虽然实现了量的目标，但整体而言，康复服务简单粗放、初级低端；在全面建设社会主义现代化国家阶段，应重点解决好康复服务“质”的问题，在实现服务率持续稳定增长中大幅提升质的成色，更好地满足残疾人个性化、多层次、专业化的现实康复需求。

从理论看，高质量发展是残疾人康复事业在不断实践探索中的重要理论创新。任何理论都是在一定历史条件下产生的，是不断实践探索再认识后的再创造。残疾人康复事业与经济社会发展同向同步，需要解放思想、与时俱进，并不断运用新理论分析新形势新要求，做到理论和实践的高度统一。党中央、国务院历来高度重视残疾人康复工作，特别是党的十八大以来，以习近平同志为核心的党中央作出关于残疾人康复事业系列重要指示批示，习近平总书记曾深刻指出：“全面建成小康社会，残疾人事业、医疗卫生健康工作都是重要组成部分”，他强调“要增强全社会残疾预防意识，重视残疾人健康，努力实现残疾人‘人人享有康复服务’的目标。”李克强总理要求“拿出更实、更有针对性、更具人文关怀的措施，推进解决各类残疾人群在身体健康、教育就业、权益保障等方面的困难”。党的十九大，习近平总书记更加鲜明地提出“发展残疾人事业，加强残疾康复服务”。2020年，习近平总书记在湖南考察时指出“残疾人的健康，也是我们很关心的问题”。

《“十四五”残疾人康复服务实施方案》明确要求以高质量发展为主题，确保为残疾人提供基本康复服务率稳定在85%以上，做实康复服务内容，保障服务安全、有效。从加快发展到高质量发展，残疾人康复事业始终与全面脱贫攻坚、全面建成小康社会、基本实现现代化、全面建设社会主义现代化强国各阶段的国家和省的战略部署相适应相契合，不断运用发展新常态、深化供给侧结构性改革、贯彻新发展理念、构建新发展格局、高质量发展等理论创新，一一解决残疾康复服务发展瓶颈问题，较好地实现了理论和实践的高度统一。

二　增强残疾人康复服务高质量发展的信心和勇气

过去的2021年，是全面建成小康社会、全体人民小康圆梦之年，也是开局“十四五”、开启新征程、实施乡村振兴战略和“三高四新”战略、奋力建设现代化新湖南的起步之年，对于全省残疾人事业发展而言意义重大。全省残联康复工作者认真贯彻落实习近平总书记关于发展残疾人康复事业系列重要指示批示精神，坚持保基本、补短板、强弱项，着力推进康复服务供给侧结构性改革，持续提升残疾人康复服务质量，“十四五”全省残疾人康复事业高质量发展实现良好开局。我们必须进一步坚定目标，发挥优势，提振精神，鼓足干劲再出发。

（一）要把握发展方向

即坚持以人民为中心的发展思想，紧紧围绕不断满足全省残疾人日益增长的对美好生活的向往所应有的康复服务这个中心谋发展。党的十八大以来，习近平总书记对包括康复服务在内的残疾人事业作出的系列重要论述和指示批示，以及2020年在湖南考察关于发展残疾人事业的指示精神时充分体现出以习近平同志为核心的党中央对残疾人康复事业的高看一等、厚爱一层，为湖南残疾人事业发展带来了千载难逢的重要机遇。全省残联康复系统要持续深入学习贯彻习近平总书记关于残疾人事业重要论述和重要指示批示精神，不断强化政治担当，扛起政治责任，坚定不移沿着总书记指引的方向，全力推动残疾人康复事业高质量发展迈向出更坚实步伐。

（二）要客观总结成效

2021年，在省委、省政府的坚强领导下，在全省康复工作者的苦干实干下，全省残疾人康复事业取得了系列突破性、实质性进展，形成了可推广可复制的残疾康复湖南模式，工作成绩获得中国残联充分肯定，湖南成为全国唯一一个在第三十六次全国残联工作会议上作康复工作典型发言的省份。一是全面融入大局，政策机制更健全。湖南省"十四五"规划明确提出"健全残疾人康复服务体系"。《湖南省基本公共服务标准（2021年版）》《健康湖南"十四五"建设规划》将残疾人康复服务列为重要内容。湖南省委、省政府连续将"残疾儿童康复救助"列为省重点民生实事项目，纳入省政府重点工作综合大督查。连续将残疾人基本康复服务覆盖率列为省直单位绩效评估、全国文明城市评选等指标。湖南省政府残工委年初发文，明确年度康复工作要点和部门责任。二是公共服务扩大，健康权益再升级。将残疾人作为重点人群纳入健康湖南行动，落实重度残疾人城乡居民基本医疗保险全额代缴政策，城乡残疾居民基本医疗保险参保率稳定在95%以上，基本康复服务覆盖率和基本辅具适配率稳定在85%以上；巩固拓展精准康复服务脱贫攻坚成果。落实《助力巩固拓展残疾人脱贫攻坚成果同乡村振兴有效衔接的若干措施》，深入实施康复服务对口帮扶残疾人活动，直面残疾人困难康复需求。卫生健康、民政、残联等部门将农村低收入残疾人、重度残疾人作为重点帮扶人群；残疾预防深入人心，在中国残联残疾预防宣传案例评选中获评作品位列全国第一。三是改革成果扩大，模式再创新。残疾儿童康复机构和人员保险项目、残疾预防综合试验区、康复服务综合改革、社区康复示范站等改革试点进一步深化；长沙、郴州、娄底残疾儿童早期干预，长沙、岳阳、娄底、永州辅具补贴制度，怀化辅具租赁等各项试点如期实施；"医教康"融合发展等新模式全面推行；建成湖南省残疾人康复研究中心医教研一体化示范指导基地，开启全省云康复中心，为全省康复机构、康复教师、残疾儿童家长全方位提供线上服务指导。“互联网+康复”综合管理与服务平台加快开发。年度省级康复科研项目圆满完成，康复新技术新设备加快推广应用。第一批订单式专业型大专班学员如期毕业、择岗就业，修订完善新一轮订单式人才培养模式。在职专技人员本科学历提升行动正式启动。四是标准规范更趋完善，管理效能再提质。制定《湖南省多功能残疾人社区康复综合服务站管理与服务指南（试行）》，对社区康复站建设进一步规范。将残疾儿童康复救助纳入“我为群众办实事”，优化经办服务。制定印发《关于进一步规范残疾儿童康复救助工作的通知》，下发全省通用的《残疾儿童康复服务档案》模板，全面规范服务行为。修订完善康复机构常态化疫情防控线上康复模块，残疾儿童线上康复训练更趋科学有效；全省第一批四星级以上残疾儿童康复救助定点服务机构评定完成，社会主体公平竞争，向上向好局面初步形成。指导市州出台康复机构扶残政策，争取支持、融合发展的愿望更强、信心更足。

（三）要确保发展成色

服务有成色，发展才更有“温度”，民生福祉才更具“质感”。残疾人康复高质量发展成色体现在“绿色”上，即生态良好、绿色发展。在残疾人康复事业发展进程中，县市区人民政府的主体责任得到更好落实；各级残工委统筹协调作用更加充分发挥，部门分工协作、履职尽责，形成协同高效的工作合力；康复服务基础保障条件明显改善，外部环境进一步优化，扶残助残理念深入人心；残疾人康复服务大数据、信息化等科技应用加快赋能、提升效率；党史学习教育深入推进，残疾人康复工作者为民情怀更加浓厚；严格执行残疾康复服务定点机构准入退出机制、完善标准体系，服务主体市场、竞争更公平更有序。新发展阶段，要从织密服务网络、优化资源配置、强化人才培养、提高科技应用水平、信息共建共享等方面进一步释放绿色发展潜能。残疾人康复高质量发展成色体现在“安全”上，即安全有效持续发展。首先，安全是发展的前提。残疾人康复事业具有服务体量大、服务对象弱、服务主体起点底且多元化、服务水平不高等现实特点，要重点抓好疫情防控、资金使用、项目执行、机构运行等四大安全，确保发展健康无阻。其次发展是安全的保障。残疾人康复事业每向前推进一步，都是依靠发展来解决征途中遇到的各种难点、问题。要在整体性视域下通盘考虑事业发展与安全的关系问题，着力固根基、扬优势，进一步提升安全发展指数。残疾人康复高质量发展成色体现在“满意度”上，残疾人的满意度是检验康复服务成效的标尺。2021 年，中国残联对全省精准康复服务行动和残疾儿童康复救助实施的第三方监测数据显示：残疾人及残疾儿童监护人满意度分别达到 99.67%、99.63%，残疾人获得感、幸福感、安全感明显提升。湖南省政府督查通报评价省政府重点民生实事残疾儿童康复救助为 7 个提前超额完成的项目之一，开展业务培训、开展事中监测的做法获得肯定。政府和服务对象的双满意是推动事业进一步发展的不竭动力，要探索将更多评判“康复质量高不高”的“表决器”交到残疾人手中，不断优化残疾人获得感和残联康复队伍满意度测评方式，以高质量康复的过硬成绩提升残疾人的幸福度。

三　科学把握残疾人康复服务高质量发展的内涵与要求

干事创业必先谋于局，后谋于略。要想在建设现代化新湖南蓝图中找准切入点、结合点、融合点，使残疾人康复事业以新的作为服从服务于新大局，必须科学把握残疾人康复服务高质量发展的内涵与要求，深入研究、仔细分析，谋好篇、布好局。

（一）高质量发展是回应民众期盼的发展

要补短板、强弱项。一切发展为了人民、依靠人民，发展成果由人民共享。2021 年全国残疾人康复服务状况和需求专项调查显示，湖南省还有近 1 万有康复需求的持证残疾人和残疾儿童期待得到康复服务，已获得康复服务的也普遍期盼得到更精准、更平等、更多样化、更专业化的康复服务，残疾人的这些期盼客观反映出全省残疾人康复服务供给总量不足、区域发展不平衡、服务结构不优、标准化专业化不强等突出问题。必须坚持问题导向，建成功能完善、规模适度、覆盖城乡的康复服务体系，实现康复服务供给端增总量、优结构、提质量、提水平，以更多更实的举措——回应残疾人康复服务新期盼，不断提升残疾人的康复获得感。

（二）高质量发展是稳中求进的发展

即优结构、提质量、防风险。2022 年中央和湖南省经济工作会议明确提出稳中求进的工作总基调，要求各地区各部门稳字当头、稳中求进，切实担负起稳定宏观经济的责任。一方面，稳是进的根本基础和前提条件，要尊重事业发展内在规律，立足事业发展阶段、条件和环境，确保康复资金投入、对象救助标准、康复服务率、机构增长速度不出现大的波动，确保事业不出现区域性、系统性风险；另一方面，进是稳的持续动力和目标方向，是结构、质量和效率层面的提升。进的重点要放在康复服务供给侧结构性调整和深化改革创新上，确保转变康复服务发展方式和创新驱动发展取得新成效。另外，要在稳中求进中防风险。未来相当一段时期，所面临的各方面风险可能会不断积累甚至集中显露，要坚持底线思维，强化风险意识，继续加强资金监管、优化服务监测、规范服务行为、完善风险分担机制，有效化解可能出现的各种问题，为残疾人康复事业高质量发展奠定坚实基础。

（三）高质量发展是服务主体有活力的发展

即增强机构活力，增强吸引社会力量进入的动力。一是加大民办康复机构扶持力度。当前，民办康复服务机构在残疾儿童康复机构中的占比和民办康复机构承接全省残疾儿童康复训练人数的占比均接近 70%，民办康复机构在可预见的未来依然是残疾人康复服务的主要阵地，是推动残疾人康复服务高质量发展的主体。但由于起步晚、起点低，发展基础较薄弱，且具有建设成本较高、融资能力不强、人才供给不足、政策扶持有限、管理理念落后等特点，全省民办康复机构普遍存在规模小而散、设施设备简陋、专业化水平不高等不足，缺乏发展后劲和动能。要尽快推动出台民办康复机构扶持政策，支持其向“专精特新”方向发展，升级其服务软硬件实力。二是多途径吸引社会力量进入服务领域。采取政府购买服务、公建民营、民办公助及健全配套场地、融资、风险保障等优惠政策，引导更多社会力量进入。引导有思路、有能力、有实力的机构管理者走连锁品牌运营模式，打造更多专业化、高端化服务品牌，提升残疾人康复服务机构市场竞争力。

（四）高质量发展是服务主体有核心竞争力的发展

人才、技术、管理水平等是核心竞争力的重要支撑，是驱动外延式发展上升为内涵式发展的重要因素。一是坚持创新驱动发展。充分发挥康复服务涉及领域广、产业链长、发展潜力大等特点，努力使康复服务业成为新的经济增长点。加强新材料、智能型康复辅助器具研发和应用；加强康复科研工作，引导服务主体善于总结实践成果，积极申报科研课题；支持开发特色课程、打造自主服务品牌；加大新技术新设备推广应用力度，不断更新服务理念、提升服务效率。发挥省残疾人云康复中心和“互联网+康复”综合管理与服务平台高效的信息化管理与服务作用，助力服务主体核心竞争力提升。二是健全人才评价体系。逐步建立健全康复专业人员、机构、品牌等评选表彰奖励机制，提高其职业认同感、荣誉感和归属感；推进康复医疗、康复工程、特殊教育等专业领域职称评定工作，加快形成有利于康复人才潜心研究和创新的评价体系和完善的职称评定体系。三是全面提升管理水平。加强康复机构负责人培训、交流，提升管理层知识储备、前瞻思维、战略眼光、全局观念、市场意识和先进管理理念；指导康复机构建立科学合理的绩效考评体系和薪酬管理体系，推行人本化、精细化的现代化人事管理，促进康复机构履行服务主体质效责任和社会责任；加强康复机构在消防、食品卫生、财务管理、卫生保健等方面的综合监管，提升康复机构现代化管理水平。

（五）高质量发展是引入市场机制、法治化的发展

残疾人康复事业隶属社会事业，具有主体多元的社会化先天优势，必须发挥政府的主导作用、激发社会主体活力，形成市场开放、竞争有序、法治高效

的发展环境。一方面，强化服务质量社会监督与舆论监督，优化第三方服务质量监测和评价机制，对机构服务质量进行体验调查和比对分析，科学规范开展星级评定工作，引导理性服务选择，通过市场竞争配置资源。另一方面，全面落实残疾人康复法律法规，严格机构准入退出，推进以法治为基础的社会多元治理，建立残联、民政、卫健、教育等全链条联合监管机制，推动法治环境评价，发挥法治保障作用，营造稳定、公平、透明、可预期的发展环境。

（六）高质量发展是更平衡协调的发展

残疾人康复服务是基本公共服务，必须以平衡协调来实现公共性、普惠性、社会公平性。一是区域和城乡的发展平衡。结合城市规划、乡村振兴战略、基层社会治理等工作，完善康复服务设施布局；通过资金倾斜、政策扶持、重点指导等方式加强基层康复服务能力；借助基层家庭医生签约服务全科医生队伍，为有康复需求的残疾人提供连续性、全方位、多层次的基本康复服务。二是全生命周期、全体人群的供给平衡。在0~6岁残疾儿童康复救助实现应救尽救的基础上，鼓励有条件的地区争取将救助年龄扩大至7~17岁；关于成年残疾人康复，根据经济社会发展水平和残疾人意愿，逐步增大重点康复服务项目数量和精准康复服务补助范围，切实增强残疾人获得感。加强覆盖全生命周期的残疾预防工作，完善筛查、诊断、康复救助衔接机制，不断提升致残性疾病早发现、早诊断、早干预、早康复能力和效果。三是服务类别的动态平衡。针对听障残疾儿童数量明显减少、孤独症儿童数量增加等服务群体数量的变化，及时调整机构类别结构比例，避免资源闲置和浪费，实现服务社会效用最大化。四是政策要齐全。资金投入力度、人才供给、各类配套政策等要与事业发展需要相匹配，确保各项政策落到实处。

四　增强实现残疾人康复服务高质量发展的动力和保障

2022年是党的二十大召开之年，也是全面贯彻落实省第十二次党代会精神的开局之年，加快推进残疾人康复高质量发展意义重大。全省残联康复系统要踔厉奋发、赓续前行，按照《湖南省“十四五”残疾人保障和发展规划》的部署要求，全面推进全省残疾人事业高质量发展，为实现残疾人全面发展与共同富裕做出新的贡献。

（一）加快构建新发展格局

一是构建以省内循环为主、国内循环为辅，市内循环为主、省内循环为辅，市县机构布局合理的局面，最大可能实现残疾人就近就便享受康复服务。二是为创新新技术新模式提供应用场景，发挥示范带动效应。如完善全面康复业务布局，加强与医疗康复机构的互动，充实职业康复、社会康复、心理康复、教育康复等功能，培育推介“医教康”融合发展典型；在有条件的市州推动残联与公立医院、学校战略合作，构建以公立机构为骨干、民办机构为主力军、社会支持性康复为补充的高质量发展新格局。三是构建安全发展格局，实现健康发展。继续组织开展残疾儿童及精准康复服务监测、资金绩效评价等评估工作，引导康复机构规范有序发展。加大为残联自办康复中心与民办定点服务机构购买责任保险和为在残疾儿童康复救助定点服务机构进行康复训练的0~14岁残疾儿童购买意外伤害保险的力度。

（二）深化供给侧结构性改革

坚持将改革创新作为引领发展的第一动力。一是以服务需求为导向，完善服务体系。优化机构服务网络。健全综合医院康复医学科、康复医院（康复医疗中心）、基层医疗卫生机构三级康复医疗服务体系，完善残疾儿童康复救助定点服务机构星级评定，建立不同机构之间定位明确、分工协作、上下联动的康复服务网络。医疗康复机构重点提供康复医疗，三级综合医院康复科和康复医院重点以早期康复介入、疑难复杂残疾患者康复等为主，并承担辖区康复专业人才培训、技术推广等任务；二级综合医院康复科和康复医院主要为稳定期残疾人提供专业、综合的康复服务。社区卫生服务中心（乡镇卫生院）主要为残疾人提供支持性和居家康复指导等基本康复服务。残疾儿童康复救助定点服务机构突出“医教康”融合康复服务，逐步形成科学的康复机构五星级层次布局。依托村卫生室、综合性文化服务中心、社区综合服务站、农家书屋、全民健身等设施，因地制宜地为残疾人提供康复服务。持续构建以“康复机构为骨干、社区康复为基础、居家康复为依托”的残疾人康复服务模式。加强机构服务能力建设。支持省级康复机构增强自主创新能力，开展人才培养、业务指导，充分发挥省级残疾人康复技术资源中心的作用。着力提升市级残疾人康复中心、听力语言康复中心、残疾人辅具中心业务规范建设水平。健全市级残疾人康复机构，全面开展残疾人康复中心、听力语言康复中心、残疾人辅具中心相应业务。比照政府对养老事业扶持有关政策，对民办康复机构从机构建设、机构运营、人才培养、消防设施和星级层次等方面给予资金扶持和奖励，推动出台全省民办康复机构扶持政策，全面提升民办康复机构服务水平。定期开展全省残疾人优秀康复案例、最受残疾人欢迎康复机构、辅具品牌等评选活动。增加服务的有效供给。在0~6岁残疾儿童康复救助应救尽救的基础上，开展省级残疾儿童康复救助提标扩面专题调研，做好资金投入、残疾儿童年龄分布及数量等经费测算，为争取下一步残疾儿童康复救助制度提标扩面做好充分准备；结合实施乡村振兴战略，突出抓好“启聪扶贫”，成人助听器、肢体矫治手术和假肢装配等重点残疾人康复项目；落实《湖南省多功能残疾人社区康复综合服务站管理与服务指南》，支持50个多功能残疾人社区康复综合服务站的建设与提升，开展日间照料、工疗、娱疗、康复辅助器具租赁等适宜康复服务，逐步推动康复工作重心下移、资源下沉，为残疾人提供就近就便的康复服务。全面推进残疾人家庭医生签约服务，支持并保障签约医生为残疾人提供基本医疗、公共卫生和健康管理等个性化服务。发挥残疾人主体作用，推广脊髓损伤者“希望之家”、中途失明者“光明之家”、精神障碍患者家属专家交流互助等残疾人互助康复项目。推动县（市、区）普遍建立残疾人康复服务设施，因地制宜开展残疾儿童康复训练以及康复辅助器具展示、租赁、咨询等服务。持续推进精准康复服务行动，确保2022年底有需求的持证残疾人接受基本康复服务率和辅具适配率均达85%以上。

二是以人才培养为抓手，持续强化服务队伍建设。深化与长沙民政职业技术学院的战略合作，继续开展订单式康复人才培养。依托高等院校对在职康复专业人员开展应用型本科与研究生学历教育，培养学科带头人。开展第一轮残疾人康复专业技术人员规范化培训，设立各级康复专业技术人员规范化培训基地，有计划开展规范化培训。组织康复专家服务团队到基层康复机构开展“蹲点培育”活动，组织基层选送骨干康复专业人员到省级定点康复机构“驻点培苗”活动。举办第二届全省残疾人康复与辅助器具服务技能大赛、第二届最美康复教师等评选活动及组队参加全国辅具技能大赛，以赛促训，为残疾人康复与辅助器具服务人才快速成长搭建有效平台。推动将残疾人康复纳入省重点科研项目、专项、基金等，实施年度残疾人康复科研课题项目，开展致残原因、机理、预防策略、干预技术和康复技术等方面研究。加强与人社、教育部门的沟通，深入推进康复医疗、康复工程、特殊教育等专业领域职称评定工作。

三是以规范制度为指导，持续提升服务质量。修订湖南省残疾儿童康复救助定点服务机构《管理指南》《服务指南》《准入标准及退出机制的通知》《星级评定工作用表》，落实《湖南省残疾人联合会关于进一步规范残疾儿童康复救助工作的通知》，全面加强残疾儿童康复救助定点服务机构规范化建设；制定《省残疾儿童康复救助定点服务机构协议管理实施细则》，健全定点准入、协议管理、动态退出等机制，落实失信联合惩戒制度，加强残疾儿童康复救助信用体系建设。制定《精准康复服务行动管理办法》，细化服务内容，明确服务标准，规范资金使用和结算，做实基本康复服务。

四是以提质增效为目标，创新服务模式。加强与教育部门、社区街道等的沟通协作，探索建立医疗、教育、职业、心理等全方位服务模式，为正在开展康复训练且即将入普入幼入社会的残疾儿童、残疾人争取学习、就业的机会，实现残健融合。充分发挥残工委的议事协调作用，加快推进残疾人康复工作与养老、健康、教育等其他公共服务融合发展。积极探索推进残疾人康复工作与医疗、福利、工伤康复等机构协作的机制。

（四）始终坚持融合发展

将残疾人康复事业与健康湖南、深化医改、信息化建设、相关产业发展等同步推进，增强社会支持合力。一是切实提高残疾人医疗保障水平。加快推动将康复综合评定等29项康复医疗项目纳入基本医保支付范围。将康复医疗服务价格纳入深化医疗服务价格改革中统筹考虑，做好相关项目价格的确定和项目名称调整，逐步将更多辅助治疗效果较好、适用范围广的康复医疗项目纳入基本医保报销范围。根据残疾人康复医疗周期较长的特点，探索建立家庭病床、居家康复、日间治疗、特殊门诊、单病种包干等医保支付方式。二是切实提高残疾人服务管理数字化水平。做好“互联网+康复”综合管理与服务平台的开发、试运行等工作，建立康复管理、服务、监督“三位一体”的信息化系统，打造开放、共享、安全、生态的应用平台，完善并扩增省残疾人云康复中心平台，让优质康复服务资源在网上聚集、向线下延伸。三是推动残疾人康复事业与相关产业的发展融合。举办第三届长沙康复辅助器具暨康养产业博览会等，加强其与健康产业、医疗卫生、疾病防控、社区服务、养老服务、环境保护、互联网信息产业等产业的融合发展。四是营造促进发展的良好环境。制定《湖南省残疾预防行动计划（2022-2025年）》，促进残疾预防工作体系和防控网络的完善，推动全社会残疾预防意识与能力增强。向领导、向社会加强残疾人康复工作宣传，宣传党和政府残疾人事业，宣传党委和政府对残疾人的关心；采取政府和社会资本合作等方式，建立健全助残社会组织孵化培育机制；鼓励湖南省残疾人福利基金会拓宽筹资渠道，实施康复助残公益项目，打造“集爱三湘”等慈善品牌项目，在全省开展最受欢迎、最具影响力、最具爱心的助残公益项目；壮大助残志愿服务组织，培育助残志愿服务品牌项目，为残疾人提供专业、便利的志愿服务。

皮 书

智库成果出版与传播平台

皮书定义

皮书是对中国与世界发展状况和热点问题进行年度监测，以专业的角度、专家的视野和实证研究方法，针对某一领域或区域现状与发展态势展开分析和预测，具备前沿性、原创性、实证性、连续性、时效性等特点的公开出版物，由一系列权威研究报告组成。

皮书作者

皮书系列报告作者以国内外一流研究机构、知名高校等重点智库的研究人员为主，多为相关领域一流专家学者，他们的观点代表了当下学界对中国与世界的现实和未来最高水平的解读与分析。截至 2021 年底，皮书研创机构逾千家，报告作者累计超过 10 万人。

皮书荣誉

皮书作为中国社会科学院基础理论研究与应用对策研究融合发展的代表性成果，不仅是哲学社会科学工作者服务中国特色社会主义现代化建设的重要成果，更是助力中国特色新型智库建设、构建中国特色哲学社会科学“三大体系”的重要平台。皮书系列先后被列入“十二五”“十三五”“十四五”时期国家重点出版物出版专项规划项目；2013~2022 年，重点皮书列入中国社会科学院国家哲学社会科学创新工程项目。

皮书网

（网址：www.pishu.cn）

发布皮书研创资讯，传播皮书精彩内容
引领皮书出版潮流，打造皮书服务平台

栏目设置

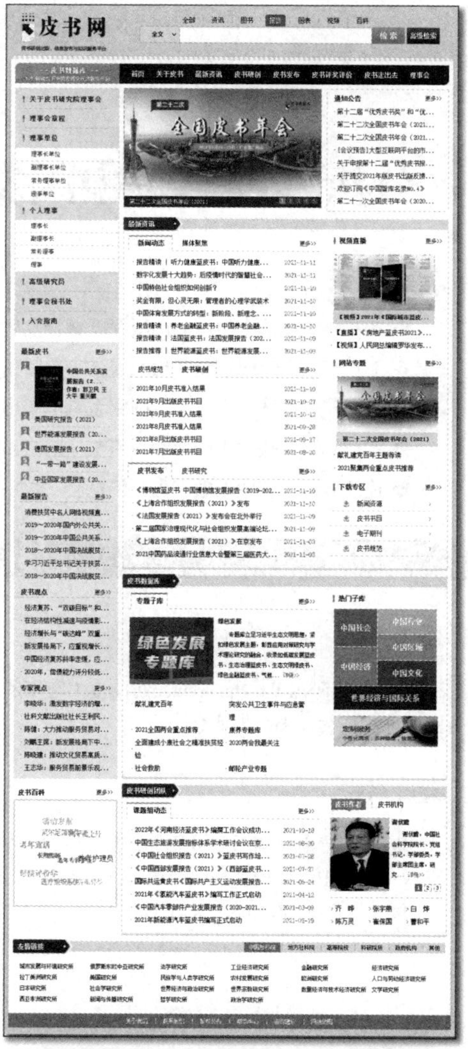

◆关于皮书

何谓皮书、皮书分类、皮书大事记、皮书荣誉、皮书出版第一人、皮书编辑部

◆最新资讯

通知公告、新闻动态、媒体聚焦、网站专题、视频直播、下载专区

◆皮书研创

皮书规范、皮书选题、皮书出版、皮书研究、研创团队

◆皮书评奖评价

指标体系、皮书评价、皮书评奖

◆皮书研究院理事会

理事会章程、理事单位、个人理事、高级研究员、理事会秘书处、入会指南

所获荣誉

◆2008 年、2011 年、2014 年，皮书网均在全国新闻出版业网站荣誉评选中获得“最具商业价值网站”称号；

◆2012 年，获得“出版业网站百强”称号。

网库合一

2014年，皮书网与皮书数据库端口合一，实现资源共享，搭建智库成果融合创新平台。

皮书网　　“皮书说”微信公众号　　皮书微博

S 基本子库
UB DATABASE

中国社会发展数据库（下设 12 个专题子库）

紧扣人口、政治、外交、法律、教育、医疗卫生、资源环境等 12 个社会发展领域的前沿和热点，全面整合专业著作、智库报告、学术资讯、调研数据等类型资源，帮助用户追踪中国社会发展动态、研究社会发展战略与政策、了解社会热点问题、分析社会发展趋势。

中国经济发展数据库（下设 12 专题子库）

内容涵盖宏观经济、产业经济、工业经济、农业经济、财政金融、房地产经济、城市经济、商业贸易等12个重点经济领域，为把握经济运行态势、洞察经济发展规律、研判经济发展趋势、进行经济调控决策提供参考和依据。

中国行业发展数据库（下设 17 个专题子库）

以中国国民经济行业分类为依据，覆盖金融业、旅游业、交通运输业、能源矿产业、制造业等 100 多个行业，跟踪分析国民经济相关行业市场运行状况和政策导向，汇集行业发展前沿资讯，为投资、从业及各种经济决策提供理论支撑和实践指导。

中国区域发展数据库（下设 4 个专题子库）

对中国特定区域内的经济、社会、文化等领域现状与发展情况进行深度分析和预测，涉及省级行政区、城市群、城市、农村等不同维度，研究层级至县及县以下行政区，为学者研究地方经济社会宏观态势、经验模式、发展案例提供支撑，为地方政府决策提供参考。

中国文化传媒数据库（下设 18 个专题子库）

内容覆盖文化产业、新闻传播、电影娱乐、文学艺术、群众文化、图书情报等 18 个重点研究领域，聚焦文化传媒领域发展前沿、热点话题、行业实践，服务用户的教学科研、文化投资、企业规划等需要。

世界经济与国际关系数据库（下设 6 个专题子库）

整合世界经济、国际政治、世界文化与科技、全球性问题、国际组织与国际法、区域研究 6 大领域研究成果，对世界经济形势、国际形势进行连续性深度分析，对年度热点问题进行专题解读，为研判全球发展趋势提供事实和数据支持。